4차 산업

미국
주식에
투자하라

일러두기 ————————

본 도서는《4차 산업 1등주에 투자하라》(2019년 6월 25일 출간)의 주요 내용을 현재 시점에서 새롭게 수정·보완하고 업데이트한 개정판입니다.

해외 주식투자로

부를 축적하는

가장 확실한 방법

· 조용준 지음 ·

4차 산업
미국
주식에
투자하라

한스미디어

개정판을 출간하며

《4차 산업 1등주에 투자하라》를 출간하고 1년여가 지난 시점에서 '코로나 감염병 사태와 언택트 사회'라는 새로운 시대적인 변화와 책에서 다루고 있는 4차 산업 1등 기업들의 예상을 뛰어넘은 급격한 성장의 내용들을 정리할 필요가 생겼다. 특히 올해 2020년 3월에 대만의 '고보서판高寶書版'이라는 대형 출판사에서 《4차 산업 1등주에 투자하라》를 중국어로 번역해 출판함으로써 코로나 사태에 따른 4차 산업혁명 선도 기업들의 변화 내용들을 정리해야 한다는 필자로서의 책임감을 갖고 기쁜 마음으로 이번 개정판을 준비했다.

주식시장 내부적으로는 소위 '동학개미운동'이라는 일반 투자자들의 주식시장 참여와 해외 투자 확대 붐이 불고 있다. 해외 주식 중에서도 특히 FAANG(페이스북, 아마존, 애플, 넷플릭스, 구글)으로 대변되는 미국의 '빅테크' 기업을 비롯한 4차 산업 우량주들에 대한 투자 수요가 커져서 그 어느 때보다 정확한 기업 내용에 대한 정보가 필요한 상황이기도 하다. 코로나 사태로 세계 최강 국가인 미국의 2020년 2분기 경제성장률은 −32%의 사상 최악의 마이너스 성장을 기록했다. 하지만 미국의 애플은 최근 발표한 분기 실적에서 매출액과 이익을 시장 전망치 대비 무려 14%와 25% 상회하는 어닝 서프라이즈를 시현했다. 소위 언택트 시대의 디지털 생태계는 경제성장률과는 반대로 급격한 성장세를 보이고 있다. 애플의 주가도 연일 사상 최고치를 기록 중이다.

'포스트 코로나 시대'는 소위 '사회적 거리 두기Social Distancing'를 해야 하는 현실에서 모든 생활환경은 비대면 비접촉이라는 언택트Untact 시대가 되었다. 하지만 이것은 진정한 비접촉을 뜻하는 것이 아니라 디지털로 연결된 접촉, 디지털 컨택트Digital Contact를 의미한다. 그것도 이전보다 훨씬 다양하고 폭넓은 디지털 접촉이 이루어지는 시대가 되었다. 인터넷 쇼핑, 인터넷 뱅킹, 핀테크, 디지털 미디어, 원격의료, 온라인 교육, 음식 배달 등 다양한 분야가 직접 접촉하지 않고 디지털로 접촉이 이루어지고 있다. 생활 전반에 걸쳐서 언택트(디지털 콘택트) 시대는 본격화되고 있고, 이를 준비하는 기업들의 디지털 전환은 본격적인 성장이 진행될 전망이다. 또 이의 바탕이 되는 네트워크 시스템, 인공지능, 빅데이터, 사물인터넷, 데이터센터, 클라우드, 반도체 등의 분야도 장기적인 고성장 국면으로 접어들고 있다고 판단된다. 그리고 바로 여기에 향후 수십 년을 이끌어줄 투자의 기회가 있다.

우리가 주목할 점은 IT 산업에 평생 투자하지 않던 워런 버핏의 애플에 대한 사랑이다. 버크셔해서웨이는 애플의 지분 확대를 지속해 2020년 1분기 기준으로 지분율 5.6%로 3대 주주가 되었으며, 버크셔해서웨이의 주식 포트폴리오에서 애플이 차지하는 비중도 2020년 1분기 기준으로 36%로 확대되었다. 즉 버핏의 주식 투자 중 애플이 36%를 차지하고 있을 정도이다. 또 버핏은 2020년 2월 미국 경제 전문 채널인 CNBC와의 인터뷰에서 애플에 대해 "아마도 내가 알고 있는 사업 중 가장 좋은 사업일 것"이라고 말했을 정도로 강한 신뢰를 보이고 있다.

이후 2016년 1월 1일부터 2020년 8월 3일까지 애플의 주가 상승률은 무려 314%에 달했으며(나스닥지수는 118% 상승), 시가총액도 같은 기간 5,900억 달러에서 1.9조 달러로 상승해 세계 1위의 주식 시가총액을 갖춘 기업이 되어 버핏의 멋진 선택이 옳았음은 물론 4차 산업에 대한 분명한 판단을 보여주었다.

이번 개정판에서는 4차 산업을 이끌어가는 미국 1등 주식과 함께 중국 등의 4차 산업 1등 주식도 함께 다루고 보완했다. 독자 여러분이 4차 산업의 1등주 장기 투자로 4차 산업 성장의 주인이 되시기를 바라는 마음으로 부족한 내용이지만 최선을 다했다. 모쪼록 보다 많은 분의 성공 투자를 기원한다.

2020년 8월의 어느 날 서울 여의도에서
하나금융투자 리서치센터장 조용준

새로운 해외 투자의 길로 이끄는 보석 같은 책

하나금융투자 리서치센터장 조용준 전무의 『4차 산업 미국 주식에 투자하라』출간을 진심으로 축하합니다. 이 책은 조용준 전무의 오랜 현장 경험과 연구 결과가 응집된 결과물로 이 시대의 투자 지식과 통찰력을 원하는 이들에게 매우 유익하리라 확신합니다.

세계는 '4차 산업혁명'란 거대한 전환기에 서 있습니다. 인터넷과 모바일 등 IT 영역뿐 아니라 전통 제조업과 서비스업을 포괄하는 모든 산업이 디지털화·네트워크화·지능화되어 제품과 서비스의 비약적 혁신이 이루어지고 있습니다. 4차 산업혁명은 우리 삶의 모습을 전면적으로 바꾸어놓는 중입니다. 세계 경제의 판도 역시 크게 바뀔 것이라 보입니다. 그런데 이런 변화의 시기는 투자자에게 결정적 기회를 제공합니다. 현재의 초우량 기업들은 1차·2차·3차 산업혁명 시기의 승자가 됨으로써 침범할 수 없는 경쟁력을 쌓았고 엄청난 성장을 기록했습니다. 그 승리가 지금까지 이어졌습니다. 4차 산업혁명도 이와 크게 다르지 않을 것입니다.

4차 산업을 가장 앞장서서 이끄는 1등 기업들이 앞으로 시장을 석권하고 몸집을 키우며 고성장을 기록할 것입니다. 4차 산업의 기반 기술과 빅데이터는 노력한다고 쉽게 얻거나 모방할 수 있는 것이 아니기에 이들

기업의 우위는 과거보다 더욱 돋보입니다. 한국의 투자자들이 이 기회를 효과적으로 활용할 수 있길 바랍니다. 기술과 시장이 형성되는 초기에 참여하는 이들은 나중에 들어온 사람들보다 더욱 큰 성과를 얻을 수 있습니다. 장기적 안목으로 4차 산업 1등 기업에 투자한다면 고성장의 과실을 공유할 수 있으리라 봅니다. 우리 회사에서도 '하나UBS글로벌4차산업1등주플러스증권자투자신탁' 등 투자상품을 운용하고 있는데, 이미 높은 수익률을 기록하고 있으며 장기적으로는 더욱 유망할 것입니다.

금융 투자 업계는 이미 국내 주식 투자를 넘어 '미국을 비롯한 해외 주식의 시대'가 열리고 있습니다. 자녀에게 최고의 재산을 물려준다는 포부로 4차 산업혁명을 이끄는 기업들에 효과적으로 투자하길 바랍니다. 조용준 전무의 『4차 산업 미국 주식에 투자하라』는 이런 투자자를 위해 유용한 지식과 정보를 제공해줍니다. 4차 산업혁명의 본질과 관련 기술 동향, 비즈니스의 변화 등 거시적 흐름을 효과적으로 이해할 수 있게 할 뿐 아니라, 현재 어떤 기업이 앞서나가고 있으며 앞으로 경쟁 판도가 어떻게 형성될지 등 실제 투자에 적용 가능한 유용하고 구체적인 정보도 풍부하게 제시했습니다.

이 책을 통해 그릇된 정보에 휘둘리지 않는 탄탄한 투자 지침, 시장 변화를 꿰뚫는 안목, 옥석을 가리는 통찰력을 얻어 새롭게 열리는 글로벌 투자 기회를 거머쥐시게 되기를 바라 마지않습니다.

하나금융투자 부회장 이진국

새로운 10년,
거대한 투자 패러다임의 변화가 시작된다

2018년 8월 2일, 세계 주식시장 역사에서 또 한 번의 산업혁명을 알리는 사건이 발생한다. 시가총액 1조 달러 기업이 탄생한 것이다. 그 주인공은 애플이다. 그로부터 1개월이 지난 9월 5일에는 아마존의 시가총액이 1조 달러를 돌파했다. 미국의 두 4차 산업혁명 1등 기업들은 웬만한 국가의 경제 규모를 넘어선 1조 달러 클럽에 오르는 영예를 누리게 되었다. 마이크로소프트 또한 그 뒤를 이었다.

시가총액 1조 달러를 넘어섰거나 앞으로 넘어서리라 예상되는 기업들은 모두 4차 산업혁명의 리더들이다. 이 기업들이 혁신을 통해 창출할 부가가치에 대해 시장이 인정하고 있다는 뜻이다.

워런 버핏의 변심

특이한 것은 워런 버핏과 같이 매우 엄격한 잣대로 기업을 선정해 가치투자를 하는 신중한 투자자들도 4차 산업혁명의 선두 기업에 투자하는 것을 주저하지 않는다는 점이다. 버핏은 이른바 기술주에는 투자하지 않겠다는 원칙을 과거에 여러 차례 밝혀왔다. 1990년대 후반 닷컴 열풍이 불어닥칠 때 워런 버핏은 미동조차 하지 않았다. 그는 "실체에 비해 터무니없이 높은 가격이 매겨진 IT주를 도저히 이해할 수 없다"고 했다. 이렇게 여러 차례의 발언과 실제 투자를 통해 IT 기술주에 투자하지 않겠다는 명백한 의지를 보였던 버핏이 애플 주식을 대량으로 매수한 것은 매우 흥미로운 사건이었다. 말하자면 '워런 버핏의 변심'이 시작된 것이다. 그리고 그 이후 버핏이 보인 변화의 폭은 더 커졌다.

2017년 버크셔해서웨이 정기 주주총회 자리에서 워런 버핏은 구글과 아마존에 대한 투자 기회를 놓쳤음을 시인하며 아쉬워했다. 또한 아마존에 투자하지 않은 것 역시 CEO 제프 베조스를 과소평가한 자신의 오판에서 비롯되었음을 털어놓았다. 그러면서 "플랫폼 기업들이 강력한 독점력을 구축하고 있다"며 현재 시장을 진단했다. 또 2019년에는 아마존까지 대규모 매수를 진행했다.

워런 버핏은 과거에 구글 등 IT 기술주 투자에 소극적이었던 이유를 밝혔다. "IT 기업 중 누가 최종 승자가 될지 예측하기 어려워 오랫동안 투자 대상에서 배제해왔다"는 것이다. 이 말을 뒤집어 생각하면 현재는 IT 기업 중 승자의 윤곽이 드러났다는 의미가 된다. 즉 4차 산업에서도 워런 버핏이 투자 기준으로 삼는 '경제적 해자'를 가진 기업을 판단할 수 있는 시기가 되었다는 뜻일 것이다. 그가 투자한 애플이나 투자하지 못한 것을 후회하는 구글과 아마존, 알리바바 등이 이런 기업들이다. 이 책에서 다루는 미국 주식을 비롯한 '4차 산업혁명 1등주'이기도 하다.

워런 버핏의 변화는 곧 IT 기술 기업 생태계의 변화를 의미한다. 1등주가 무엇인지 선명해지고 있음을 뜻한다. 워런 버핏은 경제적 해자를 갖춘 기업을 선호한다. 해자는 성 주위에 깊은 못을 파서 적이 성에 침입하기 힘들게 만든 장치다. 기업에 적용하면 다른 회사가 근접할 수 없는 독점적인 경쟁력을 확보했다는 뜻이다. 코카콜라 등과 같이 범접할 수 없는 고객 충성도를 쌓은 기업은 경쟁자의 위협에 굳건히 버티며 1위를 수성할 수 있기에 장기 투자를 망설일 이유가 없다고 한다.

4차 산업혁명과 새로운 부의 기회

산업혁명에 대해 생각해보자. 1900년대 초반, 산업혁명 초기에 다우지수 출범 당시 처음 선보인 것은 9개 철도 회사를 포함해 11개 기업의 주가 평균이었다. 이는 사실상 철도 기업의 평균주가나 다름없었다. 이렇듯 미국 산업의 주축은 철도로부터 시작되었다. 이것은 지금의 인터넷망과도 비교될 수 있다. 철도와 함께 산업혁명을 주도한 철강의 발전도 눈부셨다. '베세머 제강법'이라는 기술로 무장한 앤드루 카네기는 철강왕으로 등극했다.

　산업혁명의 에너지원이 된 석유 산업을 지배한 록펠러는 미국 석유 시장의 1등 기업이 되었다. 또 실제적으로 2차 산업혁명은 전기가 이끌었다. 에디슨의 전구는 말 그대로 획기적인 발명품이었다. 또한 그는 화력발전소를 설립함으로써 전기의 대량생산 가능성을 열었다. 이 눈부신 혁신에 매료된 모건은 그의 사업에 투자하고 특허권을 사들임으로써 본격적으로 전기 산업에 뛰어들었다. 이렇게 '에디슨전기회사'가 탄생했다. 그 후 이 기업은 톰슨-휴스턴과의 합병을 거쳐 미국을 대표하는 기업

제너럴일렉트릭으로 발전한다.

전화기를 발명한 벨의 벨텔레폰은 이후 AT&T(미국 전화&전신 회사)로 발전했다. 또 산업혁명의 기술혁신을 가장 극적으로 보여주며 기업 판도를 변화시킨 것이 자동차의 대량 보급이었다. 헨리 포드의 대량생산으로 자동차가 대중적으로 보급되기 시작했다. 그리고 자동차 산업은 강철, 기계, 유리, 고무, 전기, 석유 산업, 건설업 등 연관 산업들을 선도하며 거대한 산업 생태계를 이루었다.

세계를 움직이는 미국 대기업 중 상당수는 산업혁명기에 탄생해 새로운 기술과 시장을 선도하며 예전에는 상상하기조차 어려웠던 성장을 이루어냈다. 그리고 이들은 자신에게 필요한 금융자본과 결합하며 거대 기업으로 성장했다. 미국 기업사에서 보듯 산업혁명은 전례 없이 거대하고 강력한 기업과 이들이 주도하는 새로운 시장 생태계를 만들어낸다. 산업혁명의 수혜는 카네기나 록펠러, 에디슨, 헨리 포드 등의 기업가에게만 돌아가지 않았다. 모건으로 대표되는 투자자들이 더 큰 부를 거머쥐기도 했다.

4차 산업혁명 역시 새로운 기술, 새로운 기업, 새로운 시장과 산업, 새로운 부의 기회를 포함하고 있다. 그 기회에 올라타는 사람에게는 무한한 가능성이 주어진다. 4차 산업혁명을 이끄는 기업들이 국가 경제력에 버금갈 정도로 몸집을 불리는 현상은 임박한 주식시장 장기 사이클의 전주곡이라 보인다. 머지않은 미래의 주식시장은 4차 산업혁명을 매개로 해 우리가 볼 수 없었던 1900년대 산업혁명 이후 기업들의 변화와 같은 100년 만의 변화와 상승의 사이클을 가져올 것이다.

눈앞에 다가온 4차 산업혁명

그럼 4차 산업혁명은 어디쯤 와 있을까? 현실적으로는 5G 시대가 막 시작을 앞두고 있다. 5G 시대가 본격화되면 수많은 디바이스 간 네트워크 연결이 가능하다. 현재 LTE용 주파수는 700MHz~2.6GHz 대역을 사용하지만 5G에선 mmWave 대역에 속하는 24~40GHz 주파수까지도 사용할 수 있다. 수백 MHz 이상의 광대역을 사용함에 따라 속도 향상과 더불어 초연결 디바이스(매시브Massive IoT) 구현도 가능해진다. 5G는 기존 네트워크상에서의 사람과 사물 간 대화를 사물과 사물 간의 대화로 전환시킬 것이며, 모든 사물을 무선으로 구동하는 꿈의 통신으로 자리매김할 전망이다. 5G 도입은 웨어러블, 자율주행차 등 진보된 사물인터넷IoT 서비스가 확산할 수 있는 결정적 계기가 될 수 있을 것으로 판단된다. 바야흐로 IoT 시대가 열리는 것이다.

5G SA 네트워크부터는 사실상 휴대폰을 위한 네트워크라고 보기 어렵다. 모든 사물을 네트워크에 연결하는 초연결이 가능하고 혁신적인 응답 속도를 자랑하는 초저지연 기술이 적용되기 때문이다. 한마디로 휴대폰만을 지원하기에는 아까운 네트워크이며 IoT를 적용하기에 최적화된 네트워크라고 볼 수 있다. 자율주행차, 스마트 팩토리, 스마트 시티에 적용 가능하고 서비스 측면에서는 인공지능, 빅데이터와 연결되는 네트워크라고 볼 수 있다.

다음으로 다가오는 것은 자율주행이다. 구글 웨이모는 2018년 말 미국 애리조나 주 피닉스 교외 4개 지역에서 제한적이지만 자율주행 택시 상용 서비스를 시작했으며, 핵심 부품인 '라이더'를 자체 개발해 제조 원가를 낮추는 것에서 출발해 최근에는 물류, 보안, 모바일 로봇 등 비자율주행 분야에까지 라이더를 공급할 계획이라고 밝혔다. 시장은 웨이모의 향후 매출을 공격적으로 추정하고 있다. UBS는 2030년 웨이모의 매출이 1,140억 달러에 달할 것으로 예측했고, 모건스탠리는 향후 웨이모의 기업 가치가 최소 500억 달러에서 1,750억 달러에 이를 것으로 전망하기도 했다.

이미 4차 산업혁명은 우리 앞에 와 있다. 그래서 필자를 포함한 우리 회사 리서치센터의 담당 연구원들은 글로벌 4차 산업혁명을 주도하는 1등 기업에 대한 오랜 분석과 실제 기업 방문과 투자 경험을 바탕으로 이 책을 발간하게 되었다. 일반인들의 이해를 돕고자 비교적 자세한 설명과 화보 등을 포함했다.

이 책은 크게 3개 파트로 구성되어 있다. 1부는 4차 산업혁명의 이해를 돕는 내용이다. 투자자 관점에서 4차 산업혁명이 지닌 무한한 기회의 잠재력을 살펴볼 수 있도록 했다. 4차 산업에 속하는 중요 기술의 전개 양상과 산업 및 기업 동향을 담았으며, 미국과 중국 중심으로 편성된 생태계를 분석하며 한국이 나아가야 할 방향에 대해서도 덧붙였다.

2부에서는 4차 산업혁명을 선두에서 이끄는 미국의 1등 기업들을 소개했다. 이들 중 선두권에는 FANG으로 불리는 미국의 혁신 IT 기업이 있다. 아마존, 알파벳(구글 모회사), 페이스북, 넷플릭스이다. 그리고 FANG을 뒤쫓아 사상 최초로 시가총액 1조 달러를 넘어선 애플을 비롯해 마이크로소프트, 엔비디아, 세일즈포스닷컴이 4차 산업혁명이라는 기회의 산에 올라섰다. 마지막으로 3부에서는 '반드시 주목해야 할 해외 주식들'을 소개했다. BAT로 불리는 중국 첨단 기술 기업인 알리바바, 텐센트, 바이두가 거대 시장과 정부의 전폭적 지원을 바탕으로 도약하고 있다. 그리고 기술 기업은 아니지만 투자를 통해 지주회사로서 4차 산업혁명에 뛰어든 소프트뱅크의 행보도 눈여겨볼 만하다. 4차 산업혁명과 함께 찾아온 투자 기회를 누리고자 하는 투자자들이라면 이들 4차 산업혁명 1등 기업에 깊은 관심을 두어야 할 것이다.

이미 많은 분이 우리 회사의 4차 산업 1등주에 대한 장기 투자 철학에 동의하며 우리 회사 4차 산업 1등주 투자상품에 투자하고 있다. 이 책은 우선적으로 그분들이 장기 투자를 하는 데 도움이 되었으면 한다. 또 하나금융투자와 KEB하나은행의 PB를 포함한 많은 직원의 글로벌 주식 공부에도 도움이 되었으면 하는 바람이다. 나아가 많은 국민이 4차 산업과 관련한 해외 1등주에 좀 더 확고한 인식을 갖는 계기가 되었으면 하는 바람이다. 이런 소망을 품고 부족한 경험과 지식이지만 감히 용기를 내어 이 책을 내게 되었다.

이 책이 나오기까지 많은 분의 도움이 있었다. 우선 우리 회사에서 4차 산업 1등주 투자상품을 출시할 수 있도록 용기를 북돋아주고 지도해주신, 필자가 몸담은 하나금융투자의 이진국 부회장님께 한없는 존경과 감사의 마음을 드린다. 또 매일매일 영업 현장에서 고객들의 자산 증식을 위해 고생하는 하나금융의 많은 PB와 직원분들께도 감사한다.

실무적으로는 이 책을 필자와 같이 만들었다 해도 손색이 없는 리서치 센터의 공동 저자들께도 고마움을 전한다. 늘 함께해주는 김상만 상무와 이정기 부장을 비롯한 많은 연구원, 그리고 지원팀의 박상원 팀장, 배유진 과장과 팀원들에게도 감사한 마음이다. 마지막으로 사랑하는 아내와 늘 힘이 되는 세 아이들, 그리고 병상에 계신 어머니께 사랑과 고마움의 정을 건넨다.

지은이 조용준

목차

3부 | 반드시 주목해야 할 해외 주식들

★★ 1부

투자의
신세계가
열린다

1장

★

최고의 선택,
4차 산업 1등주

1
포스트 코로나는
4차 산업 혁명의 시작

'언택트' 아닌 '디지털 콘택트' 시대

'언택트Untact' 시대가 아니다. 이제 '디지털 콘택트Digital Contact' 시대가 오고 있다. 포스트 코로나Post Covid-19 시대는 이전과는 다른 시대가 될 것이다. 가장 많이 사용되는 단어 중 하나가 언택트(비대면, 비접촉) 시대라는 것이다. 하지만 이 의미는 진정한 비접촉을 뜻하는 것이 아니라 오히려 디지털로 연결된 접촉, 그것도 이전보다 훨씬 다양하고 폭넓은 디지털 네트워크의 접촉이 진행되는 시대라고 보는 것이 맞다.

인터넷 쇼핑, 인터넷 뱅킹, 핀테크, 디지털 미디어, 원격의료, 영상회의, 온라인 교육 등 다양한 분야에서 직접 접촉하지 않고 디지털 콘택트로 빠르게 변화가 진행되고 있다. 대표적인 예가 영상회의 시스템이다. 재택근무가 늘면서 이 영상회의와 관련된 산업은 이제는 가장 핫hot한 산업 중 한 분야이다. 가장 먼저 영상회의 시스템을 발전시킨 '줌Zoom'은 현재 약 3억 명이 가입해 활용할 정도로 대중화되어 있다. 또 구글과 페이스북, 마이크로소프트와 같은 주요 플랫폼 업체가 모두 이 영상회의 시스템에 뛰어들면서 시장은 확대 개편되고 있다. 대표적으로 구글은 100명이 동시 접속할 수 있는 영상회의 솔루션 '미트Meet'를 무료로 전환하면서 새로운 강자로 주목받고 있다. 미트도 최근 사용자가 1억 명에 달할 정도로 급성장하고 있다.

실제로 구글의 발표에 의하면, 영상회의 솔루션 '미트'의 사용자는 4월 한 달 동안만 보면 하루 300만 명씩 신규 사용자가 급증하는 추세이며, 일평균 30억분의 비디오 채팅을 처리하고 있다고 밝혔다. 이처럼 코로나19 감염병 사태는 디지털 콘택트의 본격 성장, 즉 4차 산업혁명의 본격적인 성장을 가져오고 있다.

주요국, 새로운 일자리 창출 위해 '디지털 SOC' 투자 통한 뉴딜 정책 진행

정리해보면 포스트 코로나 시대의 경제 변화는 크게 두 가지로 나타난다. 첫째 국가 중심주의로의 회귀이며, 둘째 구경제의 위축과 언택트, 즉 디지털 경제의 급격한 성장으로 이야기할 수 있다. 이 두 가지 변화가 극단적으로 표출되면서 나타난 것이 G2(미국, 중국)의 기술 패권 전쟁이기도 하다.

코로나 사태에 따른 경제봉쇄 조치와 그에 따른 교역 위축^{trade} disruption으로 국내 경제, 즉 내수시장의 중요성이 커졌다. 또 대규모 실업 사태에 따른 확장적인 통화정책과 대규모 재정정책 집행은 각국 정부에 강한 힘을 주었다. 거기에 한동안 지속될 수밖에 없는 2차 팬데믹 pandemic 우려와 예방 노력을 고려하면 내수시장의 중요성과 리쇼어링 reshoring 등 국가주의로의 회귀는 당분간 이어질 가능성이 높다. 각국 정부들은 새로운 일자리 창출을 위해 수요가 폭발하는 4차 산업 투자를 본격화하려 하고 있다. 소위 '디지털 SOC(사회간접자본)' 투자이다.

또 코로나 감염병 사태라는 경험해보지 못한 위기 상황을 맞으면서 국가 간, 기업 간의 격차는 더욱 확대되고 있다. 한편으로는 이번 위기 속에서 오히려 급격한 성장의 기회를 맞고 있는 국가나 기업도 분명하게 나타나고 있으며, 여기에 우리의 투자 기회가 있다.

결론은 코로나19 사태로 개인이나 기업이나 디지털화되고 있어서 많은 데이터가 빅데이터화되면서 보존되어야 하고 많은 동영상 스트리밍이나 영상회의, 또 온라인 교육 등등을 위해 저장되고 네트워킹이 되는 디지털 환경이 필요하다. 즉 여러 목적에 맞는 소프트웨어 컴퓨팅 시스템을 포함한 클라우드 환경의 데이터센터부터 단순한 저장 장치의 데이터센터까지 다양한 디지털 인프라가 필요한 시대가 되었다. 또 풍부한 데이터를 네트워킹할 수 있는 통신 환경, 즉 5G 인프라 환경의 필요성도 마찬가지다.

미국 산업혁명의 꽃은 철도 산업이었다. 1884년 다우지수 출범 당시 처음 선보인 것은 9개의 철도 회사를 포함해서 11개 기업의 주가를 평균

한 것이었다. 이는 사실상 철도주 평균주가나 다름없었다. 이렇듯 미국 산업혁명의 시작은 그 인프라였던 철도가 깔리고 성장하면서부터 본격적으로 성장하기 시작했다. 이 인프라를 바탕으로 많은 자원과 새로운 상품과 혁신의 교류가 시작된 것이다.

지난 5월 6일 우리나라 정부도 한국판 뉴딜 정책을 발표했다. 주요 내용은 '언택트, 디지털 SOC'에 집중하는 신경제를 부양하기 위한 시기적절한 뉴딜 정책이다. 이번 한국판 뉴딜은 기존에 육성하고 있는 빅데이터와 인공지능^AI, 그리고 5G 통신 네트워크의 산업 기반을 바탕으로 언택트 산업과 디지털 SOC 육성을 추가해서 4차 산업의 기초 인프라와 디지털 산업을 육성할 것으로 예상된다.

인프라가 깔리면 산업혁명이 시작된다. 산업혁명의 시작도 철도 산업의 성장이었고, 이어서 철강, 석유, 전기, 자동차 산업이 차례로 발전하게 되었다. 역설적이게도 이번 코로나 사태로 각국 정부들은 '디지털 인프라 구축'이라는 목적지로 경제성장의 액셀러레이터를 밟았다.

포스트 코로나 사태는 새로운 부의 기회 제공, 그 성장의 기회에 올라타라

미국 중앙은행인 연방준비위원회^Fed를 비롯한 주요국 중앙은행과 정부들은 사상 최대 규모의 양적완화를 진행 중이다. 이 풍부한 유동성은 돈의 특성상 성장이 나오는 자산, 특히 장기 성장률이 높은 4차 산업으로 몰리게 된다. 장기 투자를 하려면 4차 산업의 투자 프레임을 유지해야 한다. 아마존, 구글, 마이크로소프트, 애플, 텐센트 같은 4차 산업의 글로벌 1등 플랫폼 업체들부터 국내 1등 플랫폼 업체인 카카오, 네이버까지 지속적인 관심이 필요하다. 이와 함께 에퀴닉스Equinix, 아메리칸타워American Tower, 크라운캐슬인터내셔널Crown Castle International 같은 글로벌 디지털 인프라의 핵심이 되는 데이터센터와 5G 장비타워 등의 글로벌 4차 산업 1등 리츠 업체들, 그리고 1등 반도체 업체들에 역시 장기적인 수혜가 예상된다.

4차 산업혁명은 새로운 기술, 새로운 기업, 새로운 인프라, 새로운 시장과 산업, 새로운 부의 기회를 포함하고 있다. 그 성장의 기회에 올라타는 사람에게는 무한한 가능성이 주어진다.

다시 초점을 자본시장 투자에 맞춰보자. 변화 속에서 기회를 찾아야 한다. 세계 챔피언을 놓고 다투고 있는 G2의 4차 산업 1등 기업들은 장기 투자의 좋은 투자 대상이 된다. 글로벌 주요 국가들은 새로운 일자리 창출을 위해 디지털 SOC 투자 확대를 준비, 진행하고 있다. 5G로 시작되는 인터넷 통신 인프라와 데이터센터, 물류센터 등의 투자를 맡고 있는 디지털 인프라 기업들부터 그 수혜를 받는 플랫폼 기업들까지, 그리고 수많은 언택트 수혜 기업들까지 G2 시장과 한국 시장에 많은 투자 기회가 있다.

미국은 미국대로 세계 시장을 주도하면서 대규모 양적완화를 통해 경기부양을 도모하고 있다. FAANG으로 대변되는 미국의 4차 산업 1등 기업들은 제로금리 시대에 반드시 편입해야 할 투자 대상이다. 또 중국의 4차 산업 기업도 역시 세계 시장을 주도하고 있다. 하지만 미·중 무역 전쟁의 피해 국가로 인식되면서 주가는 상대적으로 부진했다. 미국 시장은 사상 최고가를 기록 중이지만, 중국 상하이지수는 아직 3,000포인트를 넘지 못하고 있다. 미국의 요구에 의해 증시 개방이 진행되고 있는 중국 주식시장도 하반기 이후 상대적으로 좋은 투자 기회를 제공하고 있다.

한국 시장 역시 반도체 통신 인터넷 강국이다. 장기적인 관점에서 투자 기회가 있다. 2020년 하반기 미·중 간의 4차 산업 패권 전쟁 속에서 오히려 성장의 기회를 맞고 있는 경쟁력 있는 4차 산업 기업들에 대한 투자 기회가 있다.

풍부한 유동성과 제로금리는 성장주를 좋아한다

한국도 제로금리 사회가 시작되었다. 코로나 감염병 사태로 인한 경제위기를 계기로 한국 사회도 이제 본격적인 제로금리 시대를 맞게 되었다. 시중의 자금 흐름 또한 바뀌고 있다. 우선 대표적인 장기 안전 투자상품인 생명보험의 해약이 급증하고, 위험자산인 주식시장 주변 자금은 크게 늘고 있다. 생명보험의 평균 해약 환급금은 월 2.2조 원 수준이었지만 국내에서 코로나19 위기가 급격히 확산되던 2020년 3월에는 평균 대비 46.6% 증가한 3.2조 원을 기록했고, 증권 투자자 예탁금은 2분기 들어 2019년의 월평균 26조 원 대비 75.2% 증가한 46조 원을 기록하고 있다. 재미있는 점은 보험 가입자들이 해약 환급의 주된 이유를 '주식 투자'라고 표기했다는 것이다.

또 한 가지 특이한 자금 흐름은 은행 산업 내부의 변화이다. 시중에

넘치는 유동성으로 은행 수신에 전반적인 영향은 아직 크지 않지만, 금리 메리트가 없어진 정기예금은 감소하고 대기성 자금인 수시 입출금 예금이 큰 폭으로 증가하고 있다.

현재의 제로금리는 언제까지 갈까? IMF를 비롯한 주요 전망기관들의 전망치에 의하면, 미국의 2020년 경제성장률은 −5% 전후로 전망되며, 또 2019년 수준의 GDP를 다시 회복하는 시기는 약 3년 뒤인 2022년 정도로 예상된다. 결국 경제가 회복되는 2022년까지는 미국도 제로금리를 벗어나기는 쉽지 않을 전망이다.

그렇다면 고착화되고 있는 제로금리 시대의 재테크는 어떻게 해야 할까? 필자가 몸담고 있는 하나금융투자 리서치센터의 조사로는 실제로 제로금리 시대를 가장 모범적으로 이겨나가고 있는 장기 투자자는 주요국의 연기금 투자기관이다. 장기 투자기관인 주요국 연기금은 지난 2008년 제로금리 시대 이후 주식과 대체 투자로 운용자산의 자산배분을 조정했다. 특히 아시아권 연기금은 전통적으로 채권을 중심으로 운용했지만, 미국 연준의 제로금리가 진행된 2010년 이후 꾸준히 주식 비중을 확대함으로써 비교적 좋은 성과를 기록했다.

대표적으로 일본공적연기금GPIF 역시 아베노믹스 이후 주식 투자 비중을 확대해 2010년 22%에 불과하던 주식 비중을 2018년에는 51.1%(국내 25%, 해외 26%)로 확대했으며, 국내 채권 비중은 69.6%에서 30.1%로 크게 줄임으로써 제로금리임에도 10년 평균 수익률을 연간 5% 전후로 향상시켰다. 한국의 국민연금 역시 2010년 이후 2018년까지 주식 비중을 17.9%에서 34.9%까지 확대했고, 해외 자산 비중도 22% 이상으로 크게 증가시킴으로써 안정적인 수익률 관리에 성공하고 있다.

연기금 중에서도 수익률이 가장 높은 것으로 알려진 미국 캘퍼스 CalPERS(캘리포니아 공무원연금)나 캐나다 연기금CPPIB의 경우 이미 2010년부터 주식 투자 비중을 50% 전후로 확대한 후 유지했으며, 대체자산은 부동산 중심으로 확대함으로써 제로금리 시대인 2010년 이후에도 매년 연평균 10% 전후의 높은 수익률을 기록한 것으로 알려진다.

그렇다면 미국 캘퍼스나 캐나다 연기금이 세계 최고 수익률을 올린 주된 이유가 주식 때문이었을까? 실제로 2010년 이후 각 자산별 수익률을 보면 미국 주식은 S&P500 기준으로 연평균 11.2%의 높은 수익률을 기록하며 미 국채나 여타 자산의 수익률보다 높았다. 특히 미국 대표 4차 산업 기업인 FAANG 주식의 수익률은 2010년부터 2019년까지 무려 연평균 25%에 달할 정도로 뛰어났다. 또 주가 상승뿐만 아니라 FAANG 주식의 기업 이익 증가율은 연평균 23%에 달했고, 현금흐름 증가액은

일본공적연금 채권 비중 급격히 축소, 주식 확대

자료: GPIF, 하나금융투자

국내외 연기금 평균 자산별 비중 비교 (2010~2018년)

자료: 각 연기금, 하나금융투자

2019년 한 해만 1,370억 달러에 달했으며 그중 30% 이상을 자사주 매입에 사용했다.

글로벌 연기금 기관 투자자들의 자산배분형 투자는 장기적으로 높고 안정적인 수익률을 기록함으로써 제로금리 시대를 이기는 합리적인 대안을 제시하고 있다. 개인들도 저축의 범위를 금리형 상품뿐만 아니라 우량주식 등 금융투자 자산 비중을 추가해야 한다. 이제 포스트 코로나 시대, 4차 산업 시대에는 해외 투자를 통해 4차 산업 성장주 투자는 반드시 재테크의 일부로 추가해야 하며, 국내외 우량주 투자를 하는 주식형펀드 등을 통해 자산배분형 투자를 생각해야 할 때이다.

사상 초유의 위기가 사상 최대의 유동성 공급을 가져왔다

코로나19 감염병 사태는 미국, 유럽 등 세계 경제의 중심지에서 전체적인 경제의 셧다운shut down을 가져왔다. 즉 주요 기업이 가동 중단을 선언하고 감염병 확산을 막기 위해 사람들을 집에 머물게 했다. 그래서 미국과 유럽의 2분기 경제성장률은 마이너스 20%가 넘는 역성장이 예상되고 있으며, 사상 초유의 실업 사태가 발생하면서 각국 정부들은 이를 막기 위해 대규모 경기부양책을 실시하고 있다. 주요 국가들이 경기부양책의 일환으로 시행하는 유동성 공급, 즉 돈을 푸는 규모는 사상 최대치다.

미국의 경우 이번 코로나 사태의 피해를 막고 경기를 부양하기 위해 공급하는 유동성의 규모가 이전의 최대 규모였던 리먼브라더스가 파산

했던 2009년에 비해 무려 2배가 넘는 수준이다. 실제로 2009년 미국 정부는 국민총생산GDP 대비 5.4% 수준의 정부 재정정책을 통한 경기부양을 진행했고, 거기에 미국 연방준비위원회도 GDP의 15.2% 규모의 유동성을 시중에 공급함으로써 총 GDP 대비 약 21%의 유동성을 공급했다. 하지만 이번에는 미국 정부가 GDP 대비 12.5%의 재정정책을 쓰고 있으며, 미국 연방준비위원회 역시 GDP의 38%에 달하는 유동성을 공급하면서 전체 규모는 GDP 대비 무려 50%에 달한다. 이 규모는 돈을 헬리콥터로 뿌렸다는 2009년의 경기부양책과 비교할 때도 그 2배를 크게 상회하는 수준의 엄청난 유동성 공급이다.

거기에 추가로 트럼프 대통령이 제안한 인프라 투자 중심의 또 다른 경기부양책 규모도 2조 달러(GDP 대비 무려 9.3%)에 달해 향후 유동성 공급 규모로만 놓고 볼 때는 계산하기도 어려울 정도로 돈이 풀리고 있다. 물론 코로나 감염병 사태와 경제 셧다운이라는 특수성이 있지만, 이 유동성 규모는 분명히 이후의 장기적인 자산 버블 가능성을 예고하고 있다.

이 거대한 유동성 효과의 후폭풍은 과연 어떨까? 그렇다면 과거에 과잉 유동성이 공급된 이전의 제로금리 수준과 유동성 공급 이후 각 자산의 기간별 수익률을 비교해보자. 우선 다음 표와 같이 그 기간 가장 훌륭한 수익률을 기록한 것은 미국 주식, 즉 S&P500이다. 누적 수익률은 무려 189.7%이고, 연평균 수익률은 11.2%였다. 다음은 미국 장기국채였다. 현재까지의 누적 수익률은 103.9%로 뛰어난 수익률을 기록했고, 연평균 수익률도 무려 7.4%에 달했다. 다만 국내로 볼 때 코스피 수익률은 누적 30.6%에 불과했고, 서울 아파트 수익률은 54.8%로 상대적

각 자산 기간별 수익률 비교

	S&P500	미국 장기채	KOSPI	서울 아파트	강남 아파트
누적 수익률	189.7	103.9	30.6	54.8	66.0
연평균 수익률	11.2	7.4	2.7	4.5	5.2
제로금리 기간 연평균 수익률	12.4	3.6	8.3	0.1	0.4

주1: 누적 및 연평균 수익률 기간(2010.01~2019.12), 120개월
주2: 제로금리 기간(2009.01~2015.12), 84개월

으로 높은 수익률을 기록했다.

이 결과가 뜻하는 것은 무엇일까? 왜 미국의 자산들이 한국의 자산보다 더 많이 오른 것일까? 또 주식이 채권보다 많이 오르는 걸까? 강남 아파트가 더 오른 것은 어떻게 해석될 수 있을까? 필자의 판단으로는 금리가 계속 제로 수준에 머물 정도로 경제가 어려운 시기여서 안전자산과 성장이 나오는 우량자산에 돈이 몰렸기 때문으로 해석된다. 또 미국 중심의 양적완화가 진행되어 미국의 자산들이 많이 상승한 것으로 판단된다.

하지만 근본적으로 개별 자산의 장기 수익성이나 성장성에 의해 수익률이 판가름 난다고 할 수 있다. 대표적인 예가 FAANG(페이스북Facebook, 애플Apple, 아마존Amazon, 넥플릭스Netflix, 구글Google)이나 마이크로소프트 같은 미국의 4차 산업혁명을 주도해온 업체들이다. 이 업체들은 시장 수익률을 크게 상회하는 엄청난 수익률을 기록했을 뿐만 아니라 시장의 상승세를 주도해왔다.

다음 그림과 같이 지난 10년간 미국의 4차 산업 1등 기업들은 평균적으로 연 25%의 주가 상승률을 기록했고, 연평균 24%의 이익 증가율을

글로벌 대표 기업 10년 연평균 주가 & 이익 증가율 비교

주: 페이스북은 7년 연평균 주가수익률(2012년 5월 상장)

기록했다. 4차 산업 1등 기업의 주가수익률은 S&P500에 비해서도 매우 높은 수치다. 특이한 것은 주가 상승률만큼이나 높은 이익 증가율이 바탕이 되었다는 것이다. 10년 동안 지속돼온 높은 이익 증가율이나 이에 따른 주가 상승률의 추세적인 진행은 가히 혁명적이라고 판단된다.

대표 기업인 아마존은 연간 30%의 주가 상승률과 연평균 29%의 높은 이익 증가율을 기록했다. 소위 '제로금리 시대, 제로성장 시대'의 분명한 투자 대안이다. 역설적으로 이번 포스트 코로나 시대는 분명 과잉 유동성 시대로 기록될 가능성이 높고, 그 과정에서 4차 산업 우량 기업의 고성장에 대한 프리미엄은 더욱 커질 것으로 예상된다.

2
워런 버핏의
변심이 말하는 것

허물어진 원칙

2016년 봄, 세계 증권가에 화제가 일었다. 오마하의 현인, 투자의 귀재 워런 버핏^{Warren Buffett}이 보인 뜻밖의 행보 때문이었다. 그가 이끄는 버크셔해서웨이^{Berkshire Hathaway}가 2016년 3월 말 기준으로 981만 주, 10억 7,000만 달러의 애플 주식을 보유한 사실이 보도되었다. 이것은 버핏의 기존 투자 기조와는 상반된 일이었기에 그 배경을 두고 다양한 관측이 오갔다.

워런 버핏은 이른바 기술주에는 투자하지 않겠다는 원칙을 여러 차례 밝혀왔다. 1990년대 후반 닷컴 열풍이 불어닥칠 때 버핏은 미동조차

하지 않았다. 그는 "실체에 비해 터무니없이 높은 가격이 매겨진 IT주를 도저히 이해할 수 없다"며 "동화와 같은 환상에 돈을 거는 것을 좋아하지 않는다"고 분명히 선을 그었다. "IT 기업에 기대를 거느니 이미 좋은 사업 성과를 낸 확실한 기업에 집중하겠다"는 명확한 선언이었다. 이런 경향은 그 이후에도 크게 변함없이 이어졌다. 2012년 투자 설명회에서는 "애플과 구글은 투자하기에 너무 위험하다"고 평가절하하기도 했다.

이러한 워런 버핏의 투자 성향과 원칙을 반영해 버크셔해서웨이의 포트폴리오는 코카콜라, 존슨앤존슨, P&G 같은 내수소비재 기업과 웰스파고, 아메리칸익스프레스 등의 금융 기업들을 중심으로 구성되었다.

여러 차례의 발언과 실제 투자를 통해 IT 기술주에 투자하지 않겠다는 명백한 의지를 보였던 버핏이 애플 주식을 매수한 것은 매우 흥미로운 사건이었다. 말하자면 '워런 버핏의 변심'이 시작된 것이다. 그리고 그 이후 버핏이 보인 변화의 폭은 더 커졌다.

2017년 5월 6일 네브래스카 주 오마하에서 열린 버크셔해서웨이 정기 주주총회 자리에서 워런 버핏은 구글에 대한 투자 기회를 놓쳤음을 시인하며 아쉬워했다. 또한 아마존에 투자하지 않은 것 역시 CEO 제프 베조스를 과소평가한 자신의 오판에서 비롯되었음을 털어놓았다. 그리고 "플랫폼 기업들이 강력한 독점력을 구축하고 있다"며 현재 시장을 진단했다.

중국의 한 언론과의 인터뷰에서는 "마윈 알리바바 창업자와 식사한 일이 있는데, 그가 정말 멋진 기업인임을 알아차렸다. 그러나 사업 내용을 확실히 파악하지 못해 투자에 대해 판단하지 못했다. 그것은 실수였다"고 말했다.

워런 버핏은 애플 주식도 추가로 사들였다. 2018년 말 기준으로 2억 5,800만 주가량을 보유함으로써 애플의 3대 주주가 되었다. 애플은 시가총액 1.5조 달러를 돌파하며 그 진가를 과시했고, 2018년 부침이 심했던 미국 주식시장에서 등락을 거듭했다. 그러나 버핏의 애플 사랑은 전혀 흔들리지 않는 듯 보인다.

90세의 노장이 극적 변신을 한 이유는 무엇일까? 그의 변화는 전 세계 투자자들에게 어떤 메시지를 던지고 있을까?

워런 버핏의 4차 산업 1등주 투자

이제 워런 버핏의 투자 포트폴리오의 3분의 1을 넘게 된 4차 산업 1등주 투자에 대해 더 공부해보자. 버핏의 투자 지주회사인 버크셔해서웨이는 지난 2016년 1분기 공시를 통해 애플 주식 981만 주(10억 7,000만 달러)를 보유한 사실을 발표했다.

워런 버핏은 애플에 투자한 이유를 밝히면서 그동안 주요 투자종목이었으나 지분을 모두 매각하기로 결정했던 IBM과의 차이점을 애플 투자 이유로 설명했다. 애플은 소비재 기업에 가까우나 애플이 만드는 상품에는 모든 기술이 집약되어 향후 잠재 고객의 행동 등이 집중되는 패턴을 분석하는 관점에서 볼 때 아주 특별한 차별화된 제품을 가진 기업이다. 이 점에서 애플과 IBM에 차이를 두고 있다. 모든 기술력이 축적된 제품을 통해 애플의 고객 충성도는 매우 견고하며 이 점이 애플을 돋보이게 하는 핵심 투자 매력이다(2017년 5월 주주총회에서 언급).

"애플은 매우 특별한 제품을 보유하고 있으며, 아이폰을 바탕으로 애플이 구축한 에코 시스템(생태계)은 매우 거대하다. 아이폰의 고객 충성도는 매우 높고, 바로 그런 점이 애플을 특별하게 만든다. 애플이 자금을 어떻게 활용하는지에 대해, 그리고 더욱 중요한 점은 애플이 가진 생태계의 가치와 그 생태계가 얼마나 오래 지속될 수 있고 그 생태계를 위협하는 것들이 있는지에 대해 판단하고 투자 결정을 내렸다. 이는 내가 아이폰에 대해, 아니면 개별 요인들 하나하나에 대해 분석했다는 것이 아니라 소비자 행동의 특성에 대해 주목했다고 할 수 있다. 소비자의 행동 특성에는 아주 오래 지속되는 것들이 있으며, 그러한 점이 내가 투자 판단을 내리는 데 주요한 요인이 되었다."(2018년 5월 주주총회)

워런 버핏이 처음 투자하던 2016년 1월 1일부터 최근일인 2020년 6월 22일까지 애플의 주가 상승률은 무려 241%에 달한다(나스닥지수는 105% 상승). 시가총액은 같은 기간 5,900억 달러에서 1.6조 달러로 상승하며 1조 달러를 돌파한 미국 최초의 기업으로 성장했다.

버크셔해서웨이는 애플 지분 확대를 지속했다. 2020년 1분기 기준 지분율 5.6%를 기록했으며, 3대 주주의 지위를 갖고 있다. 또 버크셔해서웨이의 주식 포트폴리오에서 애플이 차지하는 비중은 2016년 1분기 10%에서 2020년 1분기 36%까지 확대되었으며, 단일 종목으로는 가장 큰 비중을 차지할 정도로 버핏의 애플 사랑은 대단하다(2위와 3위인 BoA, 코카콜라의 비중은 각각 12%, 11%).

2020년 2월 미국 경제 전문 채널인 CNBC와의 인터뷰에서 워런 버핏은 애플에 대해 "아마도 내가 알고 있는 사업 중 가장 좋은 사업일 것"이라고 코멘트하기도 했다. 또한 해당 인터뷰에서 버핏은 지난 10년 동안 써왔던 삼성 폴더폰을 이미 애플의 아이폰11으로 교체했다는 에피소드도 소개했다.

아마존에 대한 재평가와 지분 확대 중

한편 버크셔해서웨이는 2019년 1분기 실적 공시에서 역시 아마존닷컴 지분을 매입했다고 공시했다. 워런 버핏은 아마존닷컴 창업자인 제프 베조스를 존경한다고 꾸준히 밝혀왔으며, 아마존의 지배력과 사업성을 높이 평가해왔다. 그는 이전에 아마존 주식을 사지 않은 것을 후회한다고 여러 번 말하기도 했으나, 그동안은 아마존닷컴의 주식을 실제로 매입하지는 않았기에 2019년 투자 공시는 증권시장에서 큰 반향을 일으켰다.

워런 버핏은 제프 베조스를 아주 오랫동안 존경해왔지만 아마존이 이 정도까지 크게 성공할 것으로는 예상하지 못했다고 밝히기도 했다. 리테일 사업을 키우면서 동시에 IT 분야에서 혁신을 일으키는 클라우드 사업까지 이끌 수 있으리라고는 전혀 예상을 하지 못했다고 인정했다. 특히 버핏은 베조스의 실행력을 높이 평가하면서 "온라인 사업 확장을 꿈꾸는 것과 실제로 이루는 것에는 엄청난 차이가 있다. 베조스는 1997년 연간 리포트에서 그의 사업 비전과 로드맵을 밝혔으며 그의 비전을 모두 실천했다. 그것도 아주 엄청나게"라고 감탄의 글을 실었다.

"12년 전, 8년 전, 5년 전, 3년 전 내가 아마존을 바라볼 때마다 아마존은 항상 비싼 종목으로 보였고, 당시 나는 아마존이 현재의 수준까지 성장할 수 있을 것이라고 전혀 생각하지 못했다. 물론 베조스가 아주 뛰어난 인물이라고 생각했으나 현재 그가 이룩한 정도의 성공을 이룰 것이라고는 전혀 예상하지 못했다."

2019년 1월 1일부터 2020년 6월 22일까지 아마존닷컴 주가는 76% 상승(나스닥지수는 51% 상승)했고, 시가총액은 같은 기간 7,530억 달러에서 1.4조 달러로 상승했다. 2020년 1분기 기준 버크셔해서웨이의 아마존닷컴 지분율은 0.1%이며, 버크셔해서웨이 주식 포트폴리오에서 아마존닷컴이 차지하는 비중은 0.4%로 크지 않지만 워런 버핏이 수십 년 동안 외면해왔던 4차 산업 주식에 투자를 확대하고 있다는 점에서 시사하는 바가 크다.

변화의 진원지는 4차 산업혁명 생태계

나는 워런 버핏을 존경하고 그의 투자 방식을 따르는 것을 마다하지 않는다. 워런 버핏의 투자 철학과 투자 기법을 연구해 『한국의 개미들을 위한 워런 버핏 따라 하기』라는 책을 쓰기도 했다. 경쟁력 있는 우량 기업의 주식을 사서 장기 보유함으로써 궁극적 성과를 거두는 그의 가치 투자 전략은 주식시장이 활황일 때나 냉각되었을 때를 가리지 않고 유효한 지침이라 본다.

워런 버핏의 행보에 깊은 관심을 두고 이를 추적해온 사람으로서 판단하기에 최근 워런 버핏이 변심하거나 변화했다기보다는 투자 대상이 된 기업과 그 생태계가 변화했다고 분석하는 게 타당할 것 같다. 말하자면 버핏의 투자 원칙은 그대로 유지되고 있는데, IT 기술 기업이 투자 대상의 범위 안으로 들어왔다는 뜻이다.

2017년 5월 주주총회에서 워런 버핏은 구글 등 IT 기술주 투자에 소극적이었던 이유를 밝혔다. "IT 기업 중 누가 최종 승자가 될지 예측하기 어려워 오랫동안 투자 대상에서 배제해왔다"는 것이다. 이 말을 뒤집어 생각하면 현재는 IT 기업 중 승자의 윤곽이 드러났다는 의미가 된다. 그가 투자한 애플이나 투자하지 못한 것을 후회하는 구글과 아마존, 알리바바 등이다. 이 책에서 다루는 '4차 산업혁명 1등주'이다.

워런 버핏은 기술에 대한 이해가 어둡거나 관심이 부족해 기술주에 투자하는 것을 꺼린다고 말하는 사람이 있다. 워런 버핏 자신도 그와 비슷한 뉘앙스의 발언을 한 적이 있다. 그러나 이것은 속뜻을 헤아리지 못한 단견이다. 그가 피하고자 했던 것은 복잡한 기술이 아니라 시장 경쟁의 불투명성이다. 1990년대 말 닷컴 버블이 커지던 당시 천문학적 투자액을 끌어들이던 수천 개의 닷컴 기업 중 어떤 기업이 살아남고 발전할지 불투명한 상태에서 도박과 같은 투자를 할 수 없다고 했다. 그리고 화려했던 닷컴 기업들이 대부분 자취를 감추면서 그의 현명한 처신이

빛을 발했다.

그런 점에서 워런 버핏의 변화는 곧 IT 기술 기업 생태계의 변화를 의미한다. 1등주가 무엇인지 선명해지고 있다는 뜻이다. 워런 버핏은 '경제적 해자'를 갖춘 기업을 선호한다. 해자壕子는 성 주위에 깊은 못을 파서 적이 성에 침입하기 힘들게 만든 장치다. 기업에 적용하면 다른 회사가 근접할 수 없는 독점적인 경쟁력을 확보했다는 뜻이다. 코카콜라 등과 같이 범접할 수 없는 고객 충성도를 쌓은 기업은 경쟁자의 위협에 굳건히 버티며 1위를 수성할 수 있기에 장기 투자를 망설일 이유가 없다고 한다.

내수소비재 부문에서는 이미 해자를 구축한 기업들이 시장을 선도하고 있다. 워런 버핏이 기꺼이 투자한 코카콜라, 존슨앤존슨, P&G, 질레트, 웰스파고, 아메리칸익스프레스 등이 이들이다.

워런 버핏이 투자하거나 언급한 IT 기술 기업들 역시 자신의 시장에서 해자를 쌓았다고 볼 수 있다. 버핏이 말했듯 '강력한 독점력을 구축한 플랫폼 기업'들, 즉 4차 산업혁명의 선도 기업들이 이들이다. 이른바 '워런 버핏의 변심'은 넓고 깊은 해자로 둘러싸인 강력한 기업들이 IT 기술 세계에 등장했음을 알리는 신호이다.

새로운 소비재 가치주

과감한 애플 투자를 감행한 워런 버핏에 대해 "애플을 성장주가 아닌 가치주로 보고 있다"고 분석하는 전문가들이 많다. 나도 이 의견에 적극 동의한다. 애플 등의 선도 기술주는 시장과 기술, 고객 트렌드 등의 변수에 따라 단기 급등락하는 차원을 뛰어넘어 장기간 안정적으로 성장하는 가치주로 보는 게 합리적이다. 워런 버핏의 선택이 이 사실을 입증한다.

앞서 말했듯 워런 버핏은 불투명한 미래를 장밋빛으로 그리는 실체가 흐릿한 기술 기업보다 전 세계 소비자의 일상생활 속에 파고들어 그들의 사랑을 독차지하는 내수소비재 기업을 선호한다. 이들은 견고한 해자에 둘러싸여 있으며 실체가 명확히 드러난다. 그런데 이는 전통적 소비재 기업만의 일이 아니다. 현재 새로이 시작되고 있는 4차 산업 1등 기업들 역시 소비자의 일상으로 들어와 있다. 애플의 아이폰이나 아마존의 상거래 서비스 등은 우월한 내수소비재이다. 그런 점에서 워런 버핏이 기술 기업 성장주가 아닌 소비재 기업 가치주로서의 애플에 투자했다는 분석은 설득력이 높다고 하겠다. 다만 가치주이지만 성장성이 높은 것이다.

워런 버핏의 변심은 시장의 거대한 변화를 상징한다. 그의 선택이 던지는 메시지에 주목하면서 4차 산업혁명 선도 기업을 눈여겨보자.

3
4차 산업혁명 글로벌 1등주 투자

메가트렌드가 바뀌었다

주식 투자의 본질은 기업 가치에 대한 투자이며, 이를 위해서는 장기 투자를 해야 한다. 또 주식에 장기 투자를 할 때는 메가트렌드의 흐름을 반드시 살펴야 한다. 세계 경제의 메가트렌드는 실제로 기업 가치에 매우 크게 영향을 주기에 반드시 꼼꼼히 따져보아야 한다.

예를 들어 2000년대 중반 중국이 '세계의 공장'이 되는 산업화는 메가트렌드였다. 그 중심에서 수혜를 받은 한국의 조선·철강 산업의 대표 기업들은 엄청난 기업 가치 상승과 주가 상승을 기록했다. 대표적으로 과거 내가 애널리스트로서 10여 년간 분석해온 조선업은 2000년대 초중반 6년 동안 기업 이익이 10배 이상 증가했고, 주가 역시 20배 이상 상승했다.

또 중국의 소득이 증가하고 내수 소비시장이 성장해온 최근 몇 년 동안 한국 화장품 업체의 이익과 주가 상승 역시 수십 배에 달했다. 그렇다면 지금의 세상은 어디로 가고 있을까? 향후 10년의 메가트렌드는 무엇일까? 투자의 세계에서 이를 아는 것은 매우 중요하다. 또한 다음 세대를 대비하는 메가트렌드에 대한 장기적인 우량주 투자가 필요하다.

나는 미래 투자의 중심에 4차 산업혁명 기업들이 있다고 판단한다. 기술주 투자를 꺼리던 워런 버핏조차 이들 기업을 새롭고 강력한 소비재 가치주로 간주하고 과감한 투자를 감행하고 있다. 이런 변화 흐름에 올라타는 것이 바람직하다. 주식에 투자할 때나 사업을 할 때 모두 4차 산업혁명을 염두에 두는 것이 바람직하다.

아마존과 월마트의 주가 변동 추이

자료: Company Filings, BI Intelligence estimates

극명한 사례 하나를 보자. 소비자에게 제품을 공급하는 소매업 분야의 전통 강자는 월마트이고 신흥 강자는 아마존이라 할 수 있을 것이다. 2000년대 초중반까지 아마존의 기업 가치는 월마트에 미치지 못했다. 그러다 역전이 시작되었고 지금은 비교 불가능한 수준으로 간격이 벌어졌다.

인공지능과 빅데이터 등 4차 산업혁명의 기술을 앞세워 혁신을 거듭한 아마존은 자신이 진출하는 모든 분야의 전통 기업들을 초토화하며 승승장구하고 있다. 아마존의 사례는 메가트렌드에 따른 투자 전략이 어떤 방향으로 가야 하는지 극명하게 보여준다.

글로벌 투자

그런데 4차 산업혁명은 글로벌 규모의 변화이다. 온라인의 세계는 국경이 없다. 모바일 역시 마찬가지다. 즉 4차 산업의 플랫폼은 대상이 이미 글로벌이다. 투자 역시 4차 산업 관련 글로벌 1등주에 주목해야 한다. 또한 한국인 입장에서는 변화하는 환경 속에서 장기적인 환율 리스크를 감안해야 한다. 일정 부분을 달러 자산 등 해외 투자를 하는 것도 유용하다. 4차 산업혁명과 관련해 장기적으로 두 가지 해외 투자를 추천한다. 하나는 4차 산업혁명을 주도하는 미국 중심의 글로벌 4차 산업혁명 1등주에 대한 장기 투자이다. 세상의 변화를 만들고 있는 4차 산업의 초우량 기업, 예를 들어 'FANG(페이스북Facebook, 아마존Amazon, 넥플릭스Netflix, 구글Google)'이라고 부르는 주식들에 골고루 투자하거나 관련 투

(달러)　　■페이스북　■아마존　■넷플릭스　■구글

1,000
800
600
400
200
0

1998　2000　2002　2004　2006　2008　2010　2012　2014　2016　2018

주: 3분기 기준
자료: 21데이터신문실험실, 각 기업 재무제표

자 상품에 달러 베이스로 투자하는 게 좋다.

그리고 중국의 4차 산업혁명 1등 주식에도 관심을 두는 게 현명하다. 중국의 BAT(바이두Baidu, 알리바바Alibaba, 텐센트Tencent) 등이 그 대상이다. 중국은 계속 성장 중인 매력적인 투자처이다. 위안화는 IMF의 자본증권인 SDR(특별인출권)에 3위 국가로 출자되어 기축통화의 지위를 획득했다. 미국과 무역 전쟁을 벌이며 단기적으로 불안한 모습을 보였지만 경제 자체가 위기로 접어들 정도는 아니며, 주가는 큰 폭의 하락을 보여서 장기적인 투자 기회를 제공하고 있다.

중국의 4차 산업혁명 1등 기업들은 국가 차원의 지원과 방대한 인구 규모에서 비롯된 내수 소비시장을 기반으로 기술을 발전시키면서 빅데이터를 확보하며 급성장하고 있다. 이러한 중국 4차 산업혁명 1등주에 대한 투자도 적극 고려하는 게 좋다.

세월이 더 지나면 인도나 인도네시아 시장 등으로 시장이 옮겨 갈 수

4차 산업 주요 기업 시총 추이

주: 3분기 기준
자료: 21데이터신문실험실, 각 기업 재무제표

도 있다. 그러나 앞으로 10~20년간은 본격적으로 열릴 인공지능, 자율주행 등 4차 산업혁명 중심 기업이 떠오를 것이다. 글로벌 4차 산업에 대한 공부를 하면서 이 분야의 강력한 경쟁력을 가진 우량주 투자를 검토하는 것이 바람직하다.

G2의 4차 산업혁명 1등주

4차 산업혁명 1등주로 거론되는 기업은 미국의 구글(알파벳), 아마존, 페이스북, 애플, 마이크로소프트 등과 중국의 텐센트, 바이두, 알리바바 등이다. 이 기업들이 장기 투자를 하기에 왜 유망한지에 대해 생각해보자.

4차 산업의 핵심으로 들어가는 진입장벽은 매우 높다. 기기 제작은 상대적으로 쉬울 수 있지만 인공지능과 빅데이터는 하루아침에 만들 수도 없다. 이미 고지에 올라선 선두주자들과 시간을 두고 경쟁하기란 불가능하다. 페이스북의 월간 사용자가 20억 명을 넘어섰다. 이 수많은 사람이 매일 좋아하는 음식과 여행지 사진을 찍어 올리고 있다. 이 방대한 빅데이터를 통해 인공지능은 학습을 가속화하며 사람 이상으로 똑똑해질 수 있다. 내가 생각하기에 클라우드나 인공지능은 M&A나 인력 스카우트 등을 통해 개발하거나 사올 수 있지만, 거대한 이용자 기반으로 생성된 빅데이터는 어디서도 도저히 가져올 수 없는 무기다.

10억 명을 훨씬 넘는 사람들이 함께 만든 빅데이터를 보유한 구글, 비록 자국 중심이지만 이에 육박하는 이용자망을 갖춘 텐센트 위챗과 바이두, 엄청난 고객의 거래 데이터를 축적하고 지금도 계속 축적하고 있는 아마존과 알리바바 등은 4차 산업혁명의 교두보를 확보하고 있다.

이렇듯 미국의 첨단 IT 기업과 중국의 BAT는 4차 산업 세 가지 핵심 요소(빅데이터, 인공지능, 클라우드)를 모두 갖추었다. 독점하고 있는 플랫폼과 빅데이터를 감안하면 이미 4차 산업에서 승부는 결정된 것이나 진배없다. 웅장한 해자로 둘러싸인 크고 견고한 성이 그 위용을 드러내고 있는 것이다. 따라서 현명한 투자자라면 이렇듯 데이터와 기술 및 고객 역량을 구축해온 기업들을 공부하고 알아둬야 한다.

4
4차 산업혁명, 그 거대한 변화와 마주하며

거부할 수 없는 혁신

"우리는 지금까지 모든 인류 역사보다 앞으로 다가오는 20년간 더 많은 변화를 보게 될 것이다." 미래학자 토마스 프레이Thomas Frey의 말이다. "한국 청년들이 창의적인 일을 찾지 않고 안정적인 공무원이나 대기업 일자리만 좇는다면 한국은 5년 안에 활력을 잃고 몰락의 길을 걸을 것이다." 투자의 귀재로 불리는 짐 로저스Jim Rogers의 뼈아픈 지적이다. 로저스는 2014년에 "통일 한국에 전 재산을 투자하겠다"고 했지만, "앞으로 한국 기업의 주식은 새로 사들이지 않겠다"고 선언했다. 제4차 산업혁명이라고 일컬어지는 시대에서 우리 생활의 대변혁과 그에 따른 산업

생태계의 대변화가 일어나야 함
을 역설한 말들이다. 기존 한국
경제의 저성장과 세상의 변화들
을 우리는 알고 있다.

4차 산업혁명은 인공지능, 사
물인터넷, 클라우드 컴퓨팅, 빅

데이터, 모바일 등 지능 정보 기술이 기존 산업과 서비스에 융합되거나
3D 프린팅, 로봇공학, 생명공학, 나노 기술 등 여러 분야의 신기술과 결
합되어 실제 생활의 모든 제품과 서비스를 디지털화해 네트워크로 연결
하고 사물을 지능화한다. 이는 인간의 삶과 일자리, 산업의 판도를 바꾸
어놓는 거대한 변화이다. 그 변화의 파장은 '혁명'이라는 단어를 붙이기
에 손색이 없을 것이다.

카이스트의 정재승 교수는 2018년 7월에 발간된 『열두 발자국』이라
는 책에서 '4차 산업혁명'이라는 단어가 학계와 산업계에 등장하기 시작
하던 2015년 무렵까지만 하더라도 이것을 회의적 시각으로 바라보았다
고 말했다. 그러나 이제 이것이 거부할 수 없는 실체가 되었음을 인정하
며 같은 책에서 이렇게 말하고 있다.

"혹은 디지털 트랜스포메이션Digital Transformation이라고 부르셔도 좋고,
독일이 추진하는 인더스트리 4.0Industry 4.0이나 일본이 선언한 '소사이어
티 5.0Society 5.0과 다르지 않다고 말씀하셔도 이해합니다. 중요한 건 용어
가 아니라 세계가 나아가려는 비전입니다. 스마트 테크놀로지의 발달이
비트 세계와 아톰 세계를 일치시켜 제조업과 유통업의 혁신을 이끌고

사용자와 공급자를 바로 이어주는 공유경제를 만들고 초연결 대융합 사회로 나아가려는 비전, 더 나아가 이것이 정치, 경제, 사회, 문화 등에 근본적인 변화를 일으킬 것이라는 전 지구적 흐름에 주목해주시기 바랍니다. 미래의 기회는 아마도 거기에 있을 겁니다."

정재승 교수의 탁월한 지적처럼 4차 산업혁명은 전 세계가 품은 새로운 비전이며, 이미 시작된 거대한 변화를 상징적으로 표현한 단어이다. 이 4차 산업혁명은 앞선 단계의 산업혁명과 비교하면 무엇이 비슷하고 무엇이 다를까?

1~3차 산업혁명

1차 산업혁명은 18세기 영국에서 시작된 기술혁신과 이에 따라 일어난 사회·경제 구조의 변혁을 일컫는다. 제임스 와트James Watt의 증기기관을 기반으로 생산방식 혁신이 일어났고, 이것이 산업 전반으로 번지며 거대한 변화가 일어났다. 생산이 수공업 중심에서 기계식으로 바뀌면서 자동화율이 높아졌다. 또한 도로와 철도 확장으로 인적·물적 교류가 원활해졌다. 최초의 기계 방적기가 개발되어 산업혁명의 기폭제 역할을 했으며, 기차와 증기선이 활용되며 국내외 교역량의 본격적인 확대가 가능해졌다.

2차 산업혁명은 19세기 후반부터 20세기 초반에 걸쳐 전개되었다. 근대 과학과 산업이 밀접한 관계를 맺으면서 화학, 자동차, 전기 등 중화학공업 부문에서 새로운 기술과 산업이 발달했다. 1차 산업혁명을 영국이 주도했다면, 2차 산업혁명은 미국과 독일 등 후발 산업국들이 주도했다. 2차 산업혁명의 가장 큰 특징은 전기 기술의 개발과 이를 이용한 통신 기술의 발전이다. 특히 1876년 그레이엄 벨Graham Bell이 전화기를 발명하면서 세계를 하나로 잇는 네트워크가 가능해졌고, 이는 다양한 기술의 진보를 촉발하는 계기가 되었다.

3차 산업혁명의 별명은 인터넷 혁명이다. 『3차 산업혁명』의 저자 제레미 리프킨Jeremy Rifkin은 정보통신과 신재생 에너지 발달이 글로벌 산업경제의 수평적인 발달을 촉진시키며 3차 산업혁명을 이끌 것이라고 언급했다. 좀 더 보편적인 개념으로 다양한 정보와 개인의 의견이 인터넷을 통해 빠르고 공평하게 퍼짐으로써 전 세계 산업·경제·사회 구조가 새로운 국면에 접어들었다. 또한 재생 에너지 개발과 확산은 향후 화석연료 다음 세대에 대한 가능성을 표출했다는 점에서 의미가 있다.

산업혁명으로 이룩한 미국 비즈니스 세계

미국의 산업혁명은 현재의 산업 세계를 형성한 결정적 토대가 되었다. 영국으로부터 1차 산업혁명의 바통을 이어받은 미국이 이것을 기업 현장에 도입함으로써 자본주의가 질적으로 도약했으며 거대 기업들이 탄생할 수 있었다. 산업혁명의 물결이 없었다면 세계 자본주의와 기업은 지금과는 다른 모습이었을 것이다.

미국 산업혁명의 꽃은 철도 산업이었다. 《월스트리트저널》을 창간한 찰스 다우Charles Dow는 1884년 다우존스지수를 개발했다. 뉴욕 증시를 한눈에 보여주기 위해서였다. 다우지수 출범 당시 처음 선보인 것은 9개 철도 회사를 포함해 11개 기업의 주가를 평균한 것이었다. 이는 사실상 철도주 평균주가나 다름없었다. 이렇듯 미국 산업의 주축은 철도로부터 시작되었다.

철도와 함께 산업혁명을 주도한 철강의 발전도 눈부셨다. '베세머 Bessemer 제강법'이라는 기술로 무장한 앤드루 카네기Andrew Carnegie는 철 강왕으로 등극했다. 그의 제철 공장은 급속도로 성장했다. 철도와 다리, 건물의 건설에 철강이 사용되며 미국 산업은 한 단계 도약했다. 그는 창업 20년 만에 미국의 제철 산업을 지배하는 기업가로 성장했다. 그는 신속한 제철 제품 유통을 위해 전용 철도를 건설하기까지 했다. 카네기제철의 가치를 알아차린 금융 자본가 모건Morgan은 5억 달러라는 천문학적 금액으로 이 회사를 인수했고 자신이 소유한 페더럴제강, 내셔널제강, 아메리카제강과 카네기철강을 합병시켜 'US스틸United States Steel' 이라는 미국 최대의 철강 공룡을 만들어냈다. US스틸의 당시 자본금은 14억 달러였다. 그 무렵 미국의 1년 예산 5억 2,500만 달러보다 2.7배나 더 컸다. 이러한 공룡 기업의 대규모 기업공개IPO를 계기로 뉴욕 증시가 규모 면에서 런던 증시를 앞서나가기 시작했다.

산업혁명의 에너지원이 된 석유는 거대한 산업을 이루었다. 미국 석유 사업의 핵심 인물이 그 유명한 록펠러Rockefeller이다. 록펠러는 그 당시 모두가 뛰어들었던 석유 채굴보다는 새로운 사업에 눈을 돌렸다. 그는 정유와 판매를 중심으로 삼았다. 철도 회사와의 계약을 통해 운송비를 절감하는 등 새로운 경영 체계를 도입했고 스탠더드오일Standard Oil을 설립했다. 미국 석유 시장의 10%에 지나지 않던 스탠더드오일은 창업한 지 9년 만에 미국 전체 석유의 95%를 점유하기에 이르렀다. 독과점 신디케이트^{syndicate}의 효시다. 이후 세계 시장 공략에 나섰고 엑슨^{Exxon}, 앵글로아메리칸오일컴퍼니^{Anglo-American Oil Co.}, 에소^{ESSO}, 임페리얼오일^{Imperial Oil} 등을 통해 초국적 규모의 기업이 되었다.

2차 산업혁명은 전기가 이끌었다. 에디슨^{Edison}의 전구는 말 그대로 획기적인 발명품이었다. 또한 그는 화력발전소를 설립함으로써 전기의 대량생산 가능성을 열었다. 이 눈부신 혁신에 매료된 모건은 그의 사업에 투자하고 특허권을 사들임으로써 본격적으로 전기 산업에 뛰어들었다. 이렇게 '에디슨 전기회사'가 탄생했다. 그 후 이 기업은 탐슨-휴스턴과의 합병을 거쳐 미국을 대표하는 기업 제너럴일렉트릭^{GE}으로 발전한다.

전화 사업은 벨이 발명하고 에디슨이 실용화시켰다. 벨이 개발한 전화 기술을 토대로 설립된 미국 최대 전화 사업체 벨텔레폰^{Bell Telephone}은 이후 AT&T^{American Telephone & Telegraph}(미국 전화&전신 회사)로 발전했다. 그리고 웨스턴유니언과 합병함으로써 미국 전화와 전신 시장을 석권하고 사실상 독점 체계로 나아갔다.

산업혁명의 기술혁신을 가장 극적으로 보여주며 기업 판도를 변화시킨 것이 자동차의 대량 보급이었다. 헨리 포드^{Henry Ford}의 대량생산으로 자동차가 대중적으로 보급되기 시작했다. 그리고 자동차 산업은 강철, 기계, 유리, 고무, 전기, 석유 산업, 건설업 등 연관 산업들을 선도하며 거대한 산업 생태계를 이루었다.

미국 초기 산업은 자본에 의해 시장이 지배되지 않고 기술력만으로도 시장을 지배할 수 있는 혁신적 분위기였다. 기술력에 의한 경쟁이 특허 제도의 지원을 받았다. 하지만 미국 산업혁명의 전개와 대기업의 탄생에는 거대 자본이 필요했고, 새로이 등장한 금융 자본가가 이를 뒷받침했다. 그 결과 기업 규모는 점점 커졌다. 산업혁명으로 인해 미국은 미증유의 번영을 구가하게 되었으며, 미국 산업과 증시는 엄청난 규모의 시너지를 이루었다.

세계를 움직이는 미국 대기업 중 상당수는 산업혁명기에 탄생해 새로운 기술과 시장을 선도하며 예전에는 상상하기조차 어려웠던 성장을 이루어냈다. 그리고 강력한 독점 체계를 구축함으로써 거대 기업으로 우뚝 섰다. 미국 기업사에서 보듯 산업혁명은 전례 없이 거대하고 강력한 기업과 이들이 주도하는 새로운 시장 생태계를 만들어낸다. 산업혁명의 수혜는 카네기나 록펠러, 에디슨, 헨리 포드 등의 기업가에게만 돌아가지 않았다. 모건으로 대표되는 투자자들이 더 큰 부를 거머쥐었다.

4차 산업혁명 역시 새로운 기술, 새로운 기업, 새로운 시장과 산업, 새로운 부의 기회를 포함하고 있다. 그 기회에 올라타는 사람에게는 무한한 가능성이 주어진다.

생각하는 기계의 탄생

4차 산업혁명을 어떻게 정의할 수 있을까? 나는 한마디로 '스스로 생각하는 IT 기기들이 살아 움직인다'고 정리하곤 한다. 좀 더 나아가 '모든 기계가 살아 활동하게 해주는 근본적인 변화'라고도 표현한다. 그렇다면 IT 기기들이 스스로 생각하고 살아 있다는 것은 무슨 뜻인가? IT 기기들이 두뇌를 갖게 된다는 뜻이다.

컴퓨터 기술은 연산이라는 측면에서 기계가 지적 능력을 갖출 수 있음을 보여주었다. 하지만 이는 수학적으로 완결된 논리 구조에 의해 뒷받침되고 숫자와 문자로 표현된 인간의 명령만을 수행한다는 점에서 '생각한다'고 표현할 수는 없었다. 즉 수학적으로 완결된 논리 구조인 '알고리즘'에서 숫자와 문자로 표현된 '프로그램' 형태의 임무만 수행했다. 그 결과 연산과 같이 과정과 결과가 분명한 영역에서만 강점을 지닐 뿐이었고, 인간과 같이 사물과 상황을 인식하고 판단하는 데에는 한계를 드러냈다. 제아무리 뛰어난 컴퓨터도 치와와와 건포도가 박힌 머핀muffin을 구별할 수 없었다.

그러나 컴퓨터가 인간의 뇌를 흉내 내기 시작했다. 딥러닝deep learning이라는 인공지능의 기제를 통해 인지하고 판단하고 결정하는 역량을 기르기 시작한 것이다. 물론 고도로 유기적인 신경망을 통해 직관의 능력을 발휘하는 인간 두뇌 메커니즘을 완벽하게 갖추지는 못했다. 하지만 인공지능이 엄청난 수준의 데이터를 활용할 수 있게 됨에 따라 새로운 차원이 전개되기 시작했다. 데이터를 축적하고 이를 서로 비교해 패턴을 인식함으로써 인간 고유의 능력인 인식 지능의 단계에 들어선 것이다. 데이터의 축적이 가속화되고 인공지능 학습 역량 또한 지속적으로 발전하면서 급속도로 발전이 이어질 것이다.

바둑에서 세계 최고의 고수를 꺾음으로써 세상을 놀라게 한 인공지능은 창의적이라고 간주되는 예술 영역에서도 실제적인 성과를 보이고 있다. 딥드림deep dream이라는 인공지능은 고흐Gogh의 화풍과 색채 등을 학습한 후 수많은 그림을 그려냈다. 그중에서 고흐 스타일로 그린 〈광화문〉 그림은 독특한 감동과 미학을 선사하기에 충분했다. 또한 마이크로소프트의 '넥스트 렘브란트'가 그린 그림, 유튜브의 '플로우머신즈'가 작곡한 음악은 높은 수준을 자랑한다. 일본에서는 인공지능이 쓴 「컴퓨터가 소설을 쓰는 날」이라는 단편이 문학상 공모전 예선을 통과하기도 했다. 이처럼 인공지능에 의해 탄생한 음악이나 그림, 문학작품은 전문 예술가의 창작품과 구별하기 어려울 정도의 미적 완성도를 지니고 있다. 기계가 생각하는 세상은 미래가 아니라 이미 현재의 일이 되었다.

4차 산업혁명의 화두 중 하나는 생각하는 기계와 어떻게 공존할 것인가이다. 전문가들은 이에 대해 두 가지를 주문한다. 하나는 생각하는 기계를 제대로 배워 효과적으로 활용하는 일이다. 데이터를 얻고 처리하는 방법, 이를 인공지능으로 분석하고 해석하는 방법 등을 더욱 발전시키는 일은 매우 유망하다. 그리고 다른 하나는 기계가 생각하지 못하는 영역, 사람은 잘하는데 기계는 이에 따르지 못하는 영역을 발굴하고 이를 더 강화하는 차원이다. 창의성으로 표현되는 지능이 바로 이것이다.

이렇듯 4차 산업은 세 가지 핵심 기술을 통해 기기들이 생각하고 살아 있게 한다는 점에서 기존 인터넷 기반의 3차 산업과 차별된다. 생각하는 기계는 세 가지 기반 기술 위에 있다. 첫 번째 핵심 기술은 '빅데이터'이다. 빅데이터 기술의 발전은 기기들이 방대한 지식을 갖출 수 있게 해준다. 두 번째 핵심 기술은 '인공지능'이다. 인공지능은 컴퓨터의 기계

학습과 인공 신경망 기술 발전으로 기기들이 스스로 판단하고 학습하며 최적의 방안을 찾도록 하는 4차 산업의 가장 핵심적인 기술이다. 세 번째 핵심 기술은 '클라우딩 컴퓨팅'이다. 이 어마어마한 양의 빅데이터를 인공지능이 활용할 수 있도록 외부에서 창고 역할을 해주며 공간 문제를 해결하는 기능이 클라우딩이다. 즉 빅데이터와 인공지능, 그리고 그 연결을 만들어주는 클라우딩이라는 세 가지 핵심 기술을 통해 수많은 기기가 스마트해졌다. 그리고 '5G'로 불리는 통신 인프라가 이를 뒷받침한다. 이를 통해 거대한 데이터가 자유롭게 전송되며 상호작용할 수 있다.

이런 기술과 인프라를 기반으로 로봇과 자율주행차, 3D 프린터, 바이오 산업에 이르기까지 모든 기기와 상품, 산업들이 생명력을 가지고 똑똑해진다. 이미 사물인터넷, 가상현실과 증강현실, 지능화된 웨어러블 디바이스 등은 상용화 단계로 접어들었다. 인공지능으로 무장한 로봇과 드론, 스마트 머신, 3D 프린터 등에서도 가파른 성장세가 나타났다. 자율주행차는 4차 산업혁명의 변화를 선명하고 극적으로 보여줄 것이다.

산업을 넘어 생활 전체의 변화

미국에서 오바마 정부를 이어 트럼프 정부까지 이어지고 있는 제조업 부활과 리쇼어링 정책은 4차 산업혁명 성과에 기대고 있다. 공장이 지능화되어 값싼 노동력을 찾아 외국을 떠돌 필요가 없다는 논리다. 그러니

자국으로 돌아오라는 것이다. 전통적 자동차 제조 업체인 포드^{Ford} 등이 외국에 생산 기지를 두고 있는 반면, 전기자동차·자율주행차를 추구하는 혁신적 기업 테슬라^{Tesla}의 공장은 모두 미국에 있다는 점을 떠올려보면 이해가 쉬울 것이다.

제조업 강국 독일은 4차 산업혁명에 잘 대비하고 있는 국가 중 하나이다. 지멘스, BMW, SAP 등 독일의 글로벌 기업들은 2013년 초부터 인더스트리 4.0 플랫폼을 구축해 미래에 대비하고 있다. 지금 독일 기업들은 사물인터넷과 인공지능, 로봇 기술을 융합해 생산 공정을 고도화한 스마트 팩토리^{Smart Factory}를 운영해 생산성을 높이고 있다.

지금까지의 산업혁명은 제조 공정의 혁신이라고 할 수 있지만, 지금 도래하고 있는 4차 산업혁명은 제조 공정은 말할 것도 없고 우리의 실생활 그 자체에 대변혁을 가져온다. 이것이 기존 산업혁명과 4차 산업혁명의 근본적인 차이점이다. 그리고 이것은 거부할 수 없는 현실이다.

일자리 문제가 자주 거론되지만 희망적 전망을 갖는 게 좋다. 기존 산업에서 수많은 직업이 사라지는 대신 미래 산업에서 더 많은 먹거리와 일자리가 창출되기 때문이다. 또 개인에게 필요한 능력 면에서도 학력이나 자격증 같은 외형적 스펙보다 창의력, 문제 해결력, 분석력, 판단력, 공감 능력, 인적 네트워크 등이 더 중요해질 것이다.

전 지구적 거대한 변화 앞에 선 우리는 어떤 선택을 하고 무엇을 지향할지를 숙고해야 한다. 어떤 역량을 쌓아 어떤 일을 할 것인가? 어떤 사업을 할 것인가? 투자를 고려한다면 어떤 기업을 선택하는 게 좋을까? 해답은 이미 우리 앞에 놓여 있는지도 모른다.

5
기하급수적 수요 증가와
새로운 사이클의 시작

회의론을 넘어

4차 산업혁명이라는 단어에 냉소적 반응을 보이는 사람들이 더러 있다. 이들은 4차 산업혁명을 내세우는 기업들과 1990년 후반의 닷컴 기업들을 비교하곤 한다. 한마디로 거품이라는 것이다. 모호한 안갯속에 빈약한 실체를 감추고 있다고 혹평하기도 한다. 4차 산업혁명의 깃발을 든 기업들이 실제보다 부풀려진 투자를 모으고 있다고 한다. 물론 변화의 시기에는 일정 정도 버블이 생기게 마련이다. 실제로 4차 산업혁명이라는 이름으로 과도한 기대와 함께 투자를 끌어모으는 기업들도 있다.

4차 산업혁명의 중심인 '디지털'에 대해 현실로 존재하는 물건이나 세상이 아니라며 낮추어 보는 시각도 있다. 현실과 동떨어져 추상적 체계 안에서 존재하는 그림자 같은 것이라는 말이다. 이런 해석은 일리가 있어 보인다. 우리는 'Virtual Reality'를 '가상현실'이라고 번역한다. 실제 세계와 관계없이 존재하는 '가짜' 세계라는 뜻을 함축하고 있다. 하지만 이는 적합한 번역이나 해석이 아니다. 나는 'Virtual Reality'를 '준현실' 정도로 보는 게 옳다고 생각한다. 현실에 기반을 두고 이를 비슷하게 모사한 것이라는 의미다. 그렇지만 기존 디지털 기술이 현실과 단절을 구축하는 것은 분명한 사실이다. 간단한 예를 들자면 우리가 컴퓨터나 스마트폰, 내비게이션 같은 스마트 기기를 사용하는 동안은 시선과 관심을 그쪽에 향하게 함으로써 현실 세계에 잠시 눈을 떼게 된다. 아날로그 세상과 디지털 세상을 단절적으로 오가는 것이다. 그래서 기존 스마트 기기는 일상 단절 기기로 불린다.

하지만 4차 산업혁명은 디지털로 존재하는 세계와 현실 세계를 이어줌으로써 새로운 차원의 세상을 열어준다. 이른바 일상 몰입 기술이 구현되는 새로운 차원이 열린다. 4차 산업혁명 기술들은 디지털과 아날로그 세상, 가상현실과 실제를 연결함으로써 일상을 굳건하게 바꾼다. 이것이 인터넷을 중심으로 한 3차 산업혁명과의 근본적인 차이를 형성한다.

이를 쉽게 이해할 수 있는 대표적 사례가 증강현실이다. 아날로그 현실 세계 위에 디지털로 된 가상 정보가 제공되기에 부드러운 상호작용이 가능하다. 증강현실 고글을 쓰고 실제 제품을 보면서 관련된 정보를 얻고 제품이 구현된 모습을 미리 살펴볼 수 있다. 운전을 하면서 실제 도로 위의 정보를 디지털 이미지로 획득할 수 있다. 제품 개발을 하면서 디자인을 바꾸어 살펴보며 자유롭게 토론하는 일도 가능해진다. 자동차가 자율주행을 하며 교통사고가 없어지고, 미국에 유학 중인 딸과 한 가상공간에서 이야기하고, 현실 세계에서 '포켓몬고Pokemon GO'를 찾는다. 아날로그 세상은 디지털 정보와의 상호작용을 통해 더욱 안전하고 즐겁고 풍부해진다. 증강현실, 사물인터넷 등의 기술이 이것을 가능하게 한다.

4차 산업혁명의 무한한 발전 가능성을 부정하는 회의론을 넘어서야 한다. 이런 관점은 마땅히 받아들이고 앞서나가야 할 변화를 거부하는 명분으로 작용한다. 4차 산업혁명은 엄연히 존재하는 현실이며 거대한 변화의 방향이다. 글로벌 기업들의 4차 산업혁명이 스마트 팩토리를 통한 제조업 혁신에서 시작되었다는 점에 주목할 필요가 있다. 스마트 팩토리란 제품 생산 과정에 최첨단 ICT 기술을 접목해 생산성을 극대화시키는 것이다. 공장 내 설비와 기계에 설치된 사물인터넷 센서를 통해 데이터를 실시간으로 수집하고 분석해 전체적인 생산 현황을 파악하고 생산 효율성을 증가시킬 수 있다. 이로써 경쟁력을 비약적으로 강화하고 있다. 또한 자사의 제품과 서비스에 인공지능을 포함한 다양한 첨단 기술을 적용하기 위해 연구개발을 확대했으며 가시적으로 성과를 거두고 있다. 전통 제조업 영역에서 실제적인 혁신을 이끌고 구체적인 결실을 만들어낸 4차 산업혁명의 실체를 거론하는 것은 의미가 없다고 본다.

1조 달러 기업의 탄생

2018년 8월 2일, 세계 주식시장 역사에서 기념비적인 일이 일어났다. 시가총액 1조 달러 기업이 탄생한 것이다. 그 주인공은 애플이다. 그로부터 1개월이 지난 9월 5일에는 아마존의 시가총액이 장중 1조 달러를 돌파했다. 미국의 두 4차 산업혁명 1등 기업들은 2018년 1조 달러 클럽에 오르는 영예를 누리게 되었다. 구글과 마이크로소프트 등이 그 뒤를 이을 것이라는 관측이 지배적이다. 다소 성급하긴 하지만 시가총액 2조 달러를 돌파할 기업이 어디인지에 대한 예측도 나오는 상황이다.

1조 달러는 엄청난 규모이다. 2017년 세계 12위의 경제 대국인 한국의 국내총생산GDP이 1조 5,000억 달러 수준이다. 세계 4위의 인구 대국 인도네시아의 GDP도 우리와 비슷하다. 유럽 선진국인 네덜란드와 스위스 등의 GDP는 1조 달러를 넘지 못한다. 시가총액 1조 달러 기업은 중간 정도의 경제력을 가진 국가의 경제력을 넘어서는 엄청난 규모라 할 수 있다.

시가총액 1조 달러를 넘어섰거나 넘어서리라 예상하는 기업들은 모두 4차 산업혁명의 리더들이다. 이 기업들이 혁신을 통해 창출할 부가가치에 대해 시장이 인정하고 있다는 뜻이다. 워런 버핏과 같이 엄격한 잣대로 기업을 선정해 가치 투자를 하는 신중한 투자자들도 4차 산업혁명의 선두 기업에 투자하는 것을 주저하지 않는다.

4차 산업혁명을 이끄는 기업들이 국가 경제력에 버금갈 정도로 몸집을 불리는 현상은 임박한 주식시장 장기 사이클의 전주곡이라 보인다.

머지않은 미래의 주식시장은 4차 산업혁명을 매개로 해 우리가 볼 수 없었던 1900년대 산업혁명 이후 기업들의 변화와 같은 100년 만의 변화와 상승의 사이클을 가져올 것이다.

기하급수적 수요 증가와 장기 상승 사이클

장기적인 차원에서 주식시장의 대약진을 기대하는 이유는 단순하다. 4차 산업혁명을 매개로 엄청난 부가가치가 생성될 것이며, 거대한 부와 역량을 축적한 기업들이 몸집을 늘릴 것이다. 구글 본사 앞에 있는 공룡처럼 말이다.

먼저 제조업의 역량이 비약적으로 발전할 것이다. 미국과 독일 등에서는 제조 현장에 인공지능과 사물인터넷 등 4차 산업혁명을 도입해 생산력을 비약적으로 끌어올리고 있다. 또한 고객의 개별적이고 특수한 수요에 맞춘 제품을 대량생산 체계에서 만들어내는 매스커스터마이제이션masscustomization을 현실화시켰다. 혁신을 이룬 기업들은 예전에는 기대하지 못했던 수익성을 기록하며 기업 가치를 높일 것이다.

4차 산업혁명의 핵심 기술들이 만들어내는 첨단 제품들은 이제 시작 단계이다. 그 규모가 어떨지 가늠할 수조차 없다. 성패가 불투명하다는 뜻이 아니다. 시장 확장의 규모가 엄청나기에 이를 예단하기 어렵다는 의미다. 예를 들어 전기를 에너지원으로 하는 자율주행차가 본격적으로 보급되면 전 세계적으로 시장이 팽창할 것이다. 완성차뿐만 아니라 수많은 부품과 기술이 집적되는 자동차 제조의 특성상 부품과 각종 소프트웨어, 서비스에 이르기까지 천문학적 교체 수요가 예상된다. 이것은

PC나 휴대폰, 스마트폰이 보급되는 것과는 규모를 달리한다.

사물인터넷 분야도 마찬가지다. 최근 구축되는 스마트 시티 등에서 볼 수 있듯 한 도시 내의 인프라를 비롯해 모든 시설과 건물, 내부 기기 등이 사물인터넷을 장착한 스마트 제품으로 바뀐다.

자율주행차는 전 세계에 한 대도 없었지만, 시장이 성장하게 되면 연간 5,000만 대 이상의 시장이 새로이 만들어진다. 규모를 짐작조차 할 수 없는 새로운 수요가 전 지구적으로 발생한다. 기하급수적인 수요의 변화이다. 이런 경향은 미국 등 선진국에서 시작하겠지만 점점 신흥국으로 번지며 팽창할 것이다. 유선전화도 채 보급되지 않았던 중국에서 얼마나 빠른 속도로 스마트폰 시장이 커졌는지를 보면 그 변화를 예측할 수 있다.

생산이 바뀌고 제품이 바뀌고 서비스가 바뀐다. 이것은 전면적이다. 한두 가지 제품이 시장을 이끌던 때와는 다르다. 전례 없던 신규 수요로 기업이 살찌면서 주식시장은 장기 상승 사이클로 접어들 가능성이 크다.

영국에서 산업혁명의 바통을 이어받은 미국이 산업혁명의 파고를 넘으며 과거에는 상상조차 못 했던 규모의 산업과 기업, 투자 생태계를 만들었던 역사를 떠올려보자. 스탠더드오일, US스틸, GE, 포드, AT&T 등은 산업혁명의 혁신을 통해 독점적 지위에 올랐고 천문학적 규모의 성장을 거듭했다. 물론 이후에 정부 규제로 시장 독점의 특혜를 영원히 누리지 못했지만 그사이에 기반을 굳건히 만들었다. 이들 기업의 장래를 알아본 투자자들 역시 이득을 톡톡히 보았다. 미국 주식시장, 더 나아가 세계 금융시장은 산업혁명을 선도한 기업들에 의해 재편되었으며 그 역사를 새로 쓰기 시작했다. 나는 4차 산업혁명을 주도하는 기업들을 중심으로 이런 역사가 재현될 가능성이 크다고 본다. 인공지능 등의 핵심 기술은 그 특성상 독점적 성격이 강하다. 모방을 통해 재빠르게 기술을 따라잡기 어렵다. 이들 기업은 2차 산업혁명 시기 미국 기업들이 그랬듯 새로운 질서를 만들어 비약적 성장을 이룰 것이라 예측할 수 있다. 물론 그 전개 양상은 다르겠지만 말이다.

산업혁명기의 모든 기업이 장기 상승 사이클의 혜택을 입을 수는 없다. 앞서 말했듯 4차 산업혁명의 진입장벽은 매우 높다. 축적된 역량을 갖춘 소수 기업, 변화와 혁신에 성공한 몇몇 기업에 집중될 공산이 크다.

새로운 상승 국면을 기대하고 추이를 바라보는 게 좋겠다. 침체와 조정기를 거치는 동안 상대적으로 저평가된 1등 주식을 사두는 것도 현명하다. 그리고 장기 상승 사이클의 수혜를 독점할 기업들의 향방을 예의 주시해야 할 것이다.

2장

★

4차 산업혁명과
폭발적으로 증가하는 수요의 증가

포스트 코로나 시대는 언택트를 통해 4차 산업을 앞당긴다

포스트 코로나 시대는 이전과는 완전히 다른 시대가 될 것이다. 코로나 감염병 사태는 생활 전반에 변화를 가져오고 있다. 가장 많이 사용되는 단어 중 하나가 언택트(비대면) 시대라는 것이다. 앞 장에서 이야기한 바와 같이 이것은 진정한 비접촉을 뜻하는 것이 아니라 디지털로 연결된 접촉, 디지털 콘택트를 의미한다. 그것도 이전보다 훨씬 다양하고 폭넓은 무수히 많은 디지털 접촉이 진행된다는 것이다.

인터넷 쇼핑, 인터넷 뱅킹, 핀테크, 디지털 미디어, 원격의료, 온라인 교육 등 다양한 분야가 직접 접촉하지 않고 디지털로 접촉이 이루어지고 있다. 앞 장에서 서술한 바와 같이 재택근무가 확산되면서 가장 크게 성장하는 분야 중 하나가 영상회의 시스템이다. 많은 기업과 여러 종류의 단체들 또 대부분의 학교에서 수업과 모임이, 또 회의가 모두 이 영상회의 시스템으로 바뀌고 있다. 그러면서 이 영상회의와 관련된 산업은

언택트는 디지털 콘택트의 다른 표현이다

주요 플랫폼 업체들이 뛰어들면서 이제는 가장 핫한 산업 중 한 분야로 주목받고 있다.

이번 코로나 사태를 통해 이미 우리의 일상으로 들어와 버린 영상회의나 온라인 교육은 일부에 불과하고 금융, 콘텐츠, 쇼핑, 숙박, 헬스케어, 음식 배달 등 생활 전반에 걸쳐 언택트(디지털 콘택트) 시대는 본격화되고 있고, 이를 주도하고 또 준비하는 기업들의 디지털 전환은 본격적인 성장이 진행되고 향후 더욱 커질 전망이다. 또 이의 바탕이 되는 네트워크 시스템, 인공지능, 빅데이터, 사물인터넷, 데이터센터, 클라우드, 반도체 등의 분야도 장기적인 고성장 국면으로 접어들고 있다고 판단된다.

결국 포스트 코로나 시대는 디지털 콘택트를 바탕으로 4차 산업혁명의 발전 속도를 가속화할 것으로 예상된다. 구글, 아마존, 페이스북, 마이크로소프트, 넷플릭스, 네이버, 카카오 등 디지털 1등 플랫폼 기업들의 생태계 확장은 더욱 가속화될 것이며, 이를 위한 디지털 인프라 설치가 집중적으로 투자될 것으로 예상된다. 그리고 바로 여기에 투자의 기회가 있다.

포스트 코로나 시대, 포노 사피엔스의 확장과 스테이 앳 홈 소비

그런데 최근 기업뿐만 아니라 개인들도 포스트 코로나 시대에 들어서면서 비대면과 디지털화가 더 강화되고 있다. 포노 사피엔스Phono Sapiens(2015년 《이코노미스트》지는 휴대폰을 뜻하는 폰Phone과 지성을 뜻하는 사피엔스Sapiens를 합한 포노 사피엔스라는 용어를 처음 사용했다)라는 용어도 신

코로나19 이후 비디오 관련 활동 서베이

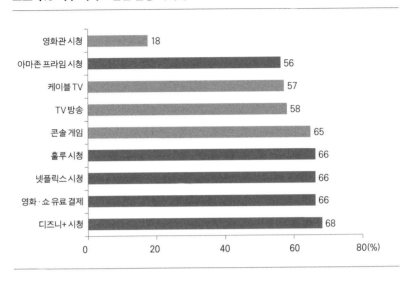

세대를 지칭하는 표현으로서 전반적인 '디지털 생활 문화'로의 변화를 이야기해왔다. 하지만 이번 코로나19 사태를 통해 스스로 '컴맹'이라던 40~60대들도 온라인 쇼핑과 유튜브, 넷플릭스와 같은 스테이 앳 홈^{Stay} at Home의 문화적 경험을 통해 포노 사피엔스로 빠르게 변하고 있다. 즉 신세대만이 아닌 전 인류의 포노 사피엔스화이다.

코로나19 사태로 개인 소비의 온라인화가 대폭적으로 확장되는 계기가 형성되었다. 예를 들어 영화관에 잘 가지 않고 집에서 개인적으로 비디오 스트리밍을 통해 영화를 보는 사람이 급격히 증가했다. 대표적인 수혜 업체는 우리가 잘 아는 넷플릭스이다. 실제로 글로벌 온라인 동영상 서비스^{OTT} 기업 넷플릭스는 2020년 1분기 전 세계 신규 가입자를 1,577만 명이나 더 늘렸다. 이는 당초 시장의 전망치보다 2배가 넘는 놀라운 실적이다. 또 전체 가입자 수도 1억 8,000만 명을 넘었다. 1분기 매출액도 전년 대비 28%를 넘는 좋은 실적을 기록했고, 2분기에도 매출액이 약 23% 늘어날 것으로 시장은 전망하고 있다. 스트리밍 산업에 새로이 뛰어든 경쟁사 '디즈니+Disney+'도 최근 2개월간 2,000만 명 이상의 고객을 추가로 확보한 것으로 알려졌다. 그만큼 온라인 동영상 서비스 산업도 급성장하고 있다.

한편 개인 소비 측면에서는 온라인 쇼핑의 성장도 폭발적이다. 대표적인 업체인 아마존은 1분기에 매출이 26%나 늘었다. 역시 코로나19 사태의 수혜임을 알 수 있다. 아마존은 또 코로나 사태 이후 직원을 17만 5,000명을 뽑았다. 국내에서도 대표 온라인 쇼핑 업체 '쿠팡'의 실적 성장이 눈부시다. 그뿐만 아니라 마켓컬리 등 다른 온라인 배송의 성장도 이제는 당연하게 여길 정도로 고성장세를 이루고 있다.

결론은 코로나19 사태로 개인이나 기업이나 디지털화되고 있어 많은 데이터가 빅데이터화되면서 보존되어야 하고, 많은 동영상 스트리밍이나 영상회의 또 온라인 교육 등등을 위해 저장 공간에 저장되고 네트워킹이 되어야 한다. 여러 목적에 맞는 소프트웨어 컴퓨팅 시스템을 포함한 클라우드 환경의 데이터센터부터 단순한 저장 장치의 데이터센터까지 다양한 디지털 인프라가 필요한 시대가 되었다. 또 풍부한 데이터를 네트워킹할 수 있는 통신 환경, 즉 5G 인프라 환경이 필요하다는 것이다. 결국은 이 파트에서 이야기하는 5G 환경부터 AI와 데이터센터의 확장 등을 배경으로 한 반도체 산업의 성장, 그리고 자율주행차까지 4차 산업혁명은 코로나 사태를 계기로 우리에게는 현실이 되고 있다. 이제 미래가 아닌 현실로 다가온 본격적인 4차 산업혁명의 내용과 그것을 주도하는 1등 기업 공부를 통해 투자의 기회를 찾아보자.

자율주행차 ①
새로운 산업혁명의 총아

4차 산업혁명의 기술혁신이 가장 직접적이며 극적으로 다가올 부분으로 자율주행차를 꼽을 수 있다. 운전자 없이 스스로 판단하고 움직이며 사람과 짐을 실어 나르는 차량은 상상 속에 등장하는 모습이었다. 하지만 구글의 자율주행차 회사 웨이모가 2018년 12월 5일 미국 애리조나 주 피닉스에서 무인 자율주행 택시 '웨이모 원Waymo One' 서비스를 개시함으로써 자율주행 시대는 이미 현실이 되었다.

완전 자율주행의 시작에 따라 자율주행차 주행거리는 폭발적으로 증가할 것이다. 데이터와 기술 역량 역시 기하급수적 발전을 이룩하며 자율주행차의 본격화를 앞당길 것이다. 이제 자율주행차의 현실성은 논할 가치가 없다. 본격화의 속도와 규모만이 관심의 대상이다.

자율주행차는 4차 산업혁명 시대 산업 간 경계의 붕괴를 상징하는 대표적 영역이다. 디지털화와 지능화로 기술 간, 산업 간 융합이 가속화되면서 견고했던 산업의 벽이 무너지고 기술과 경쟁은 경계를 자유롭게 넘나들게 된다. 글로벌 자동차 제조사의 최대 경쟁자가 IT 회사 구글이라는 점은 이를 가장 확실하게 보여준다.

　또한 생산에서 패러다임 변화를 내포하고 있다. 아날로그 시대의 자동차는 완전한 데이터를 중심으로 엄격한 절차를 걸쳐 개발되고 생산되었다. 실행과 결정이 보수적 과정에서 이루어졌다. 예를 들어 철저한 계획과 테스트, 분석을 통해 최고의 제품과 서비스를 완성하는 것을 목표로 삼았다. 시제품이 나오고 양산에 들어가기까지 오랜 시간이 걸렸다. 그러나 자율주행차를 비롯한 4차 산업혁명 시대 제조업의 생산방식은 달라질 것이다. 현재 수집한 데이터를 바탕으로 신속한 결정과 실행을 추구하게 될 것이다. 이른바 린 스타트업Lean Startup이 일반화된다. 프로젝트 핵심 아이템을 구체화해 빠르게 시제품을 제작하고, 시장 반응과 유저 피드백을 바탕으로 수정하고 발전해나가는 새로운 과정이 형성된다.

　그리고 자율주행차는 평균수명이 급격히 늘어난 알파 에이지 시대, 4차 산업혁명이 나아가는 방향을 함축하고 있다. 노령 층의 운전 편의를 도모하고 정보 제공과 즐거움을 차량 운송에 결합하는 차원을 창조한다.

　이렇듯 자율주행차는 4차 산업혁명의 변화한 패러다임을 선명하게 표현하며 관련 기술과 산업을 뒤흔들고 있다. 자율주행차는 동력 방식으로 전기자동차를 선택할 가능성이 크며 운송 서비스 전체의 혁신을 동반할 것으로 보인다. 따라서 전기자동차와 자율주행차, 운송 서비스가 맞물리면서 거대한 트렌드를 이루고 시장과 산업을 바꾸어나갈 것으로 예상된다. 자율주행차 기술과 시장 추이에 관한 내용은 뒤에서 다루기로 하고, 여기서는 투자적 관점에서 주목할 사항들을 짚어보자.

전기자동차

자동차 시장의 트렌드 변화 중 가장 가시화된 것이 전기차이다. 2017년 기준으로 글로벌 전기차 시장 규모는 110만 대 수준이다. 전체 자동차 시장에서 차지하는 비중이 미미한 수준이다. 하지만 판매 증가세가 가파르다는 점을 유념해야 할 것이다. 블룸버그의 2018 뉴 에너지 파이낸스BNEF 보고서는 전기차가 2040년 신차 판매량의 54%, 전 세계 자동차의 33%를 점유할 것으로 전망했다. 또한 현재는 하이브리드 차PHEV: Plug-in Hybrid Electric Vehicle가 배터리 전기차Battery Electric Vehicle보다 더 큰 비중을 차지하지만, 2025년이면 이 경향이 역전될 것이라고 보았다.

　세계 전기차 시장을 주도하는 나라는 중국이다. 유럽과 미국, 일본에서도 시장이 성장하고 있다. 전기자동차 중에서 전기승용차보다 전기버스 시장이 더 크게 성장 중이다. 이미 중국에서는 30만 대의 전기버스가 운행 중인데, 이는 전 세계 전기버스 판매량의 99%를 차지할 정도이다.

　워런 버핏은 2008년 이름조차 생소한 중국 기업의 지분을 사들이는 엉뚱한 투자를 해 눈길을 끌었다. BYD라는 배터리 제조 업체였다. 그의 투자에는 그만한 이유가 있었다. 이 회사는 전기자동차를 미래 주력 분야로 삼았고 버핏은 BYD가 세계 전기차 시장의 리더가 될 것이라고 확신했다. 워런 버핏의 투자로 BYD는 세계 시장에서 주목받는 기업이 되었다. 하지만 그 후 몇 년 동안 적자를 기록하며 혹평의 대상이 되기도 했다. 그러나 2015년 6만 1,722대의 전기차를 판매함으로써 테슬라, 닛산, BMW를 제치고 세계 전기치 1위 업체에 등극했다. 주가는 버핏이 투자하던 당시보다 10배가량 올랐다. BYD의 약진에는 전기차에 대한 중국 정부의 전폭적인 지원이 한몫했다.

높은 배터리 가격, 충전소 부족 등 전기자동차 시장의 성장을 가로막는 요인들이 있지만, 기술 발전과 각국 정부의 정책적 지원으로 이런 장벽들이 해소될 것으로 보인다. 또한 자율주행차와 차량 공유 서비스의 발전과 궤를 함께하기에 비약적인 시장 성장을 예상할 수 있다.

자율주행차

전기차와 더불어 큰 변화를 주도할 테마가 자율주행차이다. 자율주행차는 교통사고와 도로 정체 등 다양한 문제를 해결할 방안으로 꼽히고 있다. 버락 오바마 미국 전 대통령은 한 기고문(2016년 9월 19일 피츠버그 지역신문)을 통해 자율주행차가 미국인의 생활 방식을 바꿀 것이라고 언급했다. "자율주행차는 매년 수만 명의 목숨을 살릴 수도 있으며, 직접 운전하기 어려운 노인이나 장애인의 삶을 변화시킬 것"이라고 했다. 또한 "도로도 덜 막히고 오염도 줄어들 것"이라고 예상했다.

　자율주행차는 전기차와 마찬가지로 수많은 제약 요인에 둘러싸여 있다. 차량에 대한 신뢰성 결여와 운전자들의 저항감, 관련 법규 미비, 기술과 인프라 부족, 높은 초기 비용, 피해에 대한 책임 소재 등이다. 그러나 자율주행차가 가진 장점이 더 크기에 앞으로 성장이라는 방향성은 분명할 것이다.

　자율주행 자동차는 기존 자동차들의 특성도 변화시킨다. 기존 자동차들은 운전자 중심의 1인칭 관점에서 편리함과 안정성 위주로 디자인되었고, 소비자들에게도 성능·연비·안전장치·조작성 등의 요인으로 어필했다. 이에 비해 자율주행 자동차는 3인칭 관점에서 디자인되고 브랜드, 감성, 서비스 등이 소비자의 선택을 좌우하는 중요한 요인이 될 것이다.

차량 관련 사업의 변화

자율주행 자동차로의 전환은 자동차 산업과 연관 산업에 상당한 변화를 가져온다. 운전 부담이 확연히 줄어들고, 운전자에게 시각과 신체의 자유를 주기 때문이다. 자동차라는 공간의 정의가 '생활공간'으로 바뀌고 자동차의 특성도 변화할 것이다. 이동성이라는 개념 자체에도 변화가 발생한다.

　자율주행 자동차가 가져올 가장 큰 변화는 자동차라는 공간 개념이 바뀐다는 것이다. 운전을 통해 원하는 목적지까지 이동하는 공간인 자동차는 운전자가 운전에서 해방되는 순간 이동성만 남는 공간이 된다. 이동과 관련한 스트레스와 피로, 시간이 감소해 주거 형태에도 영향을 미치고 교통 인프라에도 변화를 불러일으킬 것이다.

운전이 제거된 후 이동성만 남은 공간에서는 다양한 개인 활동이 가능해지고, 결국 자동차는 조작 대상을 넘어 각종 서비스를 이용하고 콘텐츠를 소비하는 인터페이스로서의 역할로 가치가 확장된다. 이는 자율주행 자동차를 개발하는 IT 진영에서 가장 원하는 시나리오이다.

자율주행 자동차는 이동성에 대한 개념도 바꿀 것이다. 차량을 소유할 필요성이 없어지고 공유가 가능해지는 것이다. 필요한 때만 이용할 수 있으니 차량 공유도 활성화될 것이다. 자율주행차의 등장과 함께 운송 수단의 공유를 내세운 새로운 산업 생태계의 형성과 발전이 예상된다. 우버Uber 등의 기업이 급성장한 것 역시 이런 맥락에서 살펴볼 수 있다.

새로운 경쟁 구도의 출현

전기자동차와 자율주행차, 운송 서비스의 급속한 발전은 새로운 체제 변화를 가져올 것이다. 그중에서도 가장 위협적인 것은 기존의 완성차가 아닌 신규 진입자들, 특히 기존 IT 업체들이 가져올 수 있는 파괴적인 혁신 기술들이다.

IT 업체의 자동차 시장 진입 배경을 먼저 이해해야 한다. 과거 내연기관 시대의 자동차는 엔진과 변속기 기술을 기반으로 각종 부품이 수직 계열화되는 피라미드 구조 하에서 완성차의 바게닝 파워bargaining power가

강했다.

그러나 최근 완성차 시장이 상위 13개 업체로 과점화되면서 기초 기술에 대한 상향 평준화가 진행되었고, 각 업체별 차별화는 브랜드, 디자인, 슈퍼카 등으로 포인트가 줄어들고 있다. 이렇게 기업별 차별화 포인트가 줄어들고 수요가 저성장하면서 결국 공급자 대비 소비자들의 협상력이 커지고, 이에 따라 각종 신기술의 가격 전가력이 약화되는 결과를 낳았다. 이는 완성차 마진에 대한 압박으로 작용하고 있다.

이런 가운데 친환경차로의 급격한 전환은 완성차로 하여금 투자에서 선택과 집중을 강요했다. 이는 개별 부품단에서 대형 부품 업체로의 주도권 이전을 가져왔다. 즉 대형 부품 업체들이 만든 부품들을 조립만 해도 완성차를 만들 수 있는 구조가 되었고, 기술력보다는 자본력과 브랜드 신뢰성이 시장 진입의 주요 걸림돌로 부상한 상황이다. 이러한 구도는 구글이나 애플, 테슬라와 같이 기존 IT 산업에서 브랜드 신뢰성을 확보하고 있고 자본력이 뛰어나며 기존 자동차 산업의 패러다임에서 파괴적 변화를 가져올 수 있는 업체들의 진입을 용이하게 만들었다.

이런 진입이 기존 완성차 업체들에 미치는 영향은 무시할 수 없다. 자동차는 고가의 내구재라 가구당 추가 소비를 가져오기에는 가격적 부담이 크므로 신규 수요를 자극하는 데 한계가 있다. 이런 와중에 새로운 형태의 자동차 출현은 수요 흐름의 변화를 가져오면서 기존 업체의 시장 점유율에 문제를 야기할 수 있다. 결국 기존 완성차 업체들은 거대한 변화의 물결과 새로운 경쟁 구도 한복판에 서 있는 셈이다. 누가 얼마나 빨리 적응할 수 있는지 지켜보는 것도 흥미진진할 것이다.

2

자율주행차 ②
자율주행 기술과 업계의 변화

송선재 애널리스트

자동차 산업 내 변화들이 동시다발적으로 진행 중

자동차 산업은 이전에 보지 못했던 변화를 동시다발적으로 경험 중이다. 기술적으로는 전기차·수소차와 같은 친환경차가 부상하고 있고, 커넥티비티와 자율주행 기술이 접목 중이다. 사회적으로는 카셰어링·카헤일링 등 공유경제가 침투하고 있고, 규제 측면에서는 환경과 안전 문제가 화두가 되고 있다.

관련 변화들에 대한 자동차 업체들의 대응력을 점검해보면, 우선 친환경차는 기술(특히 파워 트레인)의 변화로 기존 업체들이 충분히 대응할 수 있다. 자율주행 기술은 운전 습관의 변화를 일으키고 수많은 IT 기

자료: 하나금융투자

술이 접목되어야 하므로 공급망에서 대형 부품 회사들의 역할이 증대된다. 또한 과거에 보지 못했던 IT 업체들이 신규로 밸류 체인에 진입할 것이다. 이들은 협상력 측면에서 중소 자동차 부품 업체들과 다르다. 따라서 부가가치 점유에서 완성차 업체들의 상대적 우위가 하락하게 된다. 공유경제로 대변되는 새로운 모빌리티는 자동차 가치의 변화를 통해 기존 비즈니스 모델을 흔들 수 있다. 기술적으로 개발이 상대적으로 쉽지만 네트워크 효과로 인해 후발주자인 자동차 업체들이 가장 달성하기 어려운 영역일 수 있다.

단기적으로 수익성 하락과 경쟁 심화 요인으로 작용

이러한 변화들이 기존 밸류 체인을 흔들고 있다. 우선 자동차 시장의 진입장벽 약화로 새로운 플레이어들이 진입하기 쉬워졌다. 자동차 산업은 그동안 엔진·변속기 등 파워 트레인 기술과 양산 능력을 기반으로 진입장벽을 구축해왔다. 그런데 글로벌 완성차들이 상위 20개 그룹으로 재편되면서 기술의 상향 평준화가 이루어진 상황에서 전통적인 기계 기술의 차별화가 약해졌다. 또한 배터리·모터를 기반으로 한 전기차 기술이 접목되기 시작하면서 차량 내 경험 기술, 예를 들어 진동·소음 등 쾌적성, 편의·안전 등 IT 기술의 중요성이 점증하고 있다.

기존 자동차 제조업의 진입장벽이 낮아지기 시작했고, 이를 계기로 새로운 아이디어, IT 기술과 막대한 자금을 기반으로 새로운 플레이어들이 시장에 진입할 수 있는 여건이 조성되었다. 전기차에서는 테슬라뿐만 아니라 수많은 신생 업체들이 생겨났고, 자율주행에서는 웨이모와 크루즈 등이 IT 기술을 기반으로 창업되었다. 공유경제에서는 우버, 리프트, 그랩 등 플랫폼 기업들이 부상했다.

기존 자동차 업계에서 이러한 변화는 단기 투자비용 부담과 수익성 하락 요인으로 작용하고 있다. 자동차 업체들은 미래 기술에 대한 투자를 늘려야 하는데, 현재는 시장이 미성숙하고 투자비용을 소비자들에게 전가하기 어려운 상황이다. 단기적으로 연구개발과 시설 투자비용이 늘어나면서 수익성이 하락할 것으로 전망된다.

장기적으로 보았을 때 친환경차는 기존 가치를 유지한 상태에서 환

기존 수익원의 정체 vs. 신규 수익원의 급성장

자료: BCG, 하나금융투자

완성차 업체들의 수익성과 투자 부담 전망

자료: BCG, 하나금융투자

경·경제라는 가치를 더해 변형시키는 구조이다. 이와 반대로 자율주행과 공유경제는 완성차에서 이종 업체들에 가치를 이전시키는 기술이라 더욱 파괴적이다. 앞으로 자동차 시장 내에서는 자동차 판매·금융 등 기존 수익원이 정체되고, 자율주행·전기차·데이터·모빌리티 등 신규 수익원은 급성장할 것으로 예상된다.

자동차 업체들이 역전 홈런을 칠 수 있을까?

(1) 기술 기업들에 대한 인수합병 확대

기존 완성차 업체들이 자율주행·공유경제 기술을 단기간에 확보하기 위해 선택하는 첫 번째 전략은 인수합병의 확대이다.

　GM은 2016년 스타트업 기업인 크루즈Cruise를 10억 달러에 인수했는데, 현재 별도 사업부로 분리된 GM크루즈는 자율주행 부문의 핵심이다. 2017년에는 라이더^{Lidar} 장비를 개발하는 스트로브^{Strobe}를 인수해 하드웨어 기술도 확보했다.

포드는 인공지능 플랫폼 업체 아르고AI^{Argo-AI}에 10억 달러를 투자해 관련 기술을 확보했다. 2018년 8월 자율주행 사업 부문을 '포드자율주행유한회사^{Ford Autonomous Vehicles LLC}'로 분사하고 자율주행 기술 개발, 시스템 통합 등 관련 사업을 확대할 예정이다.

다임러는 2015년 소프트웨어 역량 강화를 위해 BMW·아우디와 초정밀지도 서비스 업체 히어^{Here}를 인수해 정밀지도 DB를 구축하고 있다. 모빌리티 서비스를 위해 2008년 차량 공유 서비스인 카2고^{Car2go}에 투자했으며, 2014년 택시 호출 서비스인 마이택시^{Mytaxi}를 인수해 자회사 서비스로 운영하고 있다.

(2) 상호 제휴를 통해 부담 완화

기존 완성차 업체 간의 제휴뿐만 아니라 IT 업체들과의 협업을 통해 자율주행 개발에 들어가는 시간과 금액을 줄이려 노력 중이다.

GM의 GM크루즈는 2018년 6월 소프트뱅크로부터 22억 5,000만 달러의 투자를 유치해서 지분 19.6%를 부여했다. 우선 자율주행차 개발에 9억 달러를 투자하고, 크루즈 자율주행차의 상용화 시기에 13억 5,000만 달러를 추가 투자할 예정이다. 2018년 10월에는 일본 혼다가 GM크루즈에 투자했다. 크루즈 지분에 7억 5,000만 달러를 투자했으며, 자율주행 차량 생산을 위한 개발비에 20억 달러를 추가로 투자할 예정이다. 그리고 2016년 차량 공유 서비스 업체인 리프트^{Lyft}에 5억 달러를 투자했는데, 자율주행 네트워크를 공동 개발하는 목적이다.

포드는 2016년 라이더 기술 개발사인 벨로다인Velodyne에 중국 바이두와 공동으로 1억 5,000만 달러를 투자했고, 리프트와 협력해 포드의 자율주행 차량이 리프트의 앱과 연동되도록 만드는 소프트웨어를 개발 중이다. IT 업체 중에서는 알파벳과 제휴 중이다. 자율주행 기술과 관련된 서비스 사업도 진행하고 있는데, 대표적인 서비스로 포드 패스Ford Pass를 선보였다. 포드 패스는 맥도날드, 세븐일레븐, BP와 파트너십을 체결해 사용자 전용 혜택과 지리·위치 서비스 등을 제공한다. 중국에서도 바이두와 자율주행 시험운행을 할 계획이다. 우버, 리프트와 셰어드 스트리트SharedStreets 플랫폼을 통해서는 도시형 모빌리티를 위한 데이터 공유도 할 예정이다.

토요타는 2017년 엔비디아와 협력하면서 엔비디아의 드라이브 PXDrive PX AI 플랫폼을 사용해 자율주행 기술을 개발했다. 또한 2018년에는 동남아 카셰어링 업체인 그랩Grab에 10억 달러를 투자했다. 같은 해 8월에는 우버에 5억 달러를 추가 투자했고, 10월에는 소프트뱅크와 전략적 파트너십을 체결해 모빌리티 서비스를 위한 합작 법인 모네테크놀러지MONET Technologies를 설립할 예정이다.

다임러는 완성차·부품·IT 업체들과 상호 제휴를 통해 역량을 강화하고 있다. 보쉬Bosch와는 포괄적 협력 관계를 구축했다. 보쉬는 하드웨어와 하드웨어 부품을 위한 소프트웨어 개발을 담당하고, 다임러는 시스템 통합과 차량 제조를 맡아 2019년 공동으로 자율주행차 호출 서비스를 시범적으로 시행할 계획이다. 자율 발레파킹valetparking 시스템의 상용화 시험도 진행 중이다. 앞서 말했듯 소프트웨어 역량을 강화하기 위해 BMW·아우디와 공동으로 자율주행용 초정밀지도 서비스 업체인 히어를 인수해 정밀지도 DB를 구축하고 있으며, 2017년 2월에는 우버와 자율주행 자동차 파트너십을 체결했다. 2018년 7월에는 다임러·보쉬가 엔비디아 AI 플랫폼 '드라이브 AGX 페가수스Drive AGX Pegasus'를 자율주행 기술 개발에 활용하는 내용을 발표했다. 중국에서는 도로 센싱Sensing과 고해상도 맵핑Maping 소프트웨어를 개발하는 중국 스타트업 모멘타Momenta가 추진한 4,500만 달러의 펀딩에 참여했다. 지리기차와 합작회사를 만들어 프리미엄 라이드 헤일링Ride Hailing 서비스도 시작할 예정이다. 최근 모빌리티 사업을 위해 BMW 그룹과 합작회사(지분 50%)를 설립하기로 결정했다.

BMW는 2016년 BMW그룹·인텔·모빌아이Mobileye는 2021년까지 고도 자율주행(3단계) 및 완전 자율주행(4·5단계)차에 관한 기술을 개발하고 생산하기 위해 협력하기로 했다고 밝힌 바 있다. 2017년 이 동맹에 자동차 부품 업체인 델파이Delphi와 마그나Magna도 합류했다. 각 회사의 장점과 역량, 자원을 활용해 플랫폼 기술을 향상하고 개발 효율성을 높이며 제품 출시 시간을 단축하는 것이 목표이다. 2021년까지 고도 자율주행과 완전 자율주행 기술을 개발할 예정이다. 중국에서는 중국 내 자율주행 면허를 얻었고 바이두와 합동으로 개발을 추진 중이다. 최근에는 모빌리티 서비스 강화를 위해 다임러와 합작회사를 설립해 지분 50%를 확보할 예정이다.

폭스바겐은 2018년 1월 자율주행 개발 스타트업 오로라Aurora와 전략적 제휴를 체결해 2021년까지 자율주행 택시에 적용할 예정이다. 6월에는 보쉬·콘티넨탈Continental·엔비디아와 차세대 자율주행 개발 연합 NAV 얼라이언스를 출범했다. 9월에는 마이크로소프트와 전략적 파트너십을 체결해 클라우드를 개발하기로 했고, 향후 관련 서비스를 모든 차종에 적용할 계획이다. 중국에서는 2018년 5월에 디디추싱과 제휴로 디디추싱 자율주행차의 절반 이상을 담당하는 것을 목표로 하고 있다.

현대차그룹은 2017년 7월 모빌아이와 자율주행 공동 개발에 협력하기로 했다. 또한 2018년 1월에는 자율주행 스타트업 오로라와 제휴해 스마트 시티에서 4단계 수준 도심형 자율주행 시스템 상용화를 목표로 하고 있다. 5월에는 자율주행차 레이더 스타트업 메타웨이브Metawave에 투자했으며, 10월에는 AI 전문 스타트업 퍼셉티브오토마타Perceptive Automata에 투자해 자율주행과 로보틱스 개발에 협력하고 있다.

완성차 업체별 자율주행 기술 동향

구분	자율주행	공유경제
GM	• 2008년 자율주행 시험 모델 공개 • 2016년 크루즈 인수 • 2018년 볼트 EV 기반 크루즈 AV 공개 • 2018년 크루즈 자회사로 분사 • 2019년 도심 지역 상용화 목표 • 2020년 캐딜락 브랜드 모든 차종에 슈퍼 크루즈 기술 탑재 계획 • 2020년 고속도로 차선 변경 가능 자율주행차 출시 계획	• 2016년 리프트와 자율주행 네트워크 공동 개발 • 2016년 자체 카셰어링 서비스 메이븐(Maven) 시작 • 자율주행·공유경제 생태계 구축을 통한 신규 수익원 발굴, 유료화 추구
포드	• 2012년 미시간 주에 도로 자율주행 테스트 • 2018년 운전 보조 기술 Co-Pilot 360 출시 • 2018년 아르고 AI 자회사로 분사 • 2018년 마이애미에 이어 워싱턴DC에서 자율주행 허가 • 2021년 자율주행차 상용화 목표 • 2023년까지 40억 달러 투자	• 2018년 우버·리프트와 Shared Streets 플랫폼을 통해 데이터 공유 계획 • 2018년 렌터카 회사 에이비스와 차량 제휴 및 모바일 연동 • 도시 전체 교통 시스템을 자율주행 생태계로 구현하는 것을 목표

토요타	• 2013년 렉서스 LS 600h 자율주행차 공개 • 2018년 다목적 자율주행 e-팔레트 콘셉트카 공개 • 2020년 고속도로 주행하는 자율주행차 출시 계획	• 2018년 소프트뱅크와 전략적 파트너십 체결해 차량 공유 서비스와 자율주행차에 협력
다임러	• 1998년 벤츠 S-클래스에 정속주행 기능 적용 • 2013년 벤츠 S-클래스 독일에서 104킬로미터 무인주행 성공 • 2015년 미 네바다 주에서 최초로 자율주행차 상용차 운행 허가 • 2017년 미 공공도로에서 상용차 최초 트럭 대열주행 시험 진행 • 2018년 중 베이징에서 자율주행차 도로주행 • 2019년 미 산호세에서 자율주행 택시 도로 테스트 예정 • 2020년 3단계 자율주행 시스템 목표 • 2021년 자율주행 택시 상용화 계획	• 모빌리티 업체를 인수해 자회사 서비스로 운영 • 2018년 9월 말 기준 서비스 이용 고객 수 2,350만 명 • 마이택시 고객 수 1,690만 명. 15개국 100개 이상 도시에서 이용 가능 • Car2go 고객 수 340만 명. 시카고로 확장 • 무블(Moovel) 고객 수 570만 명 • 커넥티드카 서비스 Mercedes me 250만 개 차량 등록 • 2018년 중국 지리기차와 합작회사를 만들어 프리미엄 라이드 헤일링 서비스 준비 • 2018년 모빌리티 사업부 BMW와 합작회사 설립 결정
BMW	• 2007년 무인운전 시스템 개발 • 2014년 자율주행 쿠페 235i 공개. GPS 이용해 조작 상황 기록 후 재연 기능 • 2018년 BMW 'iNext' 자율주행 전기차 콘셉트카 공개. 4단계 자율주행 모드 탑재하고 2021년 출시 예정 • 2017~2020년 2단계 자율주행 • 2021~2022년 3·4단계 자율주행 목표 • 2030년 5단계 자율주행 활성화 예상	• ChargeNow, DriveNow, ParkNow, Reach Now 등 모빌리티 서비스 출시 • 2018년 모빌리티 사업부 다임러와 합작회사 설립 결정
VW	• 2009년 스탠퍼드대학과 제작한 TTS 자율주행차 공개 • 2015년 지능형 충전 기술 V-Charge 공개 • 2017년 완전 자율주행 콘셉트카 세드릭 공개 • 2021년 자율주행 무인차 출시 계획. 아우디를 중심으로 시판 예정 • 2022년 3단계 자율주행 기술 적용한 전기버스 I.D. 버즈 판매 계획 • 2025년 완전 자율주행 SUV 전기차 출시 목표	• 2016년 모빌리티 부문 자회사 모이아(MOIA) 출범 • 2018년 중국 내 디디추싱과 제휴
현대·기아	• 2010년 투싼ix 기반 첫 자율주행 모델 공개 • 2012년 고속도로 자율주행 시스템 기술 개발. 2년간 5만 킬로미터 시험 주행 • 2015년 제네시스 EQ900에 ADAS·HDA 탑재 • 2015년 미 네바다 주 자율주행 면허 획득 • 2016년 국내 자율주행 임시운행 허가 • 2018년 고속도로에서 넥쏘·제네시스G80 기반 자율주행 4단계 190킬로미터 주행 성공 • 2018년 고속도로에서 대형 트럭 자율주행 3단계 성공 • 2021년 스마트 시티 안 자율주행 4단계 목표 • 2030년 완전 자율주행 기술 상용화 목표	

자료: 각 사, 각종 언론자료, 하나금융투자

완성차 업체별 자율주행 기술 실행 전략

구분	자체	인수합병	전략적 제휴
GM	• 2017년 볼트 EV 기반 양산형 자율주행차 공개. 자체 개발한 센서·컨트롤러·시스템 장착	• 2016년 자율주행차 스타트업 크루즈 인수 • 2017년 라이더 스타트업 스트로브 인수	• 2016년 차량 공유 업체 리프트에 5억 달러 투자 • 2018년 소프트뱅크가 22.5억 달러 투자 • 2018년 혼다가 27.5억 달러 투자
포드	• 다양한 ADAS 기술을 중형 모델인 Fusion에 적용 • 자율주행 모드 시 프로젝터·스크린을 실행시키는 엔터테인먼트 시스템 특허 등록 • 2016년 혼잡 구간 지원 및 완전 자동 주차 시스템 공개	• 2017년 인공지능 플랫폼 아르고 AI 인수	• 2016년 맥도날드·세븐일레븐·BP와 파트너십 체결해 포드패스 서비스 선보임 • 2016년 라이더 기술 개발사 벨로다인에 바이두와 공동으로 1.5억 달러 투자 • 2017년 차량 공유 업체 리프트와 협력해 소프트웨어 개발 • 2018년 바이두와 자율주행 시험운영 계획
토요타	• 2016년 자율주행 시스템 연구 조직 신설 • 2017년 토요타 연구소(TRI)에서 신형 라이더를 장착한 자율주행 플랫폼 2.1 공개 • 2019년 마을 전체 교통수단을 자율주행으로 하는 실증 실험 계획		• 2017년 엔비디아와 협력해 차량 컴퓨터 플랫폼 사용 • 2018년 동남아 카셰어링 업체 그랩에 10억 달러 투자 • 2018년 우버에 5억 달러 추가 투자 • 2018년 소프트뱅크와 전략적 파트너십 체결해 모빌리티 서비스 관련 합작법인 설립 예정
다임러		• 2008년 차량 공유 서비스 카2고 투자·인수 • 2014년 택시 호출 서비스 마이택시 인수 • 2015년 초정밀지도 서비스업체 히어 인수	• 2017년 보쉬와 협력해 공동으로 자율주행차 호출 서비스 계획 • 2017년 중국 자율주행 스타트업 모멘타에 펀딩 참여 • 2018년 중국에서 지리기차와 합작회사를 만들어 프리미엄 라이드 헤일링 서비스 예정 • 2018년 모빌리티 서비스 강화를 위해 BMW와 합작회사 설립 계획
BMW	• 2018년 뮌헨에 자율주행 전문 개발 센터 건립 • 2020년 신규 드라이빙 시뮬레이션 센터 완공 예정		• 2016년 인텔·모빌아이와 자율주행 기술 개발 협력. 2017년 델파이·마그나가 참여 • 2018년 바이두와 자율주행 협력 • 2018년 모빌리티 서비스 강화를 위해 다임러와 합작회사 설립 계획
VW	• 2019~2023년까지 전동화·자율주행·디지털화·모빌리티 서비스에 440억 유로 투자 예정 • 2019년 공용 무선랜 탑재 모델 출시 계획	• 2018년 자율주행 스타트업 오로라 인수 무산	• 2018년 자율주행 개발 스타트업 오로라와 전략적 제휴 체결 • 2018년 보쉬·콘티넨탈·엔비디아와 차세대 자율주행 개발 연합 출범 • 2018년 마이크로소프트와 전략적 파트너십을 체결해 클라우드 개발 예정 • 2018년 디디추싱과 제휴로 자율주행 공유 서비스 협력 예정
현대·기아	• 2017년 연구개발본부 내 지능형 안전기술센터 신설 • 첨단 운전자 보조 기술 고도화와 인공지능 기반 자율주행 기술 연구		• 2017년 모빌아이와 자율주행 공동 개발 • 2018년 자율주행 스타트업 오로라와 제휴 • 2018년 레이더 스타트업 메타웨이브에 투자 • 2018년 AI 스타트업 퍼셉티브오토마타에 투자

자료: 각 사, 각종 언론자료, 하나금융투자

우월한 기술력에 기반을 둔 IT 기업

알파벳(구글)의 자율주행차는 2009년 '구글 X'의 자율주행차 프로젝트로 시작되었다. 2017년 1월 캘리포니아 주 마운틴뷰와 애리조나 주 피닉스에서 크라이슬러와 합작해 제작한 자율주행 미니밴 '퍼시피카Pacifica'의 시범주행을 시작했다. 또한 5월에는 미국의 차량 공유 서비스 업체 리프트와 자율주행 차량 부문에서 협력을 발표했다.

웨이모 자율주행차는 2018년 10월 기준 1,000만 마일 도로 테스트를 돌파했는데, 이 과정에서 70억 마일(112억 킬로미터)에 이르는 자율주행 시뮬레이션Simulation이 병행되었고 도로 테스트를 지원했다. 최근 캘리포니아 차량관리국CDMV으로부터 운전자나 보조 탑승자가 없는 완전 자율주행 시험주행 허가를 받았고, 2018년 12월에는 애리조나 주 피닉스에서 자율주행차 상용 서비스를 시작했다.

바이두는 중국 최대의 검색 플랫폼 기업으로 최근 인공지능을 포함해 자율주행차 사업에도 박차를 가하고 있다. 웨이모의 독자적인 기술 개발 및 자체 테스트를 통한 데이터 수집과는 달리 '아폴로Apolo'라는 오픈 플랫폼을 활용해 서드 파티third party 업체들과의 제휴를 통해 데이터를 확보하고 이를 토대로 기술을 업그레이드하는 방식이다. 2017년 '아폴로 프로젝트Apollo Project'를 발표하며 시작되었는데, 최종 목표는 2020년까지 완전 자율주행차를 만드는 것이다. 바이두는 2018년 1월 중국 국유 JAC모터스, 체리자동차, BAIC모터스 등과 앞으로 2년 자율주행차 공동 양산에 관련된 합의를 발표했다. 최근 스웨덴 볼보Volvo와 앞으로 몇 년에 걸쳐 레벨 4 중국 내수용 자율주행차(택시) 양산에 협력하기로 했다. 이에 따라 자연스럽게 바이두의 아폴로 플랫폼을 볼보가 사용하게 되며, 볼보는 자동차 생산 노하우를 바이두와 공유할 예정이다.

사물인터넷과 5G,
기하급수적 성장의 시작

김홍식 애널리스트

확산의 배경

사물인터넷은 인터넷을 기반으로 인간과 사물, 서비스 등 분산된 구성 요소들이 모두 연결된 상호 소통적인 지능형 기술 및 서비스를 의미한다. 즉 모든 기기를 살아 있게 만드는 4차 산업의 인프라가 된다. 또 인공지능과 같은 미래 기술과 융합되어 산업 생산성을 크게 높일 수 있는 영역으로도 평가된다. 더욱이 응용 분야가 스마트 홈, 스마트 카, 스마트 가전, 웨어러블 기기 등 매우 넓고 다양한 산업에서 새로운 제품 및 서비스로 개발·보급될 수 있어 4차 산업혁명의 핵심 동력 중 하나라고 할 수 있다.

크게 칩·센서, 기기, 네트워크, 플랫폼, 서비스 영역으로 구분할 수 있는데, 초기 기술 발전은 센서와 칩 위주였지만 최근에는 서비스와 애플리케이션에 집중되고 있다. 센서 기술이 중요한 이유는 기기에 부착된 센서에 모인 유저 데이터로 맞춤형 서비스를 제공할 수 있기 때문이다. 최근에는 단순히 온도, 습도, 열, 가스 등 독립적인 정보만을 생산하는 센서가 아닌 프로세서가 내장되어 스스로 판단하고 정보를 처리할 수 있는 스마트 센서들이 등장하고 있다. 또한 다양한 형태의 스마트 기기 출현으로 사물 간의 정보를 최적으로 저장·처리해 서비스 목적별로 편리하게 이용할 수 있는 서비스 인터페이스 기술도 발달하고 있다. 더욱이 사물인터넷 기반의 '초연결' 특성 아래 플랫폼과 애플리케이션 영역의 중요성은 더욱 커지고 있다. 다양한 기기와 연동이 가능한 플랫폼 특성을 가진 제품만이 경쟁력을 가질 수 있기 때문이다.

IT 시장조사기관 가트너Gartner는 사물인터넷 시장이 2020년까지 1조 2,000억 달러를 넘어설 것이라고 예측한다. 웨어러블 밴드부터 스마트 홈 기기, 공장 제어 장치, 스마트 시티, 의료용 기기, 커넥티드 자동차에 이르기까지 다양하게 활용될 전망이다.

글로벌 IT 기업의 집중적인 사물인터넷 투자

사물인터넷 시장의 가파른 고성장이 예견되는 가운데 IT 기업들의 핵심 기술을 확보하려는 움직임이 두드러지고 있다. 특히 2016년 7월 일본 소프트뱅크의 사물인터넷 시장을 겨냥한 CPU 설계 기업 ARM홀딩스에 대한 284억 파운드(약 36조 원) 규모의 인수는 일본 기업 및 영국 IT 기업 인수 역사상 최대 규모로 세간에 큰 화제가 되었다. ARM은 전 세계 스마트폰 및 태블릿과 같은 모바일 디바이스에 탑재되는 CPU 설계를 전문으로 하는 기업으로, 사물인터넷 하드웨어 사업자들을 적절하게 공략할 수 있는 유리한 위치에 있다. 사물인터넷 보안 소프트웨어 업체인 오프스파크Offspark를 인수하는 등 사물인터넷 분야에서 두각을 나타냈다. ARM 인수에 따라 소프트뱅크는 사물인터넷 사업 확대와 주력 사업인 휴대폰 사업의 융합을 목표로 하고 있다. 앞으로 종합 인터넷 기업을 지향하는 소프트뱅크의 핵심 성장동력이 될 전망이다.

반도체 1위 기업인 인텔의 사물인터넷에 대한 집중 투자도 상당한 기회 요인으로 작용할 것으로 보인다. 사물인터넷 관련 반도체 시장은 고성장을 실현 중이다. 앞으로 자율주행차, 드론, 인공지능 등 다양한 형태의 사물인터넷 제품이 등장하면서 사물인터넷 반도체 수요도 확대될 것으로 전망된다. 사물인터넷 분야에서 선도적인 기술 리더십을 차지하기 위한 투자 비중을 지속적으로 늘리고 있다.

현재 메모리 반도체의 세계 최강자인 한국의 삼성전자와 2위인 하이닉스 역시 향후 장기적인 성장을 위해서는 비메모리 반도체, 특히 사물인터넷과 4차 산업과 관련된 반도체 및 센서 투자에 집중해야 한다는 조언이 설득력을 얻고 있다.

아마존은 아마존웹서비스AWS: Amazon Web Services라는 시장 지배 지위가 확고한 클라우드 컴퓨팅 기술을 보유하고 있다. 사물인터넷 시장 선점에 적극적인 행보를 보인 아마존은 잇따라 사물인터넷 기기를 시장에 출시했다. 유저가 버튼을 누르면 지정된 상품을 바로 구매할 수 있는 '대시' 버튼을 비롯해 스마트 스피커 '에코Echo', '에코닷Echo Dot' 등을 공개했다.

그 밖에도 구글의 모회사인 알파벳도 공격적으로 사물인터넷 영역에 투자하고 있다. 2014년 스마트 홈 전문 기업 네스트Nest를 32억 달러에 인수했으며 '구글 어시스턴트Google Assistant'가 내장되어 있는 구글 홈 출시를 발표했다.

사물인터넷: 통신 산업의 미래 식량

사물인터넷을 구현하기 위해서는 사물과 주위 환경으로부터 정보를 얻는 센서, 사물이 인터넷에 연결되도록 지원하는 근거리 및 유무선 통신 및 네트워크가 필수이다. 또 이렇게 획득한 정보를 가공하거나 처리하는 서비스 인터페이스 기술도 필요할 것이며, 대량의 데이터를 각종 해킹이나 정보 유출로부터 보호하기 위한 보안 기술도 동반되어야 한다. 센서와 칩, 획득한 정보를 처리하기 위해 두뇌 역할을 하는 프로세서 등은 모두 비메모리 반도체이다. 모든 사물과 기기에 센서가 부착되어야 하며, 통신에 필요한 칩을 제공해야 하므로 센서와 칩 수요가 상당할 것이다. 프로세서의 수요 역시 양호할 것으로 기대된다.

IT 전문 조사기관인 가트너는 사물인터넷에 속하는 기기로 자동차의 스마트 키, 스마트 TV, 스마트 워치, 스마트 LED 조명 등도 포함한다. 사물인터넷으로 분류되는 기기의 대수는 2020년까지 135억 대의 규모로 성장할 것으로 전망된다. 연평균 34%의 높은 성장률이다. 앞으로는 현재 우리가 체험 중인 경험보다 더 높은 가치를 제공하는 방향으로 발전해나갈 것으로 예상된다.

사물인터넷이 적용된 기기의 증가와 함께 그에 탑재되는 센서, 통신 관련 칩, 프로세서도 동반 성장할 수 있을 것으로 보인다. 사물인터넷에 탑재되는 반도체 개수는 2020년까지 293억 개로 연평균 35% 증가해 사물인터넷 기기와 유사한 증가율을 보일 전망이다. 같은 기간 사물인터넷 관련 반도체 시장 규모는 35.2조 원으로 연평균 24% 성장할 것으로 기대된다. 반도체 가격이 하락해야 기기에 탑재될 수 있는 부담감이 감소하기 때문에 사물인터넷 기기보다는 관련 반도체 출하액의 성장률이 낮을 수밖에 없다. 반도체 안에서도 2020년까지 연평균 24%의 높은 성장률을 실현할 수 있는 영역이 많지는 않기에 유망한 영역이라고 판단된다.

기지개를 켜는 사물인터넷 시장

현재 체감할 수 있는 대표적인 사물인터넷 분야가 홈 IoT 서비스이다. 국내외 기업들은 아직은 홈 IoT를 통해 돈을 벌기 어려운 상황이지만, 미래 가능성을 바라보며 초기 시장을 선점하기 위해 치열한 경쟁을 펼치고 있다.

자율주행 자동차가 상용화되면서 사물인터넷 서비스가 좀 더 진화하는 모습을 도출할 것으로 예상된다. 보안 및 에너지 분야에서는 사실상 사물인터넷이 보급되었다. 보안 업체들이 통합 보안(출입 통제, 시설 관리,

유지 보수, 에너지 관리, 출동) 관리 서비스를 확산 중이며, 통신사 네트워크 연동형 보안 장비가 활성화되는 양상이다.

에너지 분야 역시 각국 정부 정책 독려 및 연관 산업 육성에 힘입어 활성화되고 있다. 빅데이터와 사물인터넷 기술을 활용해 에너지 절감을 추진하는 스마트 에너지 사업이 국내외 중점 사업으로 부각되고 있으며, 전기자동차 시장 성장 및 충전 인프라 급성장으로 사업에 대한 관심이 고조되는 상황이다.

가장 기대가 큰 헬스케어와 교통·자동차 분야는 아직은 본격적인 도입이 이루어지지 않았지만 점차 솔루션 발전, 규제 마련, 과금 체계 구축으로 2020년 전에 사물인터넷 본격 활성화의 시발점이 될 것으로 기대되고 있다.

먼저 헬스케어 사업은 원격진료 육성책, 웨어러블 기기를 활용한 건강관리 서비스 본격화로 사업이 탄력을 받을 것으로 보인다. 교통·자동차 분야 역시 도어락 제어, 원격 발레파킹, 위치 확인 서비스 등 초기 사물인터넷 서비스 수준에 머물러 있지만, 향후 무인 자동차 시대를 맞이하면서 교통·통제·인포테인먼트를 모두 총괄하는 네트워크 기반 스마트 시대가 열릴 전망이다.

특히 협력적 지능형 교통 시스템C-ITS 도입 개시와 더불어 자율주행 자동차 개발 경쟁이 본격화되는 가운데 5G 네트워크 상용화가 발전을 독려할 것으로 보인다. 사물인터넷 서비스의 발전은 5G 네트워크와 맞물려 있다. 이동형 기기로 사물인터넷 서비스가 확산되면 LTE로는 속도, 핸드 오버, 상호 반응 시간 측면에서 무리가 따르기 때문이다. 결국 웨어러블, 자동차 등 진보된 사물인터넷 서비스를 위해 트래픽 지연 현상이 없고 기가급 데이터 처리 속도가 가능한 5G 네트워크가 필수적이다.

5G 세계와 사물인터넷

얼마 전까지만 해도 5G와 사물인터넷을 연결해서 보는 시각이 많지 않았다. 하지만 최근 대다수의 통신 업계 관계자들이 5G가 결국 IoT의 핵심 인프라가 될 것이라는 견해를 갖고 있다. 5G가 기술적인 측면에서 IoT에 최적화된 특징을 나타내고 있기 때문이다.

첫째, 5G 네트워크에서는 IoT 구현에 결정적 걸림돌인 속도 지연, 단절 현상을 해결할 수 있다. Short TTI^{Time To Interact}, Multi RAT^{Radio Access Technology}, 차량 간 직접 통신, 빔 간 고속 핸드 오버를 통해 네트워크 단

5G 초저지연 기술 정의

자료: 하나금융투자

절 현상을 제거할 수 있기 때문이다. 현재 LTE 네트워크로는 현실적으로 자율주행차 주행이 무리다. 속도 자체도 느리지만 더 큰 문제점은 응답 속도가 떨어진다는 것이다. 하지만 5G에서의 응답 속도는 0.001초 미만일 것으로 추정되고 있다. LTE 지연 속도의 50분의 1 수준에 불과하다.

둘째, 5G 시대에는 수많은 디바이스 간 네트워크 연결이 가능하다. 트래픽의 성질이 다른 수많은 디바이스 할당이 가능하며 mmWave 광대역 통신 기술로 고주파수 대역을 활용할 수 있다. 현재 LTE용 주파수는 700MHz~2.6GHz 대역을 사용하지만 5G에서는 mmWave 대역에 속하는 24~40GHz 주파수까지도 사용할 수 있다. 수백 MHz 이상의 광대역을 사용함에 따라 속도 향상과 더불어 초연결 디바이스(매시브 Massive IoT) 구현도 가능해진다. 5G는 기존 네트워크상에서의 사람과 사물 간 대화를 사물과 사물 간의 대화로 전환시킬 것이며, 모든 사물을

연결 관점에서 4G와 5G의 차이점

인간 중심의 네트워크 시대   사람과 사물의 초연결 시대

자료: 하나금융투자

1부 투자의 신세계가 열린다

이동전화 세대별 진화 목적

자료: 하나금융투자

무선으로 구동하는 꿈의 통신으로 자리매김할 전망이다. 5G 도입은 웨어러블, 자동차 등 진보된 IoT 서비스가 확산할 수 있는 결정적 계기가 될 수 있을 것으로 판단된다. 바야흐로 IoT 시대가 열리는 것이다.

네트워크 진화는 항상 특정한 목적을 가지고 세대ᴳ 진화를 지속했다. 선명한 음성 이동전화를 목적으로 2G가 탄생했다면, LTE는 동영상 시청이 완벽히 가능한 데이터 기반을 목적으로 시장에 진입했다. 5G의 도입 목적은 간단하다. 바로 IoT 확산을 위한 것이다.

대다수의 시장 참여자가 진화된 IoT 서비스 네트워크에는 5G가 적용될 가능성이 크다고 판단된다. 운송 시스템을 위한 IoT의 역할이 논

자율주행 자동차 구동 시스템 네트워크 체계

자료: 하나금융투자

의되고 실제로 자율주행차 통신 시스템인 V2X에 5G가 적용되고 있다. 그리고 초다수의 디바이스 연결을 위한 5G 매시브 IoT 체제가 구축되고 있다.

5G 기술과 관련 산업의 발전 전망

전 세계적으로 운송 시스템을 위한 IoT의 역할이 논의 중이며 매시브 IoT 체제 구축이 본격화되고 있다. 5G로 모든 사물을 컨트롤할 수 있을 전망이며, 진보된 IoT에는 5G 네트워크가 적용될 가능성이 커졌다. 앞으로 20년을 지배할 전 세계적인 IoT의 패권 싸움에 5G가 핵심으로 부상 중이다. 최근 미·중 무역 분쟁에서 화웨이가 분쟁의 핵으로 떠오르고 있다는 점은 많은 것을 시사한다. 5G는 이미 IoT의 핵심 인프라로 인식되고 있다.

인텔의 미래 자율주행 자동차 구상도

자료: 인텔, 하나금융투자

3GPP 5G 단독모드와 종속모드 비교

자료: 언론매체, 하나금융투자

아직 5G는 기존 LTE 네트워크에 3.5GHz를 기반으로 하는 5G 네트워크를 일부 혼합해 서비스하는 종속모드NSA: Non-Stand Alone 방식을 상용화하는 데 머물러 있다. 하지만 곧 5G는 3.5GHz와 꿈의 주파수라고 불리는 초고주파수 대역인 28GHz를 묶어서 서비스하는 단독모드SA: Stand Alone 시대로 접어들게 될 전망이다. 향후 트래픽 증가를 감안하면 2021년이면 벌써 주파수 부족 문제를 야기할 수 있고 기술적 장치뿐만 아니라 제도적 장치가 마련될 수 있어서다.

퀄컴·인텔, 삼성·화웨이·노키아 간 5G 경쟁이 본격화되면서 자율주행차·스마트 팩토리에 적용할 수 있는 5G SA 장비 역시 2020년 이후 본격적으로 출시되고 있다. 말 그대로 IoT로 가기 위한 5G 시대가 열리는 것이다. 제도적 장치 마련도 한창이다. 특히 각국 정부의 고주파수 분배 정책을 면밀하게 들여다볼 필요가 있다. 한국에 이어 미국에서도 20GHz

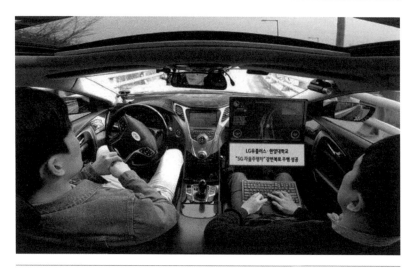

자료: 언론매체, 하나금융투자

이상의 초고주파수 대역 주파수 경매가 완료되었으며 곧 일본, 중국을 비롯한 대다수 국가가 주파수 할당에 나설 전망이다. 한국에서는 B2B 시장 사업 기회 마련을 위한 망 중립성 재정립 논의가 본격화되고 있다. 5G정책위원회에서 추진 중인 급행 차선 허용 논의가 대표적이다.

초보적인 단계이긴 하지만 5G IoT 서비스는 이미 시작되었다. 2018년 12월 SKT가 자동차 부품 업체인 명화공업에 불량품 판독 목적으로 5G-AI 머신 비전machine vision을 공급하기로 한 사례를 들 수 있다. 2019년 3월 LGU+가 선보인 레벨 4 수준의 시내 주행 자율차 시현도 관심을 끄는 대표적인 사례이다.

여전히 5G SA 서비스가 머지않은 시기에 상용화될 것이라 확신하는 시장 참여자들은 많지 않다. 하지만 5G SA는 곧 우리 생활로 들어오게 될 것이다. 상용화된다면 영화 같은 세상이 현실에서 펼쳐질 수 있어 관심을 끈다. 트래픽 증가 속도, 네트워크 장비 개발 진행 상황, 정부 규제 양상을 고려하면 5G SA 서비스는 빠르면 2020년 안에 상용화될 가능성이 크다.

현재 통신사뿐만 아니라 네트워크 장비 업체, 단말과 IT 부품 업체, 심지어 자동차·공작기계 업체들까지도 5G SA 도입에 적극적이다. 5G NSA와 달리 5G SA는 IoT를 완벽하게 지원할 수 있기 때문이다. 5G는 애초에 모든 사물을 무선으로 구현한다는 목적으로 설계되었다. 그런데 국내 통신 3사를 비롯한 미국 통신사들이 넓은 주파수를 확보함에 따라 엄청난 숫자의 디바이스 수용이 가능해졌다. 진정한 의미의 IoT 구

5G SA 서비스가 보여줄 세상의 변화 예측

자료: 하나금융투자

현이 가능해진 것이다. 이에 따라 통신사·제조사들의 5G SA를 대비한 행보가 빨라지고 있다.

5G SA 네트워크부터는 사실상 휴대폰을 위한 네트워크라고 보기는 어렵다. 모든 사물을 네트워크에 연결하는 초연결이 가능하고 혁신적인 응답 속도를 자랑하는 초저지연 기술이 적용되기 때문이다. 한마디로 휴대폰만을 지원하기에는 아까운 네트워크이며, IoT를 적용하기에 최적화된 네트워크라고 볼 수 있다. 자율차·스마트 팩토리·스마트 시티에 적용이 가능하고, 서비스 측면에서는 인공지능·빅데이터와 연결되는 네트워크라고 볼 수 있다.

5G 서비스가 창출할 매출 영역은 무궁무진할 것으로 보인다. 당장은 HD, VR 정도가 5G 시대 통신사의 핵심 서비스로 보이겠지만, 2년 후에는 초기 단계의 자율차·웨어러블·스마트 팩토리·원격 진료·스마트 시티가 시장에 선보이며 통신사 매출에 기여할 것으로 판단되기 때문이

5G 시대 국내 통신 산업 서비스 매출액 전망

자료: 하나금융투자

다. 전용회선 시장 성장 이후 뚜렷한 비즈니스 모델을 선보이지 못했던 B2B 시장이 17년 만에 재차 성장의 계기를 마련할 것이며, B2C 시장에서도 홀로그램·스마트 워치·스마트 글래스·스마트 이어폰 등 차세대 디바이스가 휴대폰 중심의 이동전화 시장을 크게 변화시킬 공산이 크다. 3G·4G와는 비교 불가이며 2G 수준의 신규 매출 창출이 나타날 수 있을 전망이다.

4
플랫폼 기업,
4차 산업혁명을 주도한다

황승택 애널리스트

치열한 시장 경쟁 환경 속에서도 알파벳(구글), 아마존, 마이크로소프트, 넷플릭스 등 글로벌 플랫폼 기업들의 시장 지배력은 지속적으로 확대되고 있다. 이들 기업의 강점은 안정적인 실적을 기록하면서 투자 재원을 확보해왔으며, 이를 기반으로 경쟁사들보다 빠르고 공격적으로 신기술 투자를 진행해왔다는 점이다. 단절 없는 투자와 M&A 등을 통해 기술을 축적하고 반복적인 테스트를 통해 시장성을 확보하려는 노력을 지속해왔으며, 최근 인공지능에 기반한 자율주행·클라우드·스마트 홈 등 4차 산업을 주도하게 될 분야에서도 가시적인 성과를 기록하고 있다.

안정적인 시장 지배력 유지를 통한 수익 창출

최근 실적에서도 글로벌 플랫폼 기업들의 안정적인 이익 창출을 확인할 수 있다. 2018년 4분기 기준 주요 5개 플랫폼 기업 기준 평균 매출 증가율은 전년 동기 대비 22.3%에 달했고 영업이익도 19.5%를 기록했다. 광고·커머스·콘텐츠·클라우드 서비스에서 압도적인 시장 지배력을 확보하고 있으며, 공개된 다양한 지표들을 바탕으로 앞으로 실적에 대한 긍정적인 기대도 유효해 보인다.

알파벳은 2018년 4분기 TAC^{Traffic Acquisition Cost}를 제외한 매출을 기준으로 전년 동기 대비 23% 증가를 기록했으며 영업이익도 7% 증가했다. 인공지능에 기반을 둔 정밀한 타깃팅이 광고 부문의 시장 지배력을 확대하고 있으며, 광고 매출의 기반이 되는 유효 클릭 수도 전년 동기 대비 66% 증가하는 등 향후 견조한 매출 증가를 기대해도 좋은 상황이다.

사용자 개인정보 유출 이슈로 몸살을 앓고 있는 페이스북도 실적 측면에서는 양호한 모습을 이어가고 있다. 광고 중심의 매출은 전년 동기

글로벌 플랫폼 기업들의 2018년 4분기 실적 현황

(백만 달러)

	넷플릭스	마이크로소프트	알파벳	페이스북	아마존
매출액	4,187	32,471	39,276	16,914	72,383
YoY	27.4	12.3	21.5	30.4	19.7
영업이익	216	10,258	8,203	7,820	3,786
YoY	-12.0	18.2	7.0	6.4	78.0

주: 알파벳 매출은 TAC 포함 매출
자료: 각 사, 하나금융투자

증가를 지속하고 있는 구글의 유효 클릭 수

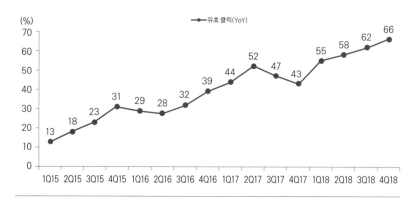

자료: 알파벳

대비 30% 증가했고 영업이익은 6.4% 증가했다. 특히 SNS의 펀더멘털 개선의 핵심인 사용자 지표가 개선되고 있다는 점은 매우 고무적이다. 4분기 월간 활성화 이용자 수MAU: Monthly Active User는 전년 동기 대비 9%, 전 분기 대비 2.2% 증가했으며 ARPU도 전년 동기 대비 19.3% 증가하며 건강한 모습을 보였다. 인스타그램Instagram, 왓츠앱WhatsApp 등 페이스북 외 플랫폼들의 사용자 증가와 상용화 수준이 높아지면서 실적 측면에서는 안정적인 성장이 가능할 것으로 전망된다.

아마존 역시 시장의 기대치를 웃도는 실적을 기록했다. 매출은 전년 동기 대비 20% 증가했으며 영업이익은 무려 78% 증가를 기록했다. 전통적인 비즈니스 모델인 리테일 부문에서 북미 시장 매출액이 전년 동기 대비 18%, 해외시장은 16% 증가하며 견조한 성장을 지속하고 있다. 특히 2017년 기준 390억 달러에서 2026년 2,000억 달러까지 성장할 것으로 예상되고 있는 인도 시장에서 점유율 35%(추정)를 확보하며 지배력

시장의 우려에도 페이스북의 트래픽은 견조한 증가 중

자료: 페이스북

아마존과 마이크로소프트 성장의 견인차, 클라우드 서비스

자료: 아마존, 마이크로소프트

을 확대하고 있어 아마존의 글로벌 커머스 시장에서의 성장 전망을 밝게 하고 있다. 압도적인 시장 지배력을 확보하고 있는 클라우드 부문에서도 매출 45%, 영업이익 61% 증가를 기록했다. 이외에도 중장기 성장의 한 축을 담당할 것으로 예상되는 디지털 광고가 포함된 기타 매출액도 전년 동기 대비 97% 증가하며 고성장을 지속하고 있다.

마이크로소프트도 전년 동기 대비 12% 증가한 매출을 기록했으며 영업이익은 18% 증가했다. 주력 상품인 클라우드 서비스 '애저^{Azure}'의 성장률은 전년 동기 대비 76%를 기록하며 실적을 견인했다.

기술은 끊임없이 진화한다

2016년 바둑 인공지능 알파고^{AlphaGo}가 출현한 이후 일부 글로벌 기업에 한정되었던 인공지능에 대한 연구와 투자가 본격화되면서 급격한 성장 커브를 그리고 있다. 인공지능의 기술적인 완성도가 고도화됨에 따라 개발에 필요한 고품질 빅데이터의 중요도 또한 높아지고 있다. 하나의 목적에 충실한 단순한 인공지능이 범용성을 점차 확보하면서 다양한 분야에서 더욱 정밀하게 적용되고 있다. 인공지능 소프트웨어의 발전과 더불어 관련 하드웨어도 빠르게 진화하고 있다. 구글과 아마존, 마이크로소프트를 비롯한 글로벌 선두 기업들이 축적된 인공지능 기술들을 바탕으로 자사의 서비스와 제품의 품질 경쟁력을 높이고 있다.

클라우드 서비스 시장에서도 인공지능 기반 서비스를 구현하고자 하는 수요는 지속적으로 확대되고 있다. AWS 등이 범용성이 뛰어난 '모든 개발자를 위한 AI 도구' 등을 제공하고 있으나 더 실용적이고 구체적인 인공지능 서비스에 대한 수요가 증가하는 만큼 이를 충족할 수 있는 클라우드 서비스도 시장을 확대해나갈 전망이다. 이외에도 최근 리스크 분산과 효율성 제고를 위해 멀티 클라우드 서비스를 활용하고자 하는 수요도 증가하고 있다. 멀티 클라우드란 리스크 분산을 위해 2곳 이상의 클라우드 벤더가 제공하는 2개 이상의 퍼블릭 또는 프라이빗 클라우드로 구성된 클라우드 접근 방식이다. 멀티 클라우드 서비스가 확대되면서 비용과 자원 관리를 효율적으로 하기 위해 라이트스케일RightScale과 같은 클라우드 MSPManaged Service Provider 기업들의 가치도 상승하며 M&A 대상이 되기도 했다. 2018년 10월 IBM은 340억 달러를 들여 대표적인 오픈소스 소프트웨어 기업이면서 하이브리드 클라우드, 멀티 클라우드 서비스 업체인 레드햇RedHat을 인수했으며, 하이브리드 클라우드 사업에서 세계 1위를 목표로 한다고 밝히기도 했다. 참고로 워런 버핏의 버크셔헤이웨이가 2018년 '레드햇'의 주식 420만 주(약 7억 달러)를 매수하기도 했다.

구글(알파벳) - 'AI First'에서 'AI for Everyone'으로

자타 공인 인공지능의 선두주자 구글의 공격적인 투자는 아직도 진행형이다. 전체 매출의 15% 내외의 R&D 투자를 지속하고 있으며 2018년 4분기에만 60억 달러를 연구비용으로 지출했다. 지속적인 투자를 통해 축적된 인공지능 기술들이 검색, 인공지능 비서, 자율주행 등 이미 다양한 분야에서 성과를 기록하고 있다. 특히 자율주행의 경우 2018년 말 미국 애리조나 주 피닉스 교외 4개 지역에서 제한적이지만 자율주행 택시 상용 서비스를 시작했으며, 핵심 부품인 '라이더Lidar'를 자체 개발해 제조 원가를 낮추는 것에서 시작해 최근에는 물류, 보안, 모바일 로봇 등 비자율주행 분야에까지 라이더를 공급할 계획이라고 밝혔다. 시장은 웨이모의 향후 매출을 공격적으로 추정하고 있다. UBS는 2030년 웨이

매출 15% 내외의 R&D 투자를 지속하고 있는 구글

자료: 구글

모의 매출이 1,140억 달러에 달할 것으로 예측했고, 모건스탠리는 향후 웨이모의 기업 가치가 최소 500억 달러에서 1,750억 달러에 이를 것으로 전망하기도 했다.

2018년 5월에 개최된 구글 개발자 컨퍼런스인 '구글 I/O 2018'을 통해 구글이 추구하고자 하는 기술적인 방향성을 엿볼 수 있다. 2017년 구글의 모토가 인공지능을 최우선시하고 관련 기술 축적을 목표로 삼았던 '인공지능 퍼스트AI First'였다면 2018년에는 축적된 인공지능 기술을 실생활에 더욱 밀접하게 적용해 인공지능의 범용성을 높이는 '모두를 위한 인공지능AI For Everyone'이었다. 자율주행을 비롯해 여러 가지 분야의 인공지능 기술 적용이 소개되었으며, 이 중 주목을 받았던 두 가지 이슈가 사람처럼 말하는 인공지능 '듀플렉스Duplex'와 의료 분야에서의 괄목할 만한 성과이다.

　　　　　　　　　　　　　　　　　　　　1부 투자의 신세계가 열린다

구글 웨이모의 자율주행 택시와 자체 개발한 '라이더'

자료: 구글 웨이모

듀플렉스는 실제 사람의 목소리로 사용자와 일상적인 대화를 지속할 수 있는 인공지능이며 구글 어시스턴트에 탑재되어 사용된다. 구글이 시연한 듀플렉스의 실제 실행 모습은 듀플렉스가 탑재된 어시스턴트를 통해 사용자가 미용실 예약을 부탁하면 어시스턴트는 미용실에 전화를 걸어 마치 사람이 직접 예약하는 것처럼 대화하며 예약을 하는 식이다. 듀플렉스의 기술적인 핵심은 익명의 전화 데이터를 기반으로 훈련시킨 RNNRecursive Neural Network이다. 구글의 자동 음성인식 기술ASR: Automatic Speech Recognition의 출력뿐만 아니라 오디오 출력, 대화 이력, 대화의 파라미터 등을 이용해 구현된다. 물론 기술적으로 범용성이 있는 인공지능이 아닌 예약과 같은 특정 유형의 업무를 완료하기 위한 인공지능이다.

구글 '듀플렉스' 서비스 프로세스

자료: 구글

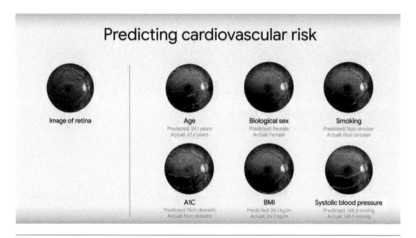

자료: 구글 I/O 2018

하지만 가까운 미래에 우리는 사람인지 인공지능인지 구분할 수 없는 상대방과 전화 통화를 하게 될 것이다.

구글은 의료 헬스케어 분야에서도 의미 있는 진전을 이룩하고 있다. 구글은 2016년 안구 사진을 통해 당뇨병성 망막증의 징후를 감지하는 인공 신경망을 개발한 바 있다. 9,968명을 대상으로 실험한 결과 일반 안과의사 8명의 (민감도 등의 지표에서) 평균보다 높은 결과를 기록하기도 했었다. 구글 개발자 컨퍼런스인 '구글 I/O 2018'에서는 이를 더욱 진화시켜 같은 안구(망막) 사진으로 특정 환자의 심장마비 또는 뇌졸중과 같은 심혈관계 질환 발생 위험률을 높은 확률로 예측할 수 있게 되었다고 발표했다. 이외에도 청각 장애인을 위해 출연자별로 대화를 분리해 개별 자막으로 보여주는 기술도 선보이는 등 인공지능을 더 진보된 의료 서비스와 질병의 예측에 활용할 계획임을 밝혔다.

알렉사로 대표되는 아마존의 인공지능

2019년 1월 최대 글로벌 가전 박람회인 CES를 앞두고 아마존은 1억 대
이상의 '알렉사Alexa' 기기가 팔렸다고 발표했다. 알렉사는 2014년 출시
된 아마존의 인공지능 비서이다. 잘 알려진 '에코Echo' 시리즈 인공지능
스피커에 탑재되어 쇼핑을 포함한 다양한 스킬Skill을 제공한다. 2018년
3월 기준 미국 시장에서 활용되고 있는 알렉사 스킬 수는 3만 개이며,
2018년 아마존 알렉사에 매일 접근하는 유저 수와 하나 이상의 아마존
에코 디바이스를 가진 유저 수는 2배 이상이 되었다. 또한 미국 외에 캐
나다, 영국, 호주 등 영어권 국가에서 프랑스, 이탈리아, 스페인, 멕시코
등으로 판매 범위가 확대되며 새로운 언어를 습득하고 있다. 수많은 하

미국 시장에서 제공되는 알렉사 스킬

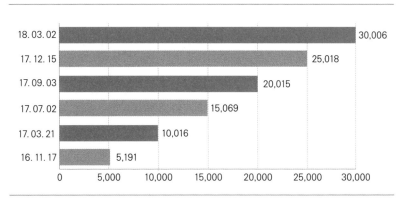

자료: voicebot.ai

아마존이 2018년 9월 새롭게 선보인 '알렉사' 기기들

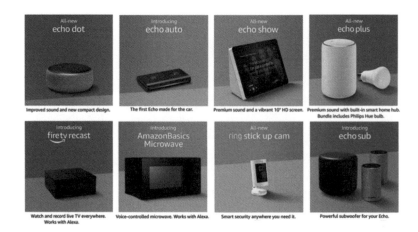

자료: 아마존

드웨어 제조 업체들이 알렉사를 탑재하고 있는데 자동차, PC, 스마트폰, 스마트 홈 기기들을 망라하고 있다. 여기서 중요한 부분은 알렉사 탑재 기기들이 팔려나가며 아마존은 수십억 개의 데이터 수집점을 추가로 확보했다는 점이다. 여기서 얻어진 빅데이터를 토대로 알렉사는 더욱 똑똑해질 것이고, 이는 아마존의 인공지능 기반을 더욱 공고히 할 것이다.

아마존의 인공지능 기술 수준을 확인할 수 있는 또 다른 사례는 딥러닝, 센서 융합, 컴퓨터 비전 등 '저스트 워크아웃 테크놀러지Just Walkout Technology'가 적용된 무인 매장 '아마존고Amazon Go'이다. 2018년 1월 시애틀에서 정식으로 일반인들에게 공개된 이후 시카고, 샌프란시스코 등에 7개의 매장을 운영하고 있다. 현재 2,500평방피트(약 232㎡) 이하 소규모 점포에서 운영되고 있으나 향후 대형 매장 적용을 위한 기술을 시험 중

아마존고 테크놀러지

자료: 아마존, 시스템즈+(Systems+)

이다. 일부 뉴스에서는 대형 매장 적용을 위한 기술적인 노력이 아마존 이 인수한 홀푸드 매장이나 공항 등에 적용되는 방안을 고려하고 있다 고도 언급하고 있다.

이외에도 아마존고의 무인 매장 기술을 전국망을 가진 주유소에 적 용함으로써 무인 주유소와 무인 매장을 동시에 운영하고 물류 거점으로 도 활용할 수 있다는 예측이 나오기도 한다. 아마존이 무인 매장 확대 전략을 고수하는 이면에는 리테일 마켓 시장 점유율 확대라는 목적 외 에도 고품질의 소비자 데이터를 확보하기 용이하다는 점도 있다. 단순히 온라인 매장에서 물건을 구매하는 것보다는 소비자가 매장에 들어오면 서부터 시작되는 동선을 따라가며 살펴보는 제품들을 통해 다양한 제 품에 대한 기호를 파악하고 구매하는(또는 도로 내려놓는) 제품을 인공지 능을 활용해 분석함으로써 얻는 데이터를 앞으로의 상품 판매나 마케팅에 활용한다는 전략이다.

마이크로소프트, 'Cloud First'에서 'AI First'로

모바일 생태계의 등장과 더불어 PC 시장이 부진에 빠지며 침체일로
에 있었던 마이크로소프트는 사티아 나델라^{Satya Nadella} CEO 부임 후
2014년 '클라우드 퍼스트^{Cloud First}'를 강조하며 위기를 벗어났다. 특히 '윈
도우즈 애저^{Windows Azure}'로 알려졌던 클라우드 서비스를 2014년 3월 '마
이크로소프트 애저^{Microsoft Azure}'로 개편하면서 윈도우즈의 영역을 넘어
서는 클라우드 서비스를 본격적으로 제공하기 시작했다. 2015년 이후
애저 서비스는 평균 70%를 넘는 실적을 기록하며 마이크로소프트의 성
장 동인 역할을 톡톡히 하고 있으며, 최근에는 시가총액 1위를 넘나드
는 주가 흐름을 기록할 정도로 압도적인 모습을 보이고 있다. 마이크로

마이크로소프트의 지능형 클라우드

자료: 마이크로소프트

자료: 마이크로소프트

소프트는 클라우드 서비스에 이어 지속 성장을 위한 새로운 전략을 내세우고 있다. 2018년 사티아 나델라 CEO는 '클라우드 퍼스트'에서 '인공지능 퍼스트'로 이어지는 새로운 성장 전략을 발표했다. 실적 발표를 통해 "인공지능이 적용된 지능형 엣지edge의 핵심은 인공지능이 될 것이다"라고 언급했으며, 이는 최근 화두가 되고 있는 '지능형 클라우드Intelligent Cloud' 전략과도 일맥상통한다고 볼 수 있다.

2018년 마이크로소프트는 차세대 혼합현실MR: Mixed Reality 기기 '홀로렌즈Hololenz 2'를 발표했으며 2019년 2월 말 사전 예약을 시작했다. VR이 시야를 차단하고 별도의 디스플레이를 이용한다면, MR은 현실 공간에 가상 정보를 더해준다. 2016년 출시된 '홀로렌즈'가 윈도우즈 10 환경에서 혼합현실을 구현한 플랫폼이라는 점에서 시장의 관심을 끌었으나 사용자 전환의 번거로움, 좁은 시야, 앞으로 쏠린 무게중심 등이 문제가 되었다. 홀로렌즈 2는 균형 잡힌 무게감에 시야가 넓어졌고 장치 조작이 더 직관적으로 개선된 것으로 알려졌으며, 전작과는 달리 기업 시장을 타깃으로 출시될 것으로 보인다. 건설 현장, 수술실 등 산업 현장에서 홀로렌즈 2 솔루션이 적용되는 모습을 시연했으며, 다양한 산업군에서 부가가치를 창출할 수 있도록 개방형 생태계를 통해 활용성을 높이고 기업용 MR 애플리케이션도 발표했다. 향후 애저 서비스와의 연동을 통해 시너지를 창출할 수 있을 것으로 기대되고 있다.

5
새로운 사이클을 맞는
반도체

김경민 애널리스트

원칩화로 인간 두뇌와 비슷해지는 반도체

4차 산업혁명은 예상보다 빨리 다가오고 있다. 컴퓨터와 인터넷이 3차 산업혁명을 가속화했고 반도체가 컴퓨터의 성능을 향상시키는 중심이 되었다. 반도체가 있었기에 인간의 명령(자연어)을 알아듣는 컴퓨터(기계)가 발전했다. 4차 산업혁명은 인공지능이 주도할 가능성이 크다. 그러나 반도체의 역할은 축소되지 않을 것이다. 크기만 작아지고 성능은 확대될 것이다. 반도체는 4차 산업혁명이 빨리 도래하도록 도와줄 것이다.

4차 산업혁명이 도래함에 따라 반도체와 인공지능이 만나는 첫 번째 사례는 생각하는(인지하는) 컴퓨팅 시대의 출현이다. 컴퓨팅의 발전에 따라 하드웨어적으로는 반도체가 원칩화(메모리+비메모리)되며 소프트웨어적으로는 머신러닝이 확대될 것이다.

반도체의 원칩화는 반도체가 인간의 뇌와 유사해진다는 것을 의미한다. 3차 산업혁명에서 반도체는 기억장치(메모리)와 연산처리(중앙처리장치 CPU)로 구분된다. 4차 산업혁명 시기에 반도체에서 메모리와 비메모리가 원칩화되어 같이 탑재된다면 인간의 뇌처럼 통합적으로 정보를 처리할 수 있게 된다.

반도체 원칩화에 이어 추가로 기대되는 방향성은 뉴로시냅틱스이다. 인간의 세포와 유사한 셀cell로 이루어진 반도체의 칩 구조는 장기적으로 인간의 뇌처럼 인공 신경망과 시냅스(신경세포의 신경돌기 말단이 다른 신

삼성전자의 'ePOP' 개념도

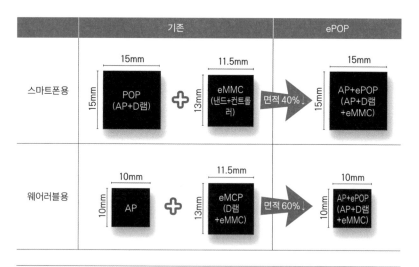

자료: 〈삼성 반도체 이야기〉, 하나금융투자

경세포에 접합해 신호를 전달하는 연결 부위) 기술이 적용될 것이다. 인간의 두뇌가 신경망과 시냅스로 이루어진 것처럼 반도체도 이렇게 구조가 변경된다면 병렬로 연산하기 때문에 동시에 다양한 연산이 가능하다.

반도체 원칩화는 현재진행형이다. 삼성전자에서 시도하고 있는 ePoP^{Package on Package}은 메모리 반도체와 비메모리 반도체를 하나로 묶어 쌓는 기술이다. 개념상으로 쉽지만 양산에 적용하기는 어렵다. ePoP은 웨어러블 디바이스 안에 메모리 반도체^{DRAM, NAND}와 비메모리 반도체(컨트롤러)를 동시에 탑재한다. 면적을 절반 가까이 줄일 수 있어서 슬림한 디자인을 구현할 수 있다. 웨어러블 디바이스뿐만 아니라 스마트폰, 경량 로봇에까지 적용할 수 있다.

인텔과 엔비디아의 치열한 경쟁

삼성전자와 더불어 반도체 원칩화를 추진할 가능성이 큰 곳은 인텔이다. 연구개발 역량에 이어 메모리와 비메모리 반도체 생산라인을 동시에 갖추고 있기 때문이다. 인텔의 경우 비메모리 분야에서 FPGA^{Field Programmable Gate Array}, ADAS^{Advanced Driver-Assistance Systems} 기술을 보유한 기업을 인수했고, 기존의 마이크론^{Micron}과 협력해 메모리 반도체(낸드 플래시^{NAND Flash}, 3D X포인트^{X-point}) 사업을 영위하고 있다. 2018년에 인텔과 마이크론^{Micron}은 메모리 반도체의 협력 분야(연구개발, 생산라인 공유, 웨이퍼 공급) 분야에서 결별을 선언했고, 이제는 웨이퍼 공급 계약만 남겨놓았다. 결국 인텔은 자체적으로 메모리 반도체 사업에 공을 들일 것으로 전망된다.

인공지능용 비메모리 분야에서는 인텔과 엔비디아의 첨예한 경쟁이 지속될 것으로 예상된다. 3차 산업혁명에서 두뇌의 역할을 자처한 기업은 인텔이다. 인텔의 CPU^{Central Processing Unit}는 PC뿐만 아니라 서버에서도 사용되었는데, 인공지능 기술 발달에 힘입어 인텔의 CPU보다 엔비디아의 GPU^{Graphic Processing Unit} 적용처가 다양해졌다. GPU라는 명칭은 엔비디아가 출시한 지포스^{GeForce}에서 유래했다. CPU와 GPU의 근본적인 차이는 연산 순서에서 비롯된다. CPU는 순차적으로 연산을 수행하지만 GPU는 병렬 방식으로 연산을 수행한다. 따라서 초등학교 교실에 비유하면 CPU는 문제 해결 속도가 빠른 담임선생님이고, GPU는 선생님만큼 빠르지 않지만 사칙연산을 계산하는 다수 학생이다. 기존에는 GPU가 디스플레이에서 영상을 표현하는 데 사용되었다. 그러나 이렇게 동시다발적인 병렬 연산이 경우의 수를 예측하는 데 효율적이므로 GPU는 인공지능이 바둑을 두게 하는 데에도 적용되었다. 인공지능 알파고에는 CPU뿐만 아니라 GPU도 176개 적용되었다.

이와 같이 서버용 프로세서 시장에서 엔비디아와 인텔이 경쟁 구도를 이뤘는데, 앞으로도 이러한 추세가 계속될 것으로 보인다. 엔비디아가 멜라녹스^{Mellanox}를 인수하며 GPU 이외에 고객 포트폴리오의 저변을 확대할 기회를 잡았기 때문이다. 멜라녹스의 주요 제품은 인피니밴드 ^{InfiniBand}(고성능 서버와 스토리지 연결)라고 불리는데, 인텔도 멜라녹스처럼 인피니밴드 사업을 영위하고 있다. 멜라녹스의 인피니밴드는 연간 기준 1.0조~1.2조 원 내외로 매출 기여가 크지 않지만, 엔비디아의 서버용 프

CPU와 GPU에 탑재되는 코어(Core) 개수 비교

주: CPU는 복수의 코어를 통해 순차적이고 신속하게 연산을 수행하는 반면, GPU는 수백, 수천 개의 코어를 통해 병렬 방식으로 다량의 연산을 동시 수행한다.
자료: 하나금융투자

엔비디아가 CES 2019에서 발표한 신제품, Geforce RTX 2060

자료: 엔비디아, 하나금융투자

로세서 사업에 날개를 달아줄 것으로 기대된다. 멜라녹스가 서버 업체와 클라우드 서비스 업체를 고객사로 확보하고 있기 때문이다. 엔비디아도 멜라녹스의 고객사였고, 엔비디아가 인수 제안서를 제출하기 전부터 멜라녹스를 인수하려 관심을 표명했던 마이크로소프트와 인텔도 모두 멜라녹스의 고객사이다.

서버용 프로세서 시장에서는 엔비디아와 인텔의 각축전이 예상되는 반면, 자율주행 시장에서는 엔비디아가 우세할 것으로 전망된다. 엔비디아의 자율주행용 드라이브 PX 2는 2개의 테그라칩과 2개의 GPU를 사용한다. 4개의 프로세서로 1초에 25조 번의 연산을 수행한다. 이는 인텔의 CPU가 탑재된 고성능 컴퓨터가 100대 이상 동시에 작동하는 것과 맞먹는 능력이다. 향후 자율주행 기술에 인공지능이 본격적으로 적용되면 엔비디아의 GPU는 점점 더 중요해질 것으로 전망된다.

자율주행 기술과 반도체

자율주행은 차량 플랫폼과 소프트웨어, 인공지능, 통신 기술, 센서가 복합적으로 작용해 운전자에게 안전한 서비스를 제공하는 기술이라 할 수 있다. 자율주행 기술은 편의성 차원에서 매우 뛰어나다. 그리고 교통사고 대부분이 운전자의 실수로 발생한다는 점에서 자율주행 기술이 널리 보급되면 사고를 감소시킬 것으로 기대된다. 자율주행차에 탑재된 인공지능은 도로상의 각종 데이터를 수집하면서 학습하게 될 것이다. 현재는 데이터의 수집 방법에 대해 다양한 기술이 시도되고 있다. GPU로 영상을 인식하는 방법, ADAS 카메라로 영상을 인식하는 방법, 보조 카메라로 신호등의 정보만 인식하는 방법 등이다. 아울러 영상을 인식하기 어려운 경우에는 센서로 주변의 데이터를 감지할 수도 있다. 사람이 운전면허증을 취득한 이후에 도로주행 연습을 거쳐 운전 실력을 발전시키는 것처럼 인공지능도 교통 정보를 끊임없이 습득해 안전성과 편의성을 증가시킬 것이다.

2019년 CES 등 국제 전시회를 통해 소개된 자율주행 기술은 레벨 1~5 중에서 2단계 혹은 3단계 수준에 해당한다. 로드맵상 진정한 의미의 자율주행은 2020년 이후 2030년쯤에야 구체화될 것으로 전망된다. 현재의 자율주행차량은 정해진 코스만 운행하거나, 직선도로만 주행하거나, 아니면 빛의 반사가 덜한 밤에만 주차하는 등 부분 자율주행을 현실화하고 있다.

자율주행의 핵심 기술에서는 엔비디아의 GPU가 유리하지만, 인텔도

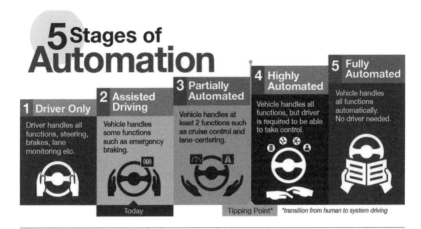

자료: 마이크론, 하나금융투자

주도권을 잃지 않기 위해 애쓰고 있다. 인텔은 자율주행차량 분야에서 콜라보를 추진하고 있다. 자율주행 분야의 콜라보 파트너는 중요하다. 안전성 이슈가 부각되는 환경에서 사고가 발생하는 경우 결국 파트너사 간의 '책임 소재'가 분명해야 하기 때문이다. 신뢰할 수 없는 파트너, 신뢰할 수 없는 시스템을 기반으로 한다면 콜라보의 존속 자체가 위험해지고, 더 나아가 해당 기업의 브랜드 이미지와 신뢰도에도 부정적 영향을 준다.

자율주행 분야에서 누구와 어느 분야에서 콜라보를 전개하느냐에 대한 중요성은 이미 지난 2018년에 크게 부각된 적이 있다.

차량 공유 업체 우버와 협력하던 엔비디아는 우버의 자율주행차량이 길 가던 사람을 치는 사고를 일으킨 후 엔비디아와 우버의 협력 관계에 대해 명확하게 선을 그었다. 즉 엔비디아는 우버에 GPU만을 제공하고 있으며 자율주행 플랫폼 아키텍처를 제공하지 않는다고 밝혔다.

우버는 하드웨어적으로만 엔비디아의 도움을 받고 핵심 기술인 센싱sensing 및 주행driving 분야에서는 자체 개발 기술을 활용하고 있었다. 이와 같은 역할 분담에도 불구하고 우버 차량의 사고 발생에는 엔비디아 측에도 책임이 있다는 오해가 퍼졌다.

지금이나 당시에나 엔비디아의 자동차 부문 매출 중 오토파일럿 시스템 매출 비중은 매우 미미할뿐더러 전 세계 모든 완성차 업체와 차량 공유 업체가 엔비디아와 100% 손을 잡은 것도 아니었지만, '자율주행'이라는 뉴스가 부각되면 사람들의 머릿속에 자동적으로 떠오르는 회사는 엔비디아나 모빌아이 등이었다. 결국 엔비디아는 우버의 사고와 무관한 자율주행 테스트를 일시적으로 중단suspend하게 되었다. 이후에 엔비디아는 자율주행 '시뮬레이션' 시스템을 가동하기 시작했다.

다시 인텔로 돌아가 보면 자율주행차량에서는 '인텔의 칩셋이 100% 자율주행을 지원한다'는 원대한 큰 그림을 제시하기보다 BMW, 워너브라더스Warner Brothers, X-스크린X-Screen과 함께 자율주행 시 탑승자의 경험을 극대화하는 방면으로 장점을 내세우고 있다. 특히 자율주행차량 탑승객의 사용자 경험을 극대화하기 위해 워너브라더스의 콘텐츠를 활용한 것으로 판단된다.

자율주행차의 탑승 환경은 비행기의 탑승 환경과 유사하다. 탑승자가 비행기를 탈 때 운행은 파일럿에게 맡기고 대부분의 시간을 휴식이나 콘텐츠 감상으로 보낸다. 향후 자율주행이 레벨 5로 구현된다면 탑승자는 비행기 탑승 시의 사용자 경험을 자율주행차로부터 기대하게 될

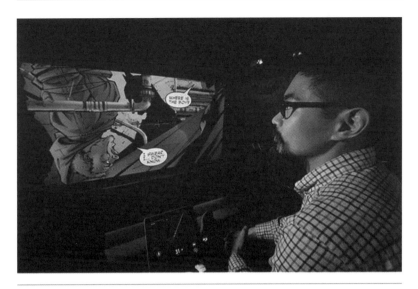

자료: 디지털트렌드(Digitaltrends), 하나금융투자

가능성이 크다.

인텔의 자체 전망에 따르면 자율주행은 출퇴근과 같은 이동 시간에 더 많은 자유 시간을 부여하게 될 것이고, 이러한 자유 시간은 결국 여가 시간으로 활용될 가능성이 크다. 글로벌 대도시 기준으로 1년간 2억 5,000만 시간 분량의 여가 시간이 추가로 발생한다. 인텔 측에서는 이와 같은 계산의 기본 가정에 대해 밝히지 않았지만 인구가 1,000만 명이라면 그중 통근자commuter를 전체 인구의 10%, 통근 시간 중 여가 시간으로 전환되는 시간을 1시간, 근무일 250일 기준으로 환산했을 때 2억 5,000만 시간이 도출된다.

어떤 종류의 콘텐츠가 이러한 신규 수요에 대응해 통근 시간을 점유하게 될지 속단하기 어렵다. 다만 자율주행차로 통근하는 인구가 음악을 듣거나 게임을 하지 않고 2시간짜리 영화를 감상한다면 1인당 영화를 125편 추가로 감상하게 되는 셈이다. 인텔은 이러한 콘텐츠 시장 가치를 2,000억 달러로 추산하고 있다.

다만 양사의 예측과 대응이 현실화되려면 자율주행차량 기술에서 반드시 넘어가야 할 장벽이 있다. 안전성에 대한 확신이다. 즉 '자율주행 기술은 안전하기 때문에 뒷좌석에서 그저 영화만 감상하면 된다'는 확신이 필요하다.

자율주행 기술을 현실화하기 위해 맞물려 필요한 것은 5G 통신 기술이다. 차량 안전 운행을 위해 필요한 것으로 주변 환경을 얼마나 빨리 감지하고 판단해 조치를 내릴 것인가가 관건이다. 이를 위해 필요한 요소들은 첫 번째가 반도체와 센서이고, 두 번째가 주변의 교통 정보이다. 5G에서는 V2V^Vehicle to Vehicle(차량 간 통신), V2I^Vehicle to Infrastructure(차량과 시설 간 통신)를 줄여서 V2x라고 부른다. 자율주행차에서 주변 모든 요소와의 실시간 통신을 통해 정확하고 안전한 주행을 가능케 하는 것이다.

주변 교통 정보를 알기 위해 특히나 차량과 통신하는 주변 인프라스트럭처의 역할이 중요하다. 교차로 신호등, 교통 상황 측정 장치 등 주행과 관련된 요소뿐만 아니라 길 막힘 정보, 날씨 정보 등을 파악해 차량에 알려주는 것이 필요하다. 사실 기존에 이미 사용되고 있는 차량용 내비게이션은 도로의 교통량을 파악해 막히지 않는 길로 차량을 안내한다. 따라서 제한적인 의미의 V2I가 이미 현실화되었다고 말할 수 있다.

5G 시대에는 엣지 컴퓨팅도 자율주행에서 매우 중요한 요소이다. 자

율주행 자동차가 5G 네트워크에 직접 접속함으로써 주행에 필요한 정보를 클라우드에서 가져오는 것도 필요하고 자동차에서 직접 처리하기 힘든 데이터를 클라우드에서 처리해야 할 경우도 있는데, 네트워크 지연을 최소화할 수 있는 엣지 컴퓨팅 클라우드에서 실시간 데이터 처리를 한다. 이렇게 되어야 5G 기반의 진정한 V2I 통신이 이뤄지는 것이다.

3장

★

G2가 주도하는
4차 산업 창업 생태계와
한국의 혁신 자본시장이 가야 할 길

1
혁신의 동력,
창업과 그 생태계

산업의 혁신은 새로운 기술·제품·시장·자원·인력이 결합해 일어난다. 4차 산업혁명의 토대인 디지털과 네트워크는 시장의 크기를 글로벌 차원에서 무한 확장했고, 이 매력적인 시장의 문을 열기 위한 시도가 끊이지 않는다. 기존 기업뿐만 아니라 창업 기업들도 도전의 주체가 된다. 창업가들은 자신이 혁신의 주인공이 되고자 시장의 문을 두드린다.

산업 생태계 전체에 혁신이 일기 위해서는 창업이 촉진되어야 한다. 기존 관행에 묶인 기업보다는 새롭게 도전하는 기업이 더 혁신적이기 때문이다. 4차 산업혁명을 이끌고 있는 G2인 미국과 중국은 창업에 대한 정책적·경제적 지원을 아끼지 않는다. 그래서 기회를 노리는 창업자들이 몰려들고 있다. 한국도 G2의 4차 산업 창업 열기를 참고로 해 시장을 만들고 정책적·사회적 성장의 돌파구를 마련해야 한다.

세계 창업 시장의 중심지로 부상하는 중관촌

중국 정부는 1억 명의 창업자를 양성하겠다는 담대한 비전을 내걸고 창업 촉진을 위한 투자를 아끼지 않는다. 그래서 하루 평균 1만 5,000개의 스타트업이 탄생하고 있다. 중국 창업 지원 정책의 핵심은 플랫폼이다. 창업에 필요한 기술, 인력, 자원 등을 손쉽게 조달할 수 있도록 플랫폼을 구축해 창업의 비용과 부담을 낮춘다. 그리고 기술력이 업그레이드되면 기존 기술을 무료로 공개하는 실리콘밸리식 문화를 들여와 창업자들이 무료로 기술을 활용할 수 있게 한다.

중국 창업의 열기를 고스란히 느낄 수 있는 곳이 베이징의 중관촌中

關村이다. 바이두, 텐센트, 레노버, 화웨이, 샤오미, 오프, 디디추싱 등이 중관춘에서 탄생한 기업들이다. 중관춘 출신 기업들이 2014년《포춘》지가 선정한 글로벌 500대 기업 중에서 98개가 선정될 만큼 창업 중심 지역으로 부상했다. 중관춘은 창업 지원 기관과 인큐베이션 센터, 협력 연구소, 베이징대학교, 칭화대학교, 인민대학교 등의 명문 대학들이 네트워크를 형성함으로써 창업 생태계를 형성한다. 또한 정부가 적극적인 인재 영입 정책을 펼치고 있는데, 중관춘으로 귀국한 인재가 1만 8,000명에 이른다. 투자도 활성화되어 있다. 연간 6조 원 규모의 창업 자금이 쏟아지는데, 그중 3분의 1이 중관춘에 집중된다. 벤처캐피털VC과 엔젤 투자가 활발하고 성공한 벤처가 후배 벤처에 투자하는 문화가 형성되어 있다.

중국의 창업 활성화 정책

중국의 창업 활성화는 정부의 장려 정책을 기반으로 한다. 우선 중국 정부는 창업 활성화를 위해 여러 분야에서 정책 재편을 단행했다. 2014년 3월 전국인민대표대회에서는 회사법 개정을 통해 최저 등록 자본금 및 기타 규정들을 폐지해 진입 문턱을 낮췄다. 개정안이 발표되기 전에는 아이디어가 인정을 받아도 창업이 불가능하기도 했지만, 규정이 폐지된 이후 금전적인 제한이 사라졌다. 2015년 6월에 발표된 '대중창업 만중혁신大衆創業 萬衆革新' 장려 정책에서는 2020년까지 새로운 창업 서비스 플랫폼 구축을 목표로 ① 창업 플랫폼 확대, ② 진입장벽 완화, ③ 공공 서비스 지원, ④ 자금 조달 시스템 구축, ⑤ 창업 문화 조성 등의 8대 중점 임무들을 제시해 창업의 중요성을 다시 한 번 제고시켰다.

특히 '중창공간☆창空间'이라는 창업 플랫폼을 구축해 혁신 클러스터, 인큐베이터와 같은 투자 시스템과 창업창고 카페 같은 창업 공간을 제공해 창업에 대한 접근성을 높이고 있다. 중창공간은 창업에 성공한 창업자들이 새로운 창업자를 발굴하는 데 다시 투자함으로써 창업이 창업을 육성하는 선순환 구조를 만들었다. 중창공간과 비슷한 형태의 창업창고 카페를 설립해 창업 지망생과 투자자가 자연스럽게 교류할 수 있는 공간을 마련하기도 했다.

창업의 성지, 실리콘밸리

미국의 실리콘밸리는 세계에서 가장 이상적인 창업 공간으로 꼽는다. 미국뿐만 아니라 세계에서 모여든 창업가들이 기회의 문을 열고자 열기를 뿜어내고 있다. 전 세계 기술 트렌드를 주도하는 실리콘밸리에는 IT, 바이오 등의 각종 첨단 산업 분야 기업들이 모여 있다.

휴렛팩커드, 인텔, 애플, 구글, 이베이eBay, 페이스북 등이 실리콘밸리에서 탄생한 혁신 기업들이다. 이 회사의 창업자들은 주로 스탠퍼드와 버클리 등 지역 명문 대학에서 길러졌다. 특히 스탠퍼드대학교는 오늘날의 실리콘밸리를 만드는 데 가장 큰 공헌을 했다. 스탠퍼드 출신이 창업한 기업 매출은 2조 7,000억 달러에 달하며 이 기업들에서 파생된 일자리는 약 540만 개에 이르는 것으로 나타났다. 또한 스탠퍼드 자체적으로도 투자자와 창업을 준비 중인 학생들을 연결하기 위한 환경을 조성하고 있다.

실리콘밸리의 또 다른 특징은 벤처 투자와 엔젤 투자 규모도 크다는 것이다. 신생 기업에 대한 활발한 엔젤 투자는 창업 초기 현금흐름을 창출하지 못하고 문을 닫는 기업들을 떠받치는 역할을 한다.

2011년 미국의 엔젤 투자 규모는 225억 달러로 GDP에서 차지하는 비중은 0.15%에 달했다. 반면 한국의 엔젤 투자 규모는 297억 원으로 GDP에서 차지하는 비중은 미미했다.

신생 기업의 자금 유치와 상장을 지원하는 JOBS법

미국은 4차 산업혁명에 대응하기 위해 NITRD^{The Networking and Information Technology Research and Development}라는 ICT 연구개발 기본 계획을 수립했다. 주요 ICT 기술 분야를 선정하고 중점 관리하는 것이 골자이다. 미국은 이런 정책을 바탕으로 실리콘밸리의 IT 벤처 기업에도 지원을 아끼지 않는다.

중소기업청^{SBA: Small Business Administration}은 창업 및 초기 단계 투자 활성화를 위한 펀드를 조성하고, 민간 부문과 매칭 펀드 형식으로 10억 달러 규모의 투자를 지원하고 있다. 재무부^{Treasury Department}는 개정된 신생 시장 세액공제^{New Market Tax Credit}를 통해 저소득 지역에 기반을 둔 창업 기업 및 중소기업에 대한 민간 투자 관련 세액공제 규칙 간소화를 추진했다. 또한 연간 1,480억 달러 규모의 연방 R&D 성과 상용화를 강화해 혁신적인 창업 기업과 신산업이 창출될 수 있도록 지원하고 있다. 상무부 경제개발청Economic Development Administration은 기술 사업화, 신규 벤처 형성, 일자리 창출의 속도를 높이는 혁신적이고 획기적인 아이디어를 장려 중이다.

JOBSJump Start Our Business Startup Act는 신생 기업들의 자금 조달을 용이하게 해 일자리 창출을 목적으로 제정된 법률이다. 중소기업과 신생 벤처 기업들의 투자금 유치에 관한 규제를 완화하고 이들이 주식시장에 쉽게 상장할 수 있도록 해서 고용 확대를 꾀한다는 취지로 제정되었다.

실리콘밸리에서는 사물인터넷 이후 미래 기술 분야로 인공지능에 주목하고 있다. 실리콘밸리의 거대 IT 기업들부터 스타트업 소프트웨어까지 인공지능 관련 연구개발에 집중하고 있다.

2015년 12월 미국의 자동차 회사 테슬라 대표인 일론 머스크와 스타트업 액셀러레이터 VC '와이컴비네이터Y Combinator' 대표 샘 알트먼Sam Altman은 공동 대표로 오픈 AIOpen AI라는 1조 원 규모의 비영리 연구센터를 설립했다. 오픈 AI는 인공지능 기술이 특정 회사에 종속되지 않으며, '이익'에 사로잡히지 않고 올바른 인공지능 기술을 개발해서 누구나 접근할 수 있도록 세상에 공개하겠다는 목표로 설립되었다.

미국 최대 전자상거래 업체인 아마존은 최근 인공지능 스타트업인 오비어스Orbeus를 인수했다. 오비어스는 '신경망'이라고 불리는 기계학습 솔루션을 기반으로 한 이미지 인식 기술을 갖고 있다. 또 레코그니션ReKognition이라고 불리는 서비스를 통해 이미지를 자동 분류하고 데이터베이스에 담을 수 있는 기술도 있다.

이렇듯 미국은 민·관이 합동으로 신생 창업 기업과 M&A 시장을 키워가고 있다.

글로벌 주식시장을 이끈 나스닥(혁신 자본시장)

2017년 글로벌 주식시장의 상승은 나스닥이, 그리고 신기술주가 이끌었다. 이는 미국에서 특히 더 두드러졌다. 미국의 기술주를 대표하는 나스닥지수가 S&P500보다 연초 대비 수익률이 11.4%p 더 높아 지난 2009년 이후 연간 수익률 비교에서 가장 큰 격차를 보였다. 바로 IT 섹터의 고공행진 때문이다. IT 섹터가 뛰어난 기업 실적을 시현하고 있고, 향후 성장 기대감 역시 다른 섹터를 크게 앞서면서 2017년뿐만 아니라 2018년 들어서도 나스닥의 상승세가 이어졌다.

각 지수의 섹터 비중 추이를 보면 차이가 확연하게 드러난다.

S&P500 vs. 나스닥:
연간 수익률 2009년 이후 가장 큰 격차

주: 2017년은 YTD 기준
자료: 블룸버그, 하나금융투자

나스닥 섹터 비중:
IT 비중 1년 전 대비 +5%p

자료: 블룸버그, 하나금융투자

S&P500도 IT가 25%로 가장 큰 비중을 차지하고 있으나 금융, 헬스케어, 소비재, 산업재 등이 비교적 높은 비중으로 골고루 포진했다. 반면 나스닥지수는 IT의 비중이 절반을 넘어선다. 나스닥에서 IT의 비중은 2017년 11월 기준 54%로 1년 전 49%에서 5%p 더 확대되었다. 반면 소비재, 헬스케어, 금융 등 다른 섹터는 대부분 전년 대비 1~2%p 축소되었다. 다른 섹터도 1년 전 대비 주가수익률이 대부분 양호한 편이지만 IT가 확연히 앞서고 있기 때문이다. 그 전 1년 동안 IT 섹터 주가수익률은 평균 35.4%로 2위인 금융의 24.2%보다 11%p 넘게 차이가 났다.

IT 섹터 중에서도 주가 상승세에서 가장 큰 역할은 반도체와 소프트웨어가 담당했다. 1년 동안 나스닥지수 내 반도체 주가는 평균 47% 올랐다. 시가총액 규모 기준으로는 44.4% 늘어나며 나스닥지수에서 반도체 비중이 10%를 넘어섰다. 소프트웨어 종목들 역시 1년 주가수익률은 평균 38%나 되며, 나스닥에서 소프트웨어 산업이 차지하는 비중은 처음으로 30%를 넘어 32.2%로 올랐다(+2.6%p).

나스닥의 선전은 IT가 주도

(%) ■나스닥지수: 섹터별 지난 1년 평균주가 수익률

자료: 블룸버그, 하나금융투자

반도체와 소프트웨어 주가의 고공 행진

(%) ■나스닥지수: 주요 산업 지난 1년 평균주가 수익률

자료: 블룸버그, 하나금융투자

1부 투자의 신세계가 열린다

4차 산업을 주도하는 시장, 나스닥이 앞으로도 선전한다

나스닥의 선전은 앞으로도 계속될 것으로 기대된다. 미국의 경제성장이 탄탄하게 이어질 것으로 보이며 IT의 매출액과 이익 증가 기대감이 여전히 다른 섹터에 비해 견고하기 때문이다. 특히 주목되는 점은 미국 시장의 상승세를 이끄는 대표 종목들은 모두 대형 기술주들이며, 혁신적인 기술 개발과 미래지향형 사업 방식을 통해 '4차 산업혁명'이라는 산업의 패러다임 변화를 주도하고 있는 기업들이라는 점에서 향후 성장 가능성 역시 가장 크게 보인다.

애플, 알파벳, 페이스북, 마이크로소프트, 아마존, 엔비디아, 브로드컴Broadcom, AMD 등 시장을 이끈 주역들은 모두 나스닥에 상장되어 있다. 모바일 혁명, 사물인터넷, 인공지능, 클라우드, e커머스e-commerce, 자율주행차 등 지금 가장 적극적으로 투자되고 성장하는 산업의 주역들이 현재 나스닥을 이끄는 주인공들이며 앞으로의 성장 기대감이 더 크다는 점에 주목해야 한다.

또한 미국 법인세 감세안 통과 역시 나스닥에 긍정적인 요인이다. 약 35%였던 미국 법인세가 20%까지 낮아졌다. 이로 인해 중소기업들이 대기업보다 더 큰 수혜를 볼 것으로 기대된다. 대형 기업들은 그동안 해외 사업 활용 등 여러 방식을 통해 실제 납부하는 세율을 줄일 수 있었으나 중소기업은 상대적으로 더 높은 세율을 감당해왔기 때문이다.

나스닥지수에 편입된 종목은 현재 총 2,556개로 중소기업이 차지하는 비중 또한 상당히 높다. 따라서 법인세 인하에 따른 기업 이익 증가세를 고려할 때 나스닥 지수가 S&P500 대비 더 선전할 수 있을 것으로 예측된다.

앞서가는 미국과
4차 산업혁명의 중심에 서려는 중국

4차 산업혁명을 주도하는 기업 중 미국 기업의 비중이 가장 높다. 미국은 4차 산업혁명의 핵심·원천 기술을 보유하고 지속적으로 발전시키고 있으며 방대한 데이터를 축적했다. 기업과 대학이 협력하고 정부가 지원하는 연구개발 인프라도 든든하며 투자 기반이 넓고 광범위하다. 무엇보다 방대한 시장과 직접 연결되어 있어 엄청난 규모의 성장과 성공을 꿈꿀 수 있다.

미국의 뒤를 중국이 따르고 있다. 중국의 산업 수준은 세계의 공장으로 하청 생산을 주로 하던 처지에서 제조업 강국, 세계의 기술 리더로 환골탈태하는 중이다. 정부가 주도하는 강력한 지원 정책, 방대한 인구 규모에서 비롯된 인재풀, 도시화와 중산층 증가로 확장되는 내수시장,

대학과 공공 연구기관 중심의 연구개발 인프라, 성공을 꿈꾸는 젊은이들의 창업 열기 등 산업 혁신의 여건이 조성되었다. 이런 바탕 위에 4차 산업혁명이 본격적으로 전개되면서 미국과 겨루는 주도 국가가 되었다. 물론 이 부분은 미·중 무역 전쟁이 발생하는 핵심적인 원인이 되기도 하고 있다.

'제조업 2025'와 '인터넷 플러스'

중국의 산업 혁신 정책 골간은 '제조업 2025'와 '인터넷 플러스'이다. '제조업 2025'와 '인터넷 플러스'를 융합·발전시키는 것을 4차 산업혁명에 대비하기 위한 실천 전략으로 제시했다.

'제조업 2025'는 2015년 5월 발표된 중국의 제조업을 노동집약적 전통 산업에서 기술집약 스마트 산업으로 도약시킨다는 비전을 위한 중장기적 하드웨어 업그레이드 전략이다. 30년간 10년 단위로 3단계에 걸쳐 산업 고도화를 추진하는 내용이다. 1단계는 2025년까지 중국 제조업 수준을 일본, 독일 수준까지 끌어올려 제조 강국 대열에 진입하겠다는 것이고, 2단계인 2025년부터 2035년까지는 중국 제조업 수준을 글로벌 제조 강국들의 중간 수준까지 달성하겠다는 것이다. 마지막으로 3단계 2035년부터 2049년까지는 주요 부문에서 세계 최고 수준의 시장 경쟁력을 갖춰 시장 혁신을 선도하겠다는 계획이다.

'제조업 2025'는 9대 전략 과제, 10대 핵심 산업 분야, 5대 중점 프로젝트를 담고 있다. 2012년 독일에서 추진한 인더스트리 4.0을 벤치마킹

했으며, 막대한 인터넷 인구를 바탕으로 소프트웨어 기업 중심의 플랜(미국, 독일, 일본은 하드웨어 기업 중심)을 추진하고 있다.

'인터넷 플러스'는 기존 산업에 인터넷을 더한다는 의미로, 모바일 인터넷과 클라우드 컴퓨팅, 빅데이터, 사물인터넷 등을 아우르는 인터넷 기술 경쟁력이 제조업의 시장 경쟁력을 제고시킬 수 있을 것이라는 기대가 녹아 있는 전략이다. 시진핑 정권 출범 이후 계속 강조하고 있는 신경제 발전의 축으로 인터넷과 기타 산업의 융합을 통해 산업 간 장벽을 허물고 새로운 미래 산업을 창조하는 것을 골자로 한다. 7대 '인터넷 플러스' 육성 항목은 제도적 방향, 11대 '인터넷 플러스' 융합 산업은 산업 융합 방향을 제시한다. 그야말로 현실 세계를 디지털화하는 4차 산업혁명 전략이다.

이 정책에 따라 유통 부문의 변화, 글로벌 규모의 전자상거래 시범 기업 육성 및 해외 창고 개설, 농촌 전자상거래 종합시범지역 선정 등 사회 전체적으로 전방위적인 디지털화를 추진하는 장기적인 체질 개선을 목표로 하고 있다.

중국의 ABCD 기술

4차 산업혁명을 추진하는 원동력으로 'ABCD 기술'이 꼽힌다. A는 인공지능Artificial Intelligence, B는 빅데이터Big Data, C는 클라우드Cloud, D는 드론Drone과 로봇을 말한다. 이 기술이 융합되면서 4차 산업혁명의 생태계가 이루어진다. 중국 정부와 기업들은 ABCD 기술을 강화함으로써 4차 산업혁명의 글로벌 리더가 되겠다는 포부를 품고 있다.

인공지능 분야의 원천 기술 면에서 미국에 뒤처진 상태이다. 하지만 강력한 빅데이터와 슈퍼컴퓨터 인프라를 갖추고 있다. 엄청난 이용자가 매일 만들어내는 데이터가 인공지능 성장의 자양분이 되며 이는 세계에서 가장 빠른 슈퍼컴퓨터들에 축적된다.

중국 3대 IT 기업 바이두, 알리바바, 텐센트는 인공지능 기술 역량을 끊임없이 강화하며 인공지능 분야 시장을 개척하고 있다. 바이두는 인공지능 선도 기업으로 음성인식과 자율주행 기술력이 있다. 알라바바는 전자상거래 플랫폼에 인공지능을 적용했다. 머신러닝과 데이터 기반으로 고객 맞춤화 서비스를 펼친다. 뒤늦게 인공지능 분야에 들어온 텐센트는 미국에 인공지능 연구소를 설립하는 등 기술 개발과 투자에 나서고 있다.

중국은 전 세계 데이터의 13%를 생성하는 나라이다. 2020년에는 그 규모가 20~25%로 늘어날 것으로 예측된다. 그만큼 빅데이터 분야에서 유리한 조건을 갖추고 있는 셈이다. 중국 정부는 데이터 산업을 13차 5개년 계획(2016~2020년) 집중 육성 대상으로 지정해 적극 지원하고 있다. 구저우성의 구이양은 빅데이터 도시로 불린다. 중국의 IT 업체뿐만 아니라 구글, 마이크로소프트, 인텔, 오라클, 델 등의 미국 기업들이 이곳에 빅데이터 센터를 운영하고 있다.

중국 클라우드 시장을 이끄는 기업은 알리바바이다. 자회사인 알리클라우드가 중국 시장 점유율 1위를 자랑하고 있다. 세계 기업과 비교하면 아마존과 마이크로소프트 다음의 3위 수준이다. 2016년부터 외국 기업 대상의 서비스를 시작했는데 전 세계 230만 명의 고객을 확보했다. 중국을 비롯한 전 세계 16곳에 클라우드 센터를 건설해 운영하는 등 외국 시장 공략에도 적극적이다.

중국은 드론 강국이다. 전 세계 상업용 드론 시장의 70%를 점유하는 세계 1위 드론 기업 DJI가 이 시장의 독보적인 강자이다. 군사용 드론에서는 미국에 밀리지만 상업용 드론은 최고의 기술력을 자랑한다. 하지만 로봇 분야에서는 뒤처져 있다. 그래서 대부분의 로봇을 수입에 의존하고 있다. 중국 정부는 2016년 로봇 굴기를 선언했다. 2020년까지 국제 경쟁력을 갖춘 대형 로봇 기업 3개를 키우고 로봇 산업 클러스터를 다섯 군데 건설한다는 계획이다. 중국은 인공지능 기술을 탑재한 서비스용 로봇에 큰 관심을 두고 있다.

중국의 4차 산업혁명을 이끄는 기업은 BAT로 불리는 바이두, 알리바바, 텐센트이다. 이와 함께 차량 공유 서비스 업체인 디디추싱, 인공지능 뉴스 서비스 업체인 진르터우탸오, 세계 1위 드론 기업 DJI 등 많은 유니콘·스타트업 기업들이 독보적인 경쟁력을 갖추며 성장 중이다.

중국의 나스닥, 창업판의 성장 배경 이해

중국 선전의 창업판도 한국의 코스닥 시장과 마찬가지로 헬스케어, 경기소비재, 첨단 제조업 등 신경제 업종의 비중이 압도적으로 높은 중국 미래 산업의 보고寶庫이자 혁신적인 민영기업의 온상溫床이다. 창업판은 성장성이 높은 기업들로 구성되어 있지만 높은 개인 투자자 비중과 주

선전거래소, 민영기업 비중 78% 육박

자료: CEIC, 하나금융투자

창업판과 상하이거래소 업종별 시가총액 비중 비교

자료: 윈드(Wind), 하나금융투자

식 회전율로 인해 고수익·고위험 시장으로 분류될 수 있다.

선전 거래소는 개혁개방의 산물인 선전 지역에서 1990년 12월 설립 되었다. 지역적 특성으로 인해 설립 초기부터 중소형 민간기업과 홍콩 관련 기술주 중심으로 상장되었으며, 상장 자격 요건을 완화한 중소판 SME(2004년)과 창업판Chinext(2009년) 도입을 통해 상장기업 수와 시가총액 이 급격히 증가했다.

중국판 나스닥을 지향하며 설립된 창업판은 초기 28개 기업에서 현 재 703개 기업이 상장되어 있으며, 시가총액은 약 5.5조 위안(약 905조 원) 규모의 거래소이다. 최근 5년간 주로 중소판과 창업판에 상장기업이 집중되면서 대형 국영기업 위주의 상하이거래소와의 차별화가 더욱 강 화되고 있다.

선전의 창업판과 상하이거래소의 가장 큰 차이점은 네 가지로 요약된 다. ① 회전율이 높고 시가총액이 상대적으로 적다. ② 민영기업의 비중과 신경제 관련 업종 비중이 높다. ③ 매출이 높다. ④ 밸류에이션도 상대적으로 높다.

중국 창업판 특징: 작은 기업 사이즈와 높은 회전율, 민영기업 비중 높아

선전 창업판의 특징을 자세히 살펴보자. 첫째, 상장기업의 평균 시가총액이 상하이보다 작고 회전율은 높다. 창업판의 시가총액은 상하이종합지수의 15% 수준(창업판 5.5조 위안 vs. 상하이 37조 위안)이며, 개인 투자자의 선호도는 상하이보다 높아 주식 회전율은 창업판이 약 2배 높은 편이다. 실제로 2017년 3분기 기준 선전 창업판의 회전율은 469%로 상하이 메인보드의 224%보다 크게 높다. 거래가 활성화된 시장인 점은 긍정적이지만 정책성 테마나 시장 이슈에 따라 변동성이 확대될 여지도 그만큼 크다.

창업판 투자자별 비중 – 개인 투자자가 58% 비중

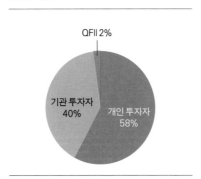

자료: CEIC, 하나금융투자

중국 본토 A주 외국인 투자자 추이

자료: 윈드, 하나금융투자

중국 본토 A주와 홍콩 주요 지수 시가총액 비교

자료: 윈드, 하나금융투자

중국 본토 A주와 홍콩 주요 지수 회전율 비교

자료: 윈드, 하나금융투자

둘째, 민영기업과 신경제 업종의 비중이 높다. 상하이거래소의 경우 소위 구경제 업종(산업재·소재·유틸리티·에너지·금융)의 비중이 85%에 육박하지만, 창업판은 신경제 업종(경기소비·필수소비·헬스케어·IT·통신)의 비중이 63%에 육박한다. 또한 상하이거래소의 민영기업 비중은 50% 미만이지만, 선전은 민영기업 비중이 70%에 육박한다는 점도 차별화되는 부분이다. 현 중국 정부가 과거 국진민퇴國進民退(국가와 국영기업 위주의 성장과 민간기업의 눌림 현상) 문제를 해소하기 위해 독점 산업을 개방하고 시장화를 시도하고 있다는 점은 분명히 선전거래소 상장기업에 유리하게 작용할 것이다.

중국 창업판 특징: 높은 매출성장률과 높은 밸류에이션

셋째, 매출 성장률이 높지만 부채비율은 낮다. 중국 GDP 성장률 둔화에 더욱 민감했던 구경제 업종과 대조적으로 신경제 업종은 고성장세를 보였으며, 이에 따라 창업판 상장기업의 매출 성장은 상하이와 선전 A주를 넘어서고 있다. 2017년 3분기 기준 창업판 상장기업의 매출액 증가율은 33% 증가했는데, 상하이 A주와 선전 A주는 각각 18%와 23%의 증가율을 기록하는 데 그쳤다.

넷째, 밸류에이션은 상하이 상장기업 대비 매우 높은 편이다. 2017년 11월 말 기준 상하이 A주의 PER은 16배 수준인데, 선전 A주와 창업판은 각각 33배, 43배 수준으로 여전히 괴리가 상당한 편이다. 하지만 2015년 최고점 대비 창업판 밸류에이션의 3분의 1 수준까지 낮아진 상황이다.

상하이거래소 대비 월등히 높은 매출 성장률

자료: CEIC, 하나금융투자

상하이거래소 대비 월등히 높은 이익 성장률

자료: 윈드, 하나금융투자

창업판을 포함한 선전 상장기업의 밸류에이션이 높은 이유를 들자면, 첫째 이익 창출 능력과 성장성이 높고, 둘째 높은 개인 투자자 비중으로 성장주·테마주·소형주에 대한 선호도 역시 높은 선전 시장의 구조적 특징이다. 업종별 밸류에이션 또한 필수소비재와 IT를 제외한 대부분 업종이 상하이 상장기업 대비 높은 상황이다.

3

한국 4차 산업의 터전, 코스닥이여 야성을 회복하라

IMF 경제위기 극복에 기여한 벤처 붐과 코스닥 시장

1998년 2,000개에 불과했던 한국의 IT 관련 기업의 숫자가 2001년 6월에는 1만 개를 기록했고, 벤처기업의 생산 비중은 GDP의 3%에 달하는 성장을 이루었다. 또 2009년에는 벤처기업의 총매출액이 177조 원으로 전체 GDP의 15.1%를 차지하게 되었다. 1990년대 후반 김대중 정부는 벤처기업 육성을 최우선 과제로 선정해 5년 동안 줄기차게 추진함으로써 벤처기업과 코스닥 시장은 한국의 IMF 경제위기 극복과 IT 강국의 실현, 그리고 이를 통한 고용 확대의 원동력으로 활약했다.

실제로 벤처기업은 2006년에는 우리나라 전체 고용 중 67만 명으로 5.0%를 차지했으며, 평균 고용이 27.3명으로 일반 중소기업(3.8명)보다 7.2배나 높게 나타났다. 또 신규 고용 창출 추이에서도 벤처기업은 1998년 7만 6,000명에서 2006년 35만 6,000명을 고용해 연평균 고용 증가율이 21.4%를 보였다. 이것은 대기업의 12배, 일반 중소기업의 5배로 이른바 '고용 없는 경제성장'에 대한 해법을 주었다. 실제로 새로운 일자리의 대부분은 새로운 신기술 기업에서 나온다고 알려진다.

코스닥 시장의 성장과 벤처 붐으로 2007년에 매출액 1,000억 원 넘는 기업 수가 100개를 돌파했고, 2012년에는 416개로 증가했다. 코스닥은 1차 전성기(1998~2000년)를 통해 국가 경제위기 극복과 IT 강국 코리아의 기틀을 마련할 정도로 큰 역할을 하는 최고의 시기를 만들었다.

1998년 10월에는 코스닥위원회를 설치하고, 코스닥증권㈜의 자본금을 50억 원에서 210억 원으로 증자하는 등 체제를 정비하기 시작했다.

코스닥과 코스피의 지수 비교

자료: 코스닥증권시장, 하나금융투자

　　　　　　　　　　　　　1부　투자의 신세계가 열린다

또 코스닥 시장에 일반 시장과 별도로 벤처기업 전용 시장을 개설하고 등록 요건을 완화했다. 외국인의 코스닥 주식 투자 허용, 코스닥 법인의 해외 증권 발행 및 해외 증권시장 상장 허용, 기관 투자자의 코스닥 주식 취득 제한 폐지 등을 실시했으며, 증권예탁원을 강제 이행 및 보증 기구로 지정했다. 또 투자자 보호에 대한 공시 제도 등을 강화했으며, 행정 체계도 정비해 시장 관리 등 운영 업무는 주로 ㈜코스닥증권거래가 담당하고, 규정 제정 및 시장 감독은 코스닥위원회가 담당하며 투자자를 보호하는 제도적인 장치를 마련했다.

1997년 12월에는 벤처기업 투자를 촉진하기 위해 금융실명제법의 시행령을 개정해 창업투자조합 출자금에 대한 자금 출처 조사 및 세무조사를 한시적으로 면제해주었다. 또 1999년 초에는 코스닥에 등록된 중소법인들의 경우 해당 연도 소득 금액의 50%를 손비로 처리해 세금을 내지 않아도 되는 '사업 손실 준비금'을 적립하게 해주었다.

또 코스닥 시장 상장기업에 대해 발행 주식 총수의 5% 이상 또는 시가총액 50억 원 이상을 소유한 주주가 코스닥 시장을 통해 주식을 양도하는 경우 양도소득세를 비과세했다. 이상과 같이 오늘날에는 상상하기 힘들 정도의 많은 혜택을 주면서 김대중 정부는 코스닥 시장과 벤처기업 육성에 올인했다고 판단된다.

이러한 정부의 노력과 미국 나스닥 시장의 강세, 세계적인 IT붐 확산, 벤처 붐과 벤처 투자 확산 등이 맞물리면서 코스닥 시장은 급속한 성장을 이루었다. 그 결과는 IMF 외환위기 이후의 경제 회복에 큰 역할도 했다는 평가를 받을 만하다. 또한 오늘날 IT 강국 한국은 코스닥 시장의 활황세가 시발점이자 모태가 되었다고 볼 수 있다.

1996년 7월 시장 개설 당시 8.6조 원의 시가총액과 지수 100에서 출발해 엄청난 성장을 기록했다. 2000년 3월에는 1,300% 성장해 시가총액 100조 원, 코스닥지수는 2,834.40에 이르렀다. 상장법인 수는 1996년 343개에서 2001년에는 721개로 늘어나서 코스닥 설립 당시 코스피 상장기업 수를 넘어서게 되었을 정도였다.

코스닥의 붕괴와 벤처 건전화(2001~2004년)

급성장하던 코스닥은 2000년 3월 미국에서 시작된 '닷컴 버블' 붕괴에서 촉발된 주가 급락과 IT 기업의 수익성 악화에 따른 시장의 신뢰성 저하로 장기적인 침체기에 들어갔다. 2000년 3월 코스닥지수가 2,733.2p를 기록했다가 12월에는 522.8p로 4분의 1 토막 수준까지 하락했고, 2004년 8월에는 사상 최저 주가지수인 324.71p를 기록했다.

코스닥 시장의 붕괴는 대외적으로는 미국 엔론 사태로 대표되는 기업회계 부정 등으로 시장에 대한 투자자의 불신감이 커진 데서 찾을 수 있다. 또한 이전의 과도한 주가 상승, 경기 위축, IT 산업 위축 등 외부적 요인이 맞물리면서 장기적인 하락세를 보였다. 코스닥 시장 내부적으로도 주가 조작 및 시세 조정 등에 의한 불공정 거래와 정보 불충분 등의 문제를 노출했다. 코스닥 시장 붕괴와 함께 많은 후유증과 과제를 남겼다. 이후 정부는 그동안의 성장 위주 벤처 정책에서 더욱 신중한 정책 운영으로 변모했다.

자연적 회복의 기회를 앗아간 '벤처 건전화 정책'

벤처 버블 방지의 하나로 내놓은 벤처 인증 제도 변경, 코스닥 적자 상장 금지, 주식 옵션제 규제 강화, 엔젤 투자 세액공제 축소 등 4대 '벤처 건전화 정책'은 이후 벤처의 재기 원동력을 상실하게 만들었다는 평가도 받고 있다.

닷컴 버블의 진원지인 미국에서는 버블 붕괴 이후 나스닥이 다시 회복세로 돌입했지만, 한국은 오히려 거래소 통합과 소위 '거래소 2부 시장의 전락' 과정을 밟는 모습을 보였다.

코스닥과 나스닥의 버블 붕괴와 회복

자료: 하나금융투자

코스닥 시장의 환기는 성공

이후 코스닥 시장은 정부의 활성화 대책을 등에 업고 큰 폭의 상승세를 나타냈다. 코스닥 시장에 대한 환기는 일단 성공한 셈이다. 전반적으로 직접적이고 실효성 있는 대책들이 담겨 있어 정책 효과는 상당 기간 영향을 미칠 것으로 판단된다.

우선 KRX300 통합 벤치마크 신설은 큰 의미를 갖는다. 현재의 KOSPI200을 추종하는 인덱스펀드들이 상당 부분 KRX300 추종으로 전환될 가능성이 크다. 당장 자본시장의 가장 큰손인 연기금들이 코스닥이 포함된 KRX300 BM을 추종하는 펀드로 자금 배분을 할 가능성이 높고, 언론에 따르면 중장기 연기금·공제회 등이 자금 약 20조 원을 배분할 가능성도 있다.

또 KRX300에 대한 시장 투자자의 높아진 관심은 관련 ETF와 관련 상품으로 확대되고, 상당 기간 KRX300 편입 종목군으로 관심이 갈 가능성도 크다. 따라서 자연스럽게 코스닥 종목들에 대한 관심도 커질 전망이다.

두 번째 세제 지원이 되는 코스닥 벤처 펀드의 경우는 이미 주요 운용사에서 출시를 준비하는 등 실질적인 수요 기반 확대로 이어질 것으로 기대되고, 관련 기관들이 조성한다는 코스닥 스케일업Scale-up 펀드 역시 실질적인 효과를 발휘할 것으로 보인다. 이외에 연기금에 대한 코스닥 차익 거래 증권거래세 면제 등도 의미 있는 지원책이라고 판단된다.

세 번째 '테슬라 상장'이라는 별명이 붙은 코스닥 상장 요건 확대 개편에 따른 혁신 기업의 상장 확대 역시 바람직한 흐름이다. 코스닥 시장의 활성화에서 가장 중요한 부분으로 꼽히는 것이 투자하고 싶은 모험 기업 유치다. 다만 미국 나스닥에 비교해보면 코스닥 시장이 우량한 혁신 기업을 유치하는 데 조금 더 적극적일 필요가 있어 보인다.

네 번째 제도적인 측면에서 코스닥의 자율성·독립성 제고, 그리고 건전성·신뢰성 강화, 코넥스와 연계한 성장 사다리 체계 확보, 투자 정보 확충, 상장 유지비용 절감 등이 코스닥을 발전시키는 방안이다. 이러한 제도들이 일회적이거나 구호에 그치지 않도록 철저한 뒷받침이 필요하다. 대표적으로 정보 비대칭을 줄이기 위한 투자 정보 확충을 위한 보고서 확대는 실질적으로 큰 비용이 들어간다. 실질적인 실행을 위해서는 재원 확보를 위한 조치들이 나와야 할 것이다. 제2의 코스닥 붐을 만들기 위한 위대한 일보는 시작되었다. 앞으로가 중요하다.

구글, 페이스북, 테슬러를 상장시킨 나스닥을 배우자

차등의결권 주식Dual-class stock은 미국의 경우 오래전부터 사용된 주식 발행 방식이다. 하지만 흔하게 사용되지는 않았다. 대부분 가족이 운영하는 작은 기업이나 《뉴욕타임스》, 《워싱턴포스트》와 같은 미디어 기업들이 독립성을 유지하기 위해 주로 채택하던 방식이었다. 그러나 2000년대에 들어와 구글이 이 방식을 채택하고 뒤이어 페이스북, 링크드인LinkedIn, 징가Zynga 등 여러 기술 기업이 구글의 전례를 따랐다. 그러면서 차등의결권 방식이 세간의 관심을 받기 시작했고 이 방식이 가져다주는 여러 장점이 부각되었다.

구글은 2004년 IPO를 신청하면서 투자자들에게 전하는 서한에서 "기존의 주식 발행 방식은 구글이 그동안 성공을 이루는 데 중요한 역할을 해왔고, 앞으로 구글 미래에 가장 중요하게 여겨지는 독립성을 침해할 수 있기에 구글이 가진 특성을 유지하고 혁신을 지속할 수 있는 능력을 보호하기 위해" 차등의결권 구조를 채택한다고 설명했다. 구글은 소규모 투자자들 편에 서 있다는 점을 확실히 하면서 동시에 장기적인 목표 아래 세워진 구글의 경영 방식과 사업 전략이 투자자들의 간섭으로 영향 받고 싶지 않다는 점을 밝혔다.

구글은 두 가지 타입의 주식을 발행할 것이며, 분기별 실적 가이던스를 제시하지 않겠다는 점을 명시하면서 지금까지 구글이 성공할 수 있게 만들었던 협력적인 경영 방식을 유지할 것이라고 강조했다.

구글은 IPO에서 두 가지 타입의 주식을 발행했다. A타입은 한 주당 하나의 의결권이 부여되고, B타입은 한 주당 10개의 의결권이 부여된다. B타입 주요 주주는 공동 창업자인 래리 페이지, 세르게이 브린과 대표 이사인 에릭 슈미트Eric Schmidt 등이다. 구글은 IPO 신청서에서 창업자들이 의결권의 37.6%를 가지고 이사진과 경영진을 모두 포함해 의결권의 61.4%를 보유할 것이라고 밝혔다.

구글은 뉴욕타임스, 워싱턴포스트, 다우존스 등 미디어 기업들이 차등의결권 제도를 통해 독립성을 부여받으면서 장기적으로 이득이 되는 경영 방식에 집중할 수 있었다는 점을 예로 들면서 차등의결권 채택을 옹호했다. 또한 워런 버핏이 이끄는 버크셔헤서웨이 역시 이 구조를 적용해 똑같은 혜택을 입고 있다는 점을 강조했다.

구글과 같이 독특한 문화와 경영 방식을 통해 운영하는 기업 입장에서는 일반적인 방식의 상장기업이 되는 것이 기업 경영에 큰 방해가 되었을 것이다. 그러나 당시 구글은 상장을 피하기 어려웠다. 초기에 벤처캐피털 자금을 사용했기 때문에 벤처캐피털로부터 압력을 받고 있었고, 이를 피하기 위해서는 상장을 통해 자금을 조달해 벤처캐피털의 영향에서 벗어나는 것이 불가피했기 때문이다.

구글은 어쩔 수 없어 상장을 선택했지만, 차등의결권을 채택함으로써 외부 투자자들의 간섭과 영향을 받지 않고 구글만의 방식으로 경영을 이어나갈 수 있게 되었다.

차등의결권으로 구글은 또 하나의 중요한 혜택을 받았다. 차등의결권을 채택하면서 구글은 '피지배 기업controlled company'으로 규정할 수 있게 된다. 피지배 기업은 의결권 주식의 50% 이상을 한 개인, 집단 또는 다른 기업이 보유하고 있는 기업이다. 구글은 한 집단이 50% 이상을 보유하고 있으므로 피지배 기업에 해당한다. 나스닥은 피지배 기업의 경우 상장기업들에 적용되는 기업 지배구조 관련 의무 사항을 일부 면제해준다. 사외이사가 이사회의 과반수일 것, 사외이사들만의 회의를 정규적으로 가질 것, 독립적인 보상위원회와 추천위원회를 가질 것 등의 요건으로부터 면제를 받는 것이다. 이러한 면제 덕분에 구글은 외부 인사로부터 감독이나 자문을 받지 않고 기업을 경영할 수 있는 법적 권한을 부여받았다.

구글은 2014년 4월에 주식 분할을 통해 또 한 번의 새로운 차등의결권 방식을 도입했다. A주를 2개로 분할해 절반은 A타입으로 그대로 두고 나머지 절반은 C타입으로 나누어 의결권을 전혀 주지 않는 무의결권주로 규정했다. 따라서 구글 주식은 총 세 가지 타입으로 나뉜다. A타입은 원래대로 주당 하나의 의결권을 가지며, B타입은 10개의 의결권을 갖는데 창업자들과 일부 이사진들이 이를 보유한다. 마지막 C타입은 무의결권 주식이다.

구글이 무의결권 주식인 C타입을 새롭게 만든 이유는 구글 직원들에게 보상으로 지급되는 주식이 계속 발행되고, 주식을 통한 기업 인수 등이 일어나면서 창업주들의 의결권이 계속 희석되었기 때문이다. 구글 창업주들은 특히 2014년 야후에서 일어난 사태를 주시하면서 그러한 상황을 피하고 싶었다. 당시 행동주의 투자가가 야후 경영 방식에 반대하고 자기편 이사진을 야후에 투입해 사업 방식에 영향을 주려고 시도하는 일이 발생했다.

구글은 차등의결권 방식이 구글이 성공할 수 있었던 핵심 요인임을 강조해왔다. 구글이 차등의결권 방식으로 경영 방식과 사업 전략에서 독립성을 얻고 장기적으로 구글이 추구하는 사업 목표를 고수할 수 있으며, 이러한 과정을 통해 크게 성공하면서 여러 기술 기업들이 구글의 전례를 이어받아 차등의결권 방식을 채택하게 되었다. 2011년에 이루어진 대형 기업 IPO인 링크드인, 그루폰Groupon, 옐프Yelp, 징가는 모두 차등의결권 방식을 채택하며 상장했다.

2012년 5월에 상장한 페이스북 역시 차등의결권 방식을 선택했다. 페이스북은 회사를 운영하는 방식에서 투자자들의 간섭을 받고 싶지 않다는 점을 분명히 했다. 그런데 페이스북은 상장하기 훨씬 전인 2009년에 이미 차등의결권 구조를 채택했다. 페이스북은 초기의 기존 투자자들이 중요한 이슈에 대해 결정권을 정할 수 있는 지배구조를 유지하기를 원한다고 밝혔다.

IPO 직후 마크 저커버그는 회사의 지분 18%만을 보유하게 되었지만 의결권이 있는 주식의 경우 57% 비중이었다. 저커버그 단독으로 가장 중요한 경영상의 결정을 할 수 있는 권한이 주어지는 것이다. 페이스북이 제출한 IPO 신청서에 따르면, 초기 주주들이 B타입 주식을 팔 경우 그 주식은 자동으로 A타입으로 전환된다. 따라서 다른 투자자들이 B타입 주식을 팔 경우 저커버그의 의결권이 희석되는 것이 아니라 반대로 더 늘어나게 된다.

더욱이 한 사람이 50% 이상의 지분을 보유하고 있기에 페이스북 또한 피지배 기업으로 구분된다. 따라서 페이스북 역시 구글의 경우와 같이 상장기업들에 적용되는 기업 지배구조 관련 규칙에서 면제되는 혜택을 얻었다. 즉 외부 인사의 간섭이나 영향 없이 독립적으로 경영과 사업 관련 결정을 내릴 수 있는 법적 권한을 부여받았다.

구글, 페이스북 등 혁신 기술 분야 기업들의 성공은 창업자들이 가지고 있는, 일반 시각과 다른 독창적이고 혁신적인 비전에서 비롯된다. 장기적인 비전을 바탕으로 사업 전략을 세우고 신기술에 적극적인 투자를 통해 성장동력을 얻는 기업들이기 때문이다. 그러나 투자자들은 단기적인 결과에 주목하며 바로 실적이 나타나지 않을 때 영향력을 행사하려는 경향이 있다. 외부 투자자들이 주는 압력에 굴해 구글과 페이스북이 맨 처음 세웠던 사업과 경영 철학을 고수할 수 없었다면 구글과 페이스북이 상장 이후 현재까지 이루어낸 성공과 성장은 불가능했을 것으로 보인다. 구글과 페이스북 역시 이런 점 때문에 차등의결권 방식이 그들이 성공하는 데 결정적인 역할을 해왔다고 강조하고 있다. 또 중요한 것은 나스닥이 이러한 증자나 상장 방식을 통해 유니콘 기업을 유치할 수 있었다는 것이다.

특히 최근 들어 미국에서 기술 기업들이 차등의결권 제도를 채택하는 이유 중 하나로 투자자들이 기업에 미치는 영향이 과거와는 판이하다는 점을 들 수 있다. 과거에는 대부분 주주가 개인 투자자들이었으며 장기로 주식에 투자하고 회사들에 어떠한 압력을 행사하지 않았다. 당시 회사들은 분기 실적에 대해 크게 걱정할 필요가 없었으며 장기 사업을 위한 R&D에 투자할 자유가 보장되었다.

그러나 오늘날에 와서는 기관 투자자들이 주요 투자자로서 중심 역할을 맡고 있다. 강력하고 부유한 연금 펀드들, 은행들, 투자자문사 등은 기업의 운영에 더 많은 영향력을 행사하고 있다.

투자자들이 실적과 관련해 기업들에 상당히 공격적으로 관여한다. 특히 최근 들어 주주들의 행동주의는 점점 더 심화되고 있다. 물론 적극적인 투자자들의 관여로 기업들이 자금을 훨씬 더 효율적으로 운영한다는 장점이 있다. 그러나 오늘날 투자자들은 매우 근시안적인 시각으로 접근하며, 수년이 아니라 단지 한두 분기의 시각으로 회사에 영향을 행사한다면 기업들이 장기적으로 비전을 가지고 운영하기 어려워진다.

특히 4차 산업혁명을 고려한 기업의 장기적인 성장 발전은 창업가 정신의 혁신성, 그리고 신기술 투자 중심의 경영 철학이 유지되어야 한다. 그런 면에서 차등의결권 제도는 창업가 정신을 유지하고, 적대적인 인수합병으로부터 기업을 보호할 수 있는 좋은 방안이며 나스닥과 같은 혁신 시장이 가지고 있는 혁신 기업의 유치와 관리의 수단이다.

코스닥에 상장하고자 하는 많은 우량 기업의 고민도 비슷하다. 혁신 기업은 대부분 대학생, 대학원생 또는 대학교수들의 창업이 많다. 애플, 구글, 페이스북도 마찬가지였다. 공통점은 창업자가 돈이 없다는 것이며, 증자를 하면 지분율이 떨어지고 상장을 잘못하면 대주주 자격을 상실할 위험이 큰 경우가 허다하다. 회사의 대주주는 둘째치고 실질적인 영향력도 발휘하기 어려워질 가능성에 대한 우려가 크다. 그것이 상장을 미루는 이유가 되는 경우가 의외로 많다.

물론 분명한 기준을 갖고, 모험 기업의 조건을 갖추고 그럴 필요를 인정할 경우에 한해야 할 것이다. 코스닥을 다시 경쟁력 있는 세계적인 모험 자본시장, 혁신 기업의 시장으로 재탄생시키려면 좋은 기업을 유치하기 위한 적극적인 고민이 필요한 시점이다.

최근 우리 정부가 나스닥을 벤치마크해서 실시한 이른바 '테슬라 요건'이 있다. 이익을 내지 못해도 코스닥 시장에 입성할 수 있는 길이 생겼다. 적자 상태에서 나스닥 상장 후 글로벌 기업으로 거듭난 미국 테슬라 사례에서 착안한 것으로 적자 기업인데도 상장이 가능한 제도이다. 테슬라 요건은 미래 성장 가능성이 인정되면 상장을 허용하는 제도로 코스닥 상장 요건에 새롭게 추가되었다. 이익이 발생하지 않아도 시가총액이 일정 수준을 넘어서고 매출 부문에서 성장성을 갖춘다면 상장할 수 있게 하는 것이다. 현재 시가총액 500억 원 이상, 직전 매출액 30억 원 이상, 직전 평균 매출 증가율 20% 이상인 경우와 시가총액 500억 원 이상, 공모 후 자기자본 대비 시가총액 200% 이상인 경우가 테슬라 상장 요건에 해당한다. 기존 기술 특례 상장과 달리 신설된 테슬라 요건, 성장성 특례는 전문 평가기관의 기술 평가를 거치지 않아도 된다. 기술력이 없어도 된다는 의미다. 미국의 테슬라 기업은 전기차 기술력이 있지만, 한국 거래소의 테슬라 요건을 통해서는 기술력이 없이 사업 구조만으로도 상장이 가능한 셈이다.

코스닥 시장이 혁신성, 달리 말해 '야성'을 갖춰가는 것은 매우 바람직하다. 앞서 언급했듯 나스닥이 혁신 기업들에게 제공하는 부분들을 적극적으로 검토할 필요가 있다.

혁신 기업의 성장 로드맵으로 코스닥을 다시 태어나게 하자

앞서 코스닥 시장 활성화 대책이 비교적 성공적이었고 코스닥 시장에 대한 관심과 활기를 불어넣었다는 점을 이야기했다. 하지만 코스닥 시장의 본격적인 성장을 위해서는 위대한 혁신형 기업을 코스닥 시장으로 유치할 수 있는 유인책을 만들어야 한다. 투자하고 싶은 좋은 기업을 코스닥 시장에 많이 유치하는 것이 나스닥과 같이 혁신 기업을 육성하는 코스닥 시장으로 성장하는 길이다. 그 대표적인 방법으로 나스닥에서 시행하는 혁신 기업에 대한 무의결권 주식과 차등의결권 주식 발행 허용, 테슬라 요건 등이 있음을 앞서 이야기했다.

마지막으로 코스닥 시장을 성장시킴으로써 혁신 기업의 로드맵, 즉 창업에서 성장 그리고 코스닥 상장까지 이어지는 벤처 생태계를 완성해야 한다는 제언을 하고자 한다.

글로벌 4차 산업혁명의 주도 국가가 되기 위해서는 수없이 많은 신기술 기업, 혁신 기업이 창업되어야 한다. 즉 제2 벤처 붐이 조성되어야 한다. 우선 코스닥이 활성화되는 것 자체로 벤처 시장에 '코스닥 효과'가 만들어진다. 상장이 더욱 손쉬워지고 프리미엄이 붙는 코스닥 시장이 있다면 상장을 위한 투자 자금의 선순환 고리가 만들어지고, 이는 곧바로 창업 활성화로 이어진다. 또 주식 가치의 상승은 스톡옵션을 통한 고급 인력의 유입에도 효과적이다. 또 벤처캐피털 자금도 풍부해진다. 소위 창업 인센티브가 커지는 변화가 시작된다.

지금의 코스닥은 코스피의 2부 리그가 되었다. 주가가 문제가 아니고 혁신 기업들이 코스피로 도망가고 있기 때문이다. NHN이 그랬고, 카카오가 그랬고, 셀트리온이 그랬다. 삼성바이오로직스는 코스피로 직상장했다. 코스닥이 갖고 있는 혜택이 거의 없기 때문이다. 코스닥 시장에 상장된 혁신 기업에 확실한 혜택을 주어 신기술 혁신형 기업들이 코스닥으로 몰려들게 해야 한다. 악순환을 선순환으로 돌려야 할 때이다. 코스닥 시장을 재건해서 벤처 생태계를 복원해야 한다.

코스닥, 코넥스, 창업 시장의 연결고리를 완성하고 투자자들의 수익 실현과 중간 참여를 손쉽게 만들어주자. 결국 벤처 붐의 핵심은 고위험과 고수익의 운영 철학이 반영된 코스닥 시장의 재건이다. 이는 투자 시장과 회수 시장의 선순환으로 완성된다. 코넥스 시장은 코스닥의 완충 시장으로 역할을 하게 하자. 코스닥 시장에 야성을 되찾게 하자. '하이 리스크 하이 리턴high risk high return' 시장임을 분명히 해 많이 상장시키고 쉽게 퇴출되게 하자.

나스닥과 같이 중층의 시장구조로 만들어 일반 투자자들의 접근 제한과 야성을 살리는 부분을 같이 추구해야 한다. 또 패자부활전도 만들어 재도전하는 야성을 가진 시장으로 육성하자. 즉 퇴출된 기업은 프리보드 시장으로 관리해서 원활한 퇴출 관리 제도를 운영하고, 기업들의 재상장을 위한 기회를 만들어주자.

한편 시가총액을 기준으로 시장을 구분해 개인 투자자들의 참여를 제한시키거나 주관사의 역할을 크게 해서 마켓 메이커 역할을 하게 하는 등 개인 투자자들을 위한 최소한의 보호 장치는 필요하다. 영국의 AIM과 같은 지정 어드바이저(노마드Nomad) 제도 등도 필요하다. 하지만 기본적으로는 고위험 고수익 시장의 기능을 갖게 하고 혁신 시장으로 혁신적인 신기술 기업 육성의 혜택을 부여할 필요가 있다. 필요하다면 다시 코스닥 시장의 독립과 독립적인 운영도 검토할 필요가 있다.

또 공익 차원에서 코스닥 기업에 대한 리서치를 확대할 필요가 있다. 코스닥 시장 거래세의 일부를 리서치 보고서를 위한 재원으로 활용하는 방안과 영국 AIM의 노마드나 나스닥의 마켓 메이커 제도처럼 상장 주관사 등을 통해 해당 보고서를 실질적으로 의무화하는 방안을 추진하는 것도 필요하다. 코스닥 시장의 정보 비대칭도 줄여나가야 한다.

코스닥 시장은 새로 태어나야 한다. 상장 방법의 다양화와 혁신 기업에 대한 혜택을 통해 고성장 기업의 유치라는 진입 장치를 만들고, 정보의 비대칭을 해결하고 공공재로서 코스닥 시장 주도로 기업 분석 보고서 의무 발간을 추진하고, 우량 투자자를 유치하고, 마켓 메이커 제도를 통해 안정적인 시세를 관리하며, 불량 기업 신속 퇴출과 주관사의 책임 강화, 그리고 완충 시장을 통한 재상장 준비라는 체계를 갖추어야 한다. 코스닥 2.0 시대는 이미 시작되었다. 글로벌 시장에서 혁신적인 기업이 가장 성장하기 좋은 시장으로 만들어야 한다.

★★ **2부**

지금 당장
투자해야 할
4차 산업 미국 주식
완벽 분석

1장

★

세계를 이끄는 미국의
4차 산업 1등 기업 FANG

아마존닷컴
AMZN.US

amazon

아마존	
설립 연도	1995
상장일	1997. 03. 24
주요 주주	제프 베조스 11.12%
대표자	제프 베조스
홈페이지	amazon.com
Key Data	
상장주식	미국
시가총액(십억 USD)	1,441.6
한화(조 원)	1,724.9
PER(2020E)	85.6
52주 최고/최저	2,955.56/1,626.03
현재 주가(USD)	2,890.3

* 기준일: 2020. 07. 03

주 영업 구성	
온라인 리테일	87%

* 주: 2019년 말 기준

1. 세계 최대 온라인 리테일 기업이자 최대 클라우드 서비스 사업자

아마존닷컴은 세계 최대 온라인 리테일 기업으로 미국, 독일, 영국 등 주요 국가에서 온라인 리테일 시장 점유율 1위 사업자이다. 온라인 사이트를 통해 다양한 상품을 직접 판매하고 있으며, 외부 판매자가 판매할 수 있도록 오픈 마켓을 제공한다. 아마존은 2017년 8월에 오프라인 식료품 리테일 사업체인 홀푸드Whole Foods를 인수해 오프라인 리테일 시장에도 진출, 온라인과 오프라인을 포괄한 복합 리테일 사업체로 사업 영역을 확대하고 있다.

아마존의 또 다른 주요 사업은 클라우드 컴퓨팅 서비스이다. 아마존의 클라우드 사업은 AWS가 맡고 있다. AWS는 2006년에 인프라 서비스 S3를 론칭하며 퍼블릭 클라우드 시장에 진출했다. AWS는 퍼블릭 클라우드 서비스 시장의 압도적인 1위 사업자로 인프라 서비스^{IaaS}와 플랫폼 서비스^{PaaS}를 제공한다.

2. 온라인 리테일 및 클라우드 시장 고성장 지속 기대

미국의 온라인 리테일 시장은 한국, 중국 등 상대적으로 온라인 쇼핑 문화가 빠르게 자리 잡은 시장 대비 비교적 느린 속도로 성장해왔다. 전체 리테일에서 온라인 리테일이 차지하는 비중이 중국과 한국의 경우 각각 37%, 36%로 3분의 1을 상회하고 있지만 미국은 아직 11%에 불과하다. 그러나 코로나19가 기폭제가 되어 미국 온라인 리테일 시장이 성장 속도를 높일 것으로 전망된다. 코로나19 이후 미국에서 신규 온라인 구매 인구가 가파르게 증가하고 있으며, 소비자의 온라인 구매 습관이 미국 e커머스 시장의 성장 가속화로 이어질 것으로 전망된다. 리테일 전문 시장조사기관인 이마케터^{eMarketer}는 미국 온라인 리테일 시장이 2019~

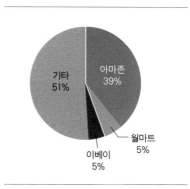

미국 온라인 리테일 시장 성장 가속화 기대

(십억 USD) ■미국 e커머스 시장

자료: 이마케터, 하나금융투자

미국 온라인 리테일 시장 점유율

기타 51%
아마존 39%
월마트 5%
이베이 5%

자료: 이마케터, 하나금융투자

글로벌 퍼블릭 클라우드 시장 전망

자료: 가트너, 하나금융투자

퍼블릭 클라우드 시장 점유율

자료: 가트너, 하나금융투자

2022년 연평균 13% 성장할 것으로 전망하고 있다. 미국 온라인 리테일 시장에서 약 40% 비중을 차지하고 있는 아마존은 경쟁사 대비 압도적인 배송 경쟁력을 바탕으로 시장 점유율을 더욱 늘릴 것으로 전망된다.

글로벌 클라우드 서비스 시장 역시 고성장을 지속할 것으로 예상된다. 특히 2020년 코로나19 발생은 클라우드 서비스 시장 성장을 한 단계 더 높이는 기폭제가 될 것으로 전망된다. 기업이 IT 자원을 레거시^{legacy,} _{기존 기술} 방식에서 클라우드 서비스 모델로 전환하는 '디지털 전환'이 코로나 이전에도 중장기 주요 과제였다. 그러나 코로나19 이후 기업의 디지털 전환에 대한 필요성은 더욱 부각되고 있으며 최우선 과제가 되고 있다. 특히 대기업의 클라우드 서비스 도입 속도가 빨라지면서 클라우드 시장 확대는 더욱 본격화될 것으로 전망된다.

글로벌 IT 리서치 대표 기관인 가트너는 퍼블릭 클라우드 인프라 서비스^{IaaS} 시장이 2020~2022년에 연평균 23% 성장할 것으로 전망하고 있다. 전체 퍼블릭 클라우드 시장에서 아마존의 시장 점유율은 35%를 상회하는 1위 사업자이다. 특히 IT 자원 중에서 서버, 스토리지 등 컴퓨팅의 기본 구성을 제공하는 인프라 서비스로 한정할 경우 아마존의 점유율은 50%에 가까운 압도적 1위다.

3. 사업 구성 및 매출 전망

아마존의 사업은 크게 리테일과 클라우드로 나뉜다. 리테일 관련 사업이 전체 매출에서 87%를 차지하고 클라우드가 13% 비중이다. 매출액을 크게 북미 리테일, 해외 리테일, 클라우드로 나누면 각각 61%, 26%, 13% 비중이다.

사업 분야를 조금 더 구체적으로 나누면 온라인 직접 판매 비중이 매출액의 50%, 외부자 판매 서비스가 19%, 홀푸드 매장을 통한 오프라인 리테일이 6%, 클라우드가 13%, 프라임 회원제가 7%, 디지털 광고가 포

아마존 주요 사업별 매출 구성

자료: 아마존닷컴, 하나금융투자

아마존 지역별 매출 구성

자료: 아마존닷컴, 하나금융투자

함된 기타 사업부가 5% 비중이다.

아마존의 리테일 사업은 2020년에 다시 한 번 성장 속도를 높이는 가속화 모드에 진입할 것으로 전망된다. 미국 온라인 리테일 시장이 기존 추이 대비 더 가파르게 확대될 것으로 예상되며, 유료 회원제인 '프라임' 회원들에게 익일 무료 배송 서비스를 전략적으로 실시하고 있는 아마존이 압도적인 배송 경쟁력을 바탕으로 시장 점유율을 키우고 있기 때문이다. 아마존의 프라임 유료 회원 수는 2019년 기준 1.5억 명을 상회했으며, 프라임 회원들에게 제공하는 혜택을 전략적으로 확대하고 있기에 프라임 회원 수는 빠르게 늘어날 것으로 전망된다. 프라임 회원은 일반 회원보다 소비 지출액이 2배가 넘기에 회원 수 증가는 회원제 매출액 기여뿐만 아니라 전체 매출액 증가에 의미 있는 영향을 줄 것으로 보인다.

클라우드 사업부인 AWS에 대한 기대감 또한 고무적이다. 2020년 1분기에 AWS 매출액은 100억 달러를 처음으로 상회했다. Run-rate이 410억 달러에 달하는 규모이면서 여전히 전년 대비 33%라는 고성장을

아마존 북미 리테일 매출액 & 성장 추이	아마존 클라우드 매출액 & 성장 추이

자료: 아마존닷컴, 하나금융투자

자료: 아마존닷컴, 하나금융투자

2부 지금 당장 투자해야 할 4차 산업 미국 주식 완벽 분석

달성했다. 코로나19로 기업들의 클라우드 전환 속도가 더욱 가속화될 것으로 예상되며 1위 사업자인 아마존이 대표 수혜 기업이 될 것으로 전망된다.

4. 수익성은 2021년부터 개선

아마존은 2015~2017년 시장 확대를 위해 공격적인 투자 후 2018년 비용 효율성을 크게 높이면서 수익성을 올렸다. 그러나 2019년 2분기부터 프라임 1일 무료 배송을 위해 공격적으로 물류와 배송 시스템을 확대하면서 리테일 마진은 다시 영향을 받기 시작했다. 2020년은 코로나19 발생으로 온라인 쇼핑에 대한 수요가 가파르게 발생해 이에 대응하기 위해 물류와 배송 시스템 및 추가 인력 확대로 다시 비용이 크게 늘어날 전망이다. 프라임 1일 무료 배송 시스템 구축을 위한 투자는 2020년 내에 마무리될 것으로 예상되기에 수익성은 2021년부터 본격적인 상승세를 시작할 것으로 기대된다.

아마존의 클라우드 수익성 추이는 고무적이다. 2020년 1분기에 클라우드 사업부인 AWS의 영업이익은 31억 달러(+38% YoY)를 달성했으며 영업이익률은 2018년 3분기 이후 처음으로 30%를 상회했다. 리테일이 저마진 사업이며 특히 2020년 물류 투자로 리테일 영업이익이 하락해 클라우드 사업의 영업이익 비중은 1분기에 70%로 늘어났다. AWS 영업이익률이 1분기에 크게 개선된 주요인 중 하나는 서버를 포함한 IT 자산에 대한 관리 효율성이 대폭 개선되어 IT 자산 기대수명이 늘어나 1분기에

아마존 북미 리테일 영업이익 & 영업이익률 추이

자료: 아마존닷컴, 하나금융투자

아마존 클라우드 영업이익 & 영업이익률 추이

자료: 아마존닷컴, 하나금융투자

약 8억 달러 수준의 감가상각비 축소 효과가 있었기 때문이다. 이 효과는 2020년 말까지 지속될 것으로 전망되어 AWS의 수익성 개선세는 계속될 것으로 기대된다.

5. 투자 전망

아마존은 글로벌 대표 장기 성장 기업이다. 코로나19가 기폭제가 되어 온라인 리테일 시장 성장은 기존 추이 대비 더욱 가속화될 것으로 전망되며, 아마존은 점유율 확대를 통해 시장 확대의 최대 수혜자가 될 것으로 보인다. 기업의 디지털 전환 본격화에 따른 클라우드 시장 확대 또한 긍정적 영향이 기대된다. 2020년 아마존의 전체 매출액이 24% 성장한 3,500억 달러를 기록할 것으로 시장에서는 예상하고 있다. 온라인 쇼핑 성장과 최근 기업의 클라우드 도입 추이를 고려하면 시장 예상치를 상회할 것으로 기대된다.

아마존의 중장기 성장 잠재력 또한 탄탄하다. 디지털 광고 사업의 경우 현재 매출 규모는 크지 않지만, 아마존 리테일 사이트를 이용하는 많은 사용자가 아마존을 통해 제품 검색을 하고 있다는 점은 광고주들에게 크게 어필할 수 있는 요인이다. 더욱이 글로벌 광고 에이전시 기업들은 경쟁하는 광고 플랫폼이 많을수록 그들에게 유리하기에 구글, 페이스북에 이어 아마존을 제3의 경쟁사로 키우고자 전략적으로 광고 물량을 배정하고 있다. 이런 점은 아마존의 디지털 광고 사업에 유리하게 작용할 것으로 기대된다. 2020년은 코로나19로 기업들이 광고 지출액을 줄일 것으로 예상되기에 디지털 광고 사업의 매출 기여는 2021년부터 본격화될 것으로 기대된다.

아마존의 중장기 수익성에 대한 전망 역시 긍정적이다. 클라우드, 디지털 광고, 물류 서비스 사업 등 아마존의 다양한 서비스 사업은 리테일 대비 영업 마진이 상당히 높으며 리테일보다 훨씬 높은 고성장이 기대된

아마존 매출액 & 성장 전망

(십억 USD) ■매출액 —성장(YoY, 우) (%)

자료:아마존닷컴, 블룸버그 시장 예상치, 하나금융투자

아마존 주당순이익(EPS) 전망

(USD)

자료: 아마존닷컴, 블룸버그 시장 예상치, 하나금융투자

다. 수익성이 높은 서비스 사업의 매출 비중이 향후 계속 확대될 것으로 예상되기에 수익성 역시 상승세를 지속할 것으로 기대된다. 글로벌 대표 장기 성장주로서 아마존의 장기 투자 매력도가 높은 이유이다.

6. 창업자 소개: 제프 베조스

아마존이 글로벌 대표 기업으로 빠르게 성장할 수 있었던 가장 핵심 요인은 창업자인 제프 베조스Jeff Bezos의 경영 철학과 그의 사업 비전이라 해도 과언이 아니다. 베조스의 핵심 경영 철학은 무엇보다 고객을 가장 중요시하고 기술적 혁신을 통해 고객에게 최고의 쇼핑 환경을 제공하는 데 있다. 단기적인 수익 창출보다는 고객에게 가장 적합한 환경을 제공하고 장기적인 성장 전략을 달성하기 위해 적극적인 투자와 과감한 전략을 펼쳐온 점이 아마존의 성공 요인이라 할 수 있다.

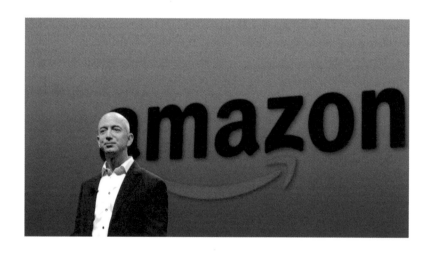

제프 베조스의 이런 과감한 결정과 추진력은 그가 처음 아마존을 창립할 때부터 잘 드러난다. 미국 월스트리트에서 투자자로 탄탄대로를 걷던 베조스는 온라인 리테일의 성장 잠재력을 알아보고 다니던 안정적인 직장을 그만두고 과감하게 창업을 선택한다.

1995년 아마존의 수많은 지류支流와 엄청난 수량水量처럼 다양하고 많은 물건을 파는 쇼핑몰을 만들자는 모토로 온라인 쇼핑몰 '아마존닷컴'을 세우고 처음에는 도서, 음반, 영상물 등 미디어 관련 제품을 판매하기 시작했다. 장기적인 사업 비전이 이미 뚜렷했던 베조스는 쇼핑몰의 판매 품목을 점차 확대해가며 실물 상품뿐만 아니라 앱, 게임 같은 디지털 콘텐츠로 서비스 영역을 넓혔다.

아마존을 경영할 때 베조스가 강조하는 것은 세 가지다. 고객이 가장 중심이며, 혁신적인 방식을 찾고, 장기적인 목표에 맞게 경영 전략을 세우는 것이다. 이러한 경영 철학을 바탕으로 고객들에게 가장 편리한 쇼핑 환경을 제공하고, 시장보다 항상 낮은 가격을 통해 가격 경쟁력을 유지하는 전략이 바로 아마존의 고속 성장의 원동력이다.

알파벳
GOOGL.US

Alphabet

알파벳	
설립 연도	1998
상장일	2004. 04. 29
주요 주주	뱅가드그룹 7.85%
대표자	래리 페이지
홈페이지	abc.xyz
Key Data	
상장주식	미국
시가총액(십억 USD)	1,001.5
한화(조 원)	1,198.2
PER(2020E)	27.9
52주 최고/최저	1,530.74/1,008.87
현재 주가(USD)	1,469.93

* 기준일: 2020. 07. 03

주 영업 구성	
구글 광고	83%

* 주: 2019년 말 기준

1. 세계 최대 인터넷 기업 구글의 지주회사

알파벳은 세계 최대 인터넷 기업 구글의 지주회사이며 바이오, 자율주행, 초고속 인터넷 서비스 등 다양한 첨단 기술 분야에 자회사를 통해 적극적으로 투자하고 있는 대표 기술 기업이다. 구글 외에 주요 자회사에는 바이오 분야의 칼리코Calico, 자율주행 분야의 웨이모Waymo, 초고속 인터넷 서비스 분야의 파이버Fiber 등이 있으며, 여러 혁신 벤처기업에 대한 투자는 GV가 맡고 있다.

구글을 제외한 다른 자회사들은 중장기 성장 전략 차원으로 투자하고 있으며 실적 기여도는 아직 크지 않다. 알파벳의 매출액 중 99%가 구글(유튜브 11%)에서 발생하고 있다. 구글은 글로벌 대표 검색엔진으로 전 세계 검색 관련 비중이 90%를 넘게 차지하고 있다. 검색 부문 압도적 점유율은 방대한 데이터 축적으로 이어지고, 이는 인공지능 관련 분야에서 알파벳이 우위를 갖게 한다. 인공지능, 클라우드, 자율주행 등 향후 중장기 주요 성장 분야에 적극적으로 투자하고 있는 알파벳은 다양한 분야에서 두각을 나타내고 있다.

2. 빠르게 성장하는 디지털 광고 시장 점유율 1위

글로벌 디지털 광고 시장 규모는 2019년에 3,000억 달러를 돌파했으며, 2021년에 4,000억 달러를 돌파할 것으로 전망되고 있다. 코로나19로 인해 2020년 기업들의 마케팅 축소 우려가 있으나 회복과 함께 다시 높은 성장세를 보일 것으로 기대된다. 글로벌 디지털 광고 시장에서 구글의 매출액 기준 점유율은 30% 수준이며, 페이스북과 함께 과점 상태를 유지하고 있다. 미국 시장에서도 구글의 점유율은 37% 수준으로 1위 사업자이다. 미국 시장에서 구글과 페이스북은 각각 37%, 22%로 두 회사가

글로벌 디지털 광고 시장 점유율

자료: 이마케터, 하나금융투자

미국 디지털 광고 시장 점유율

자료: 《월스트리트저널》, 하나금융투자

시장의 약 60%를 점유하고 있다.

디지털 광고 중에서도 모바일 광고 시장이 빠르게 성장하는 모습을 보이고 있다. 구글은 모바일 광고 시장에서 35% 점유율로 1위 사업자이다. 글로벌 휴대폰 80%가 안드로이드 운영체제를 사용하고 구글이 안드로이드 운영체제를 보유하고 있다는 점에서 모바일 광고 고성장은 지속될 것으로 기대된다.

구글이 미래 성장동력으로 적극적으로 투자하고 있는 핵심 분야는 인공지능 관련 사업이다. 선다 피차이Sundar Pichai 구글 CEO는 2017년 연례 개발자 회의에서 "20억 개의 안드로이드 기기가 매달 활성화되고 있으며, 유튜브 콘텐츠가 매일 10억 시간 시청되고, 구글 지도를 통해 찾는 거리가 매일 10킬로미터라며 하루에도 수많은 데이터가 쌓이고 이를 통해 가치 있는 비즈니스 재료로 만들어주는 도구가 인공지능"이라고 강조했다.

시장조사 업체 IDC에 의하면 전 세계 인공지능 시장은 2016년 80억

지주회사 알파벳 구조

자료: 알파벳, 하나금융투자

알파벳 주요 사업별 매출 구성

자료: 알파벳, 하나금융투자

달러에서 2020년까지 연평균 56% 성장, 470억 달러에 이를 것으로 전망된다. 이처럼 빠르게 성장하는 인공지능 시장 속에서 가장 많은 데이터를 축적해나가는 알파벳의 경쟁력은 향후 더욱더 두각을 나타낼 것으로 전망된다.

3. 사업 구성 및 매출 전망

알파벳의 매출 구성은 구글의 디지털 광고가 전체 매출액에서 83%를 차지하고, 구글의 클라우드 매출이 5%, 하드웨어·유튜브 구독 등이 포함된 구글 기타 매출이 11% 정도 비중을 보이고 있다. 웨이모, 베릴리 Verily 등 신사업 기업들은 어더베츠 Other Bets 매출로 포함되며 매출 기여 비중은 1% 수준이다.

구글 광고 매출은 구글의 모바일 광고와 유튜브, 프로그래매틱 광고 (프로그램이 자동으로 이용자의 검색 정보를 분석해 이용자가 필요로 하는 광고를 띄워주는 기법)가 지속해서 높은 성장을 기록하면서 매 분기 전년 동기 대비 15%를 넘는 성장을 달성하고 있다. 시장 성장 둔화 우려 및 코로나19로 인한 성장 둔화 우려가 있지만 구글의 디지털 광고 시장에서 지배적 위치 등을 고려했을 때 코로나19 여파에서 회복과 동시에 다시 성장세를 회복할 수 있을 것으로 기대된다.

광고 매출 중에서 특히 유튜브 광고가 가파른 성장세를 보이고 있다. 유튜브 광고 매출은 전체 광고 매출의 성장보다 월등히 빠른 30% 중반대의 매출 성장을 보이고 있다. 유튜브 광고는 비록 구글 전체 광고 매

출에서 차지하는 비중은 아직 11% 수준이지만 빠른 성장을 통해 향후 더 유의미한 실적 기여를 할 수 있을 것으로 기대된다.

또 다른 고성장 사업 부문은 클라우드 사업이다. 비교적 후발주자로 나선 클라우드 사업이지만, 사업 역량 확대에 집중해 유의미한 성과를 내고 있다. 클라우드 사업의 매출 비중은 5% 수준이지만 50% 넘는 성장세를 보여주고 있으며, 2018년 대비 2019년 매출 성장이 더 가속화되는 등 고무적인 모습을 보이고 있다. 유튜브와 마찬가지로 클라우드 매출 또한 향후 매출 비중이 확대되며 실적 기여가 높아질 것으로 기대된다.

알파벳의 전체 매출액은 2016~2019년 20%에 가까운 연평균 매출 성장을 기록했다. 그러나 2020년에는 그 성장세가 다소 위축될 것으로 예상된다. 매출의 가장 큰 비중을 차지하고 있는 광고 사업이 코로나19로 기업들의 마케팅 예산 축소 등의 영향을 받기 때문이다. 미국, 유럽 등 코로나19 영향이 본격화된 시점이 3월 중순부터였음에도 1분기

알파벳 매출액 추이 및 전망

자료: 알파벳, EIKON, 하나금융투자

구글 클라우드 매출 추이

주: 클라우드 실적 2017년부터 공시
자료: 알파벳, 하나금융투자

광고 매출은 전년 동기 대비 13% 성장하며 우려 대비 양호한 수치였지만 이미 둔화되는 모습을 보였다. 또한 전반적으로 디지털 광고 시장 성장 둔화 우려도 있었다.

하지만 광고 매출 성장세의 둔화는 코로나19 영향에서 벗어남에 따라 다시 회복할 수 있을 전망이다. 또한 글로벌 전체 휴대폰의 약 80%가 구글의 안드로이드 운영 시스템을 사용하고, 유튜브 등 동영상 플랫폼이 빠르게 성장하고 있으며, 구글 지도를 통한 광고 수익화가 일어나는 점 등을 고려해보면 디지털 광고 시장에서 구글의 외형 성장은 더욱 강화될 전망이다. 특히 인공지능 기술을 기반으로 구글이 축적하고 있는 방대한 데이터는 특정 대상을 타깃으로 한 광고 전략에 활용도가 높다는 점에서 최고의 광고 플랫폼으로서 구글 가치는 계속 상승할 것으로 기대된다. 이에 더해 앞서 언급한 클라우드 사업에서의 성과가 나타나기 시작하면서 디지털 전환 수요와 맞물려 클라우드 매출의 기여도 중장기적으로 기대되는 부분이다. 이러한 점을 고려할 때 알파벳의 매출액은

2021년에 다시 20% 수준의 성장세를 회복할 수 있을 전망이다.

4. 비용 증가세의 완화는 긍정적

구글의 광고 매출 중 트래픽 유입비용ᵀᴬᶜ(타 사이트 광고 수수료)이 차지하는 비중은 광고 매출에서 20% 수준으로 안정화되고 있다. 구글은 공격적인 마케팅을 위해 타 사이트로부터 구글 검색창으로 트래픽 유입 증가를 위해 여러 파트너 기업과 트래픽 유입 계약을 체결해왔다. 이러한 전략으로 광고 매출 성장 속도가 높아진 장점도 있으나 트래픽 유입비용 역시 크게 늘었다. 특히 2017년 후반에는 광고 매출에서 차지하는 트래픽 유입비용 비중이 24% 가까이 상승해 비용 증가에 대한 우려를 낳았다. 하지만 2018년 이후 비중이 완화되기 시작했으며 2020년 1분기 현재까지도 22% 수준으로 안정된 모습을 보이고 있다.

또한 코로나19 영향으로 알파벳은 인력 증가와 마케팅 비용을 이전 대비 보수적으로 집행할 계획이다. 사무 시설에 대한 투자와 기술 인프라 투자 또한 기존 추이 대비 증가폭을 낮출 것으로 전망된다. 비용 효율화에 집중하면서 단기적인 매출 성장 둔화 시기에 수익성을 방어하고 이후 매출 성장세를 회복한 후에도 수익성 개선 추이를 이어갈 수 있을 것으로 기대된다. 비용 효율화 집중 시기에도 전략적으로 중요한 검색, 머신러닝, 클라우드 관련 투자는 적극적인 투자 모드를 지속해 알파벳의 핵심 시장에서의 시장 지배력 강화는 지속될 것으로 전망된다.

5. 투자 전망

알파벳에 대한 투자 전망이 밝은 이유는 디지털 광고 시장에서의 견고한 실적을 바탕으로 안정적인 성장을 지속하면서 동시에 중장기 성장 잠재력이 가장 높은 차세대 혁신 기술 분야에서 뚜렷한 선두주자라는 점이다. 디지털 광고, 특히 모바일 광고 시장의 성장세는 중장기적으로 지속될 것으로 전망되며, 시장 점유율 1위 사업자인 알파벳^{구글}이 대표 수혜 기업이다. 글로벌 전체 휴대폰 80%가 구글의 안드로이드 운영 시스템을 사용하고 구글 모바일 검색엔진과 크롬 브라우저에 대한 휴대폰 사용자들의 높은 선호도를 고려해보면 모바일 광고 시장에서의 구글의 경쟁력은 확고해 보인다.

알파벳은 막대한 자금력을 활용해 미래 성장동력에 적극적인 투자를 지속할 것으로 보이며 인공지능, 클라우드, 자율주행차 등 핵심 4차 산업 기술에서 기술 경쟁력을 바탕으로 시장 지배력을 더욱 강화할 것으

알파벳 전체 매출 & 성장 전망

자료: 알파벳, 블룸버그 시장 예상치, 하나금융투자

알파벳 조정 주당순이익 전망

자료: 알파벳, 블룸버그 시장 예상치, 하나금융투자

로 전망된다. 알파벳의 자율주행차 사업체인 웨이모는 25개 이상 도시에서 자율주행 2,000만 마일 돌파 등 여러 지표에서 2위권 대비 큰 격차를 두고 1위를 차지하고 있다. 인공지능, 클라우드, 자율주행차 등이 지금 당장 실적에 큰 기여를 하고 있지는 않지만 향후 2~3년 안에 해당 시장이 본격적으로 커지기 시작하면서 중장기적으로 높은 성장을 견인할 것으로 기대된다.

6. 창업자 소개: 래리 페이지

래리 페이지Larry Page는 구글의 창업자이자 알파벳의 최고경영자이다. 부모 모두 컴퓨터공학 교수인 환경에서 자란 페이지는 어려서부터 컴퓨터에 관심이 높았고 초등학교 시절 학교에서 워드 프로세서를 사용해 숙제를 제출한 첫 학생이었다. 니콜라 테슬라Nikola Tesla를 존경했던 레이 페이지는 미시간대학교에서 컴퓨터공학을 전공했으며 스탠퍼드 대학원에서 컴퓨터 사이언스 연구를 진행했다. 스탠퍼드 시절 구글 공동 창업자인 세르게이 브린Sergey Brin을 만나서 함께 웹 페이지의 가치를 매기는 방법에 대한 연구를 시작했으며, 이 프로젝트에 대해 처음에는 '백럽Back Rub'이라는 이름을 붙였다가 후에 구글로 바꾸게 된다.

래리 페이지의 경영 철학 핵심 중 하나는 벤처기업의 열정과 도전 정신으로 회사를 운영하고자 하는 점이다. 구글은 주식을 상장했을 때 차등의결권을 채택, 외부와 투자자의 영향에 휘둘리지 않고 경영진의 의결권을 보장받았고, 페이지의 경영 철학을 뚝심 있게 발휘할 수 있게 되었다. 단기적인 실적 증가에 초점을 맞추지 않고 벤처기업처럼 계속 도전하고 혁신 기술 개발을 중시하면서 구글은 항상 차세대 기술 분야에서 선두주자 자리를 차지하게 된다.

래리 페이지의 또 다른 중요 경영 철학은 소통이다. 구글의 소통 시스템인 'TGIFThanks God It's Friday'가 이를 잘 보여주는 대표적인 예이다. 매주 금요일에 직원들이 모여 각자의 생각과 불만을 말하고 서로 알아가는 소통의 자리다. 이러한 소통의 자리를 통해 새로운 아이디어가 생겨나고, 이것이 또한 새로운 비즈니스 모델로 이어지게 되면서 구글 문화에 중요한 요소로 자리 잡게 되었다. 구글은 현재 TGIF를 금요일이 아닌 목요일에 열고 있는데 전 세계 직원들이 아이디어를 제시할 수 있게 하기 위함이다.

래리 페이지는 언론에 자신을 드러내지 않는 조용한 성격이다. 그래서 다른 대표 IT 기업들의 창업자인 빌 게이츠, 스티브 잡스, 제프 베조스 등에 비해 비교적 덜 알려져 있다. 그러나 구글이 그동안 보여온 혁신적인 사업 방식, 도전적인 경영 전략, 소통이 중요시되는 기업 문화는 창업자이자 최고경영자인 래리 페이지가 이끌고 쌓아온 것이며, 페이지야말로 이 시대의 대표적 혁신 아이콘 중 하나라는 점을 잘 보여준다.

페이스북
FB.US

facebook

페이스북	
설립 연도	2004
상장일	2012. 02. 01
주요 주주	뱅가드그룹 7.85%
대표자	마크 저커버그
홈페이지	Facebook.com
Key Data	
상장주식	미국
시가총액(십억 USD)	665.6
한화(조 원)	796.3
PER(2020E)	32.0
52주 최고/최저	245.185/137.101
현재 주가(USD)	233.42

* 기준일: 2020. 07. 03

주 영업 구성	
디지털 광고	98.5%

* 주: 2019년 말 기준

1. 소셜 네트워크 서비스의 독보적 1위 기업

페이스북은 글로벌 소셜 네트워크 서비스 분야 독보적인 1위 기업이다. 페이스북 플랫폼뿐만 아니라 왓츠앱, 메신저Messenger, 인스타그램 등 페이스북이 가지고 있는 플랫폼들 모두 대표적인 소셜 네트워크 서비스이다. 페이스북의 월간 활성 이용자 수는 26억 명으로 다른 경쟁사의 플랫폼과 비교할 수 없는 압도적인 규모이다. 페이스북, 인스타그램, 왓츠앱, 메신저 주요 서비스를 모두 포괄하는 월간 활성 사용자 수는 30억 명에 육박한다.

　페이스북의 주요 사업은 소셜 네트워크 서비스 플랫폼의 막대한 가입자 수를 기반으로 다양한 광고 상품을 개발하고 광고주 수를 늘려 광고수익을 증대시키는 것이다. 페이스북이 가진 4개의 대표 플랫폼 중에서 인스타그램은 이제 막 수익화가 시작되었으며 메신저와 왓츠앱은 이들 플랫폼을 통한 수익 창출 시도가 아직 본격적으로 시작되지 않았다. 페이스북은 최근 브라질에서 왓츠앱에 간편 결제 서비스를 시도하는 등 수익화를 시도하기 시작하고 있다. 이들 플랫폼이 보유하고 있는 막대한 가입자 기반을 고려해보면 향후 적극적인 수익화 시도가 이루어지면 높은 실적 기여도가 기대된다.

2. 모바일 광고 시장 성장 가속화 기대

글로벌 디지털 광고 시장 규모는 2019년에 3,000억 달러를 돌파했고 2021년에는 4,000억 달러를 넘어설 것으로 전망되고 있다. 글로벌 디지털 광고 시장에서 페이스북은 23%로 구글에 이어 점유율 2위를 차지함과 동시에 그 점유율도 소폭 점진적으로 상승하고 있는 추세이다.

전체 광고 시장에서 디지털 광고가 차지하는 비중이 계속 늘어나고 있으며, 특히 모바일 광고에 대한 광고주의 수요는 더욱 높아지고 있다. 소셜 네트워크 서비스를 사용하는 사람들의 수가 점점 늘어나고 있고, 특히 젊은 세대의 경우 소셜 네트워크 서비스 사용률이 비약적으로 높아지고 있으므로 광고주들의 높은 관심을 받고 있다.

2019년 미국 기업의 광고 마케터들을 대상으로 한 설문조사에서 94%가 디지털 광고 채널로 페이스북을 선택하며 1위를 차지했고, 인스타그램이 81%의 선택을 받으며 3위(2위 트위터)를 기록했다. 페이스북의

기업 마케터들이 사용하고 있는 광고 채널

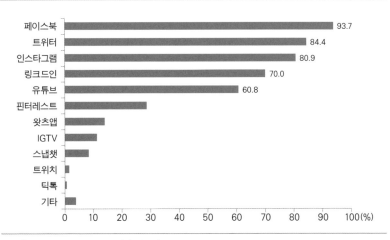

자료: 『The State Of Social 2019』, 하나금융투자

두 핵심 플랫폼이 1위와 3위를 차지하고 있다. 또한 광고 마케터들은 인플루언서 마케팅으로 가장 효과적인 플랫폼을 인스타그램으로 선정했으며, 메시징 애플리케이션을 통한 마케팅 계획에 대한 답변으로는 메신저와 왓츠앱을 1, 2위로 선정했다. 이렇듯 디지털 광고 시장에서의 페

메시징 앱 관련 마케팅 계획 시 사용할 플랫폼

자료: 『The State Of Social 2019』, 하나금융투자

인플루언서 마케팅에서 효과적인 플랫폼

자료: 『The State Of Social 2019』, 하나금융투자

이스북 서비스들의 선호도는 매우 높은 것으로 판단된다.

3. 사업 구성 및 매출 전망

페이스북의 비즈니스 모델은 막대한 가입자를 기반으로 디지털 광고 상품을 다양하게 제공함으로써 수익을 창출하는 데 주력한다. 전체 매출의 99%를 광고 매출이 차지하고 나머지는 결제 및 기타 수수료로 구성되어 있다. 광고 매출은 세부적으로 모바일 광고와 PC 광고로 구분된다. 모바일 광고 매출이 빠른 속도로 증가해 전체 광고 매출에서 차지하는 비중이 2013년 45%에서 2019년에는 94%로 늘어났다. PC 광고 매출은 그 비중이 지속적으로 하락해 2013년 55% 비중에서 2019년 기준 6%로 줄어들었다. 지역별 매출 비중은 2020년 1분기 기준 미국 및 캐나다 48%, 유럽 24%, 아시아 18%, 기타 지역이 10% 순이다.

페이스북은 2018년 1분기까지 11개 분기 연속 어닝 서프라이즈를 기

페이스북 광고 타입별 매출액 비중

PC 광고 8%
기타 1%
모바일 광고 91%

자료: 페이스북, 하나금융투자

페이스북 지역별 매출 비중

기타 10%
아시아 18%
유럽 24%
미국& 캐나다 48%

자료: 페이스북, 하나금융투자

록했으며 2년간 분기 평균 거의 50%(YoY)에 가까운 높은 매출 성장을 기록했으나 2018년과 2019년에는 매출 성장이 둔화되는 모습을 보였다. 이는 주요 수익원 역할을 해온 페이스북 플랫폼의 사용자 수 증가 추이가 다소 완만해지고 개인정보 관련 규제 증가, 페이스북 자체의 광고 타깃팅 항목을 제한했기 때문이다.

개인정보 유출, 정치적 이슈 등 다양한 노이즈를 겪고 있지만 페이스북의 본입은 비교적 순항 중이다. 또한 최근 코로나19 이후 페이스북 플랫폼 사용 폭증을 통해 SNS 1위 사업자라는 지위를 다시 한 번 재확인할 수 있었다. 분기별 페이스북 서비스(페이스북 단일 서비스)의 월간 활성 사용자 수^{DAU}와 일간 활성 이용자 수^{DAU}는 전년 동기 대비 성장세가 둔화되는 모습을 보이다가 2019년 하반기를 기점으로 다시 반등하고 있다. 또한 페이스북, 인스타그램, 왓츠앱, 메신저 등 주요 서비스를 사용하는 월간 활성 사용자 총합은 2018년 4분기 26억 명에서 2020년 1분기 기준 30억 명까지 증가했다.

페이스북 DAU 추이   **페이스북 MAU 추이**

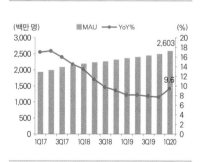

자료: 페이스북, 하나금융투자   자료: 페이스북, 하나금융투자

최근 매출 성장폭이 둔화되고 있고 2020년 역시 이러한 둔화 추이가 지속될 것으로 보인다. 코로나19 영향에 따른 광고 시장 위축 및 개인정보 보호 관련 정부 및 페이스북 자체 제한으로 타깃팅 광고 매출 성장의 둔화가 예상되기 때문이다. 하지만 성장 잠재력 또한 풍부하기에 페이스북의 중장기 성장 전망은 여전히 고무적이다. 스토리 포맷의 고성장이 이뤄지고 있으며 커머스 방면에서도 다양한 서비스가 나오고 있기 때문이다.

그동안 페이스북 및 인스타그램 플랫폼에서 광고 성장을 견인했던 뉴스피드News Feeds 섹션의 성장이 둔화되고 있지만 스토리Stories 부문 사용이 늘어나면서 새로운 광고 섹션으로 부각되고 있다. 스토리를 통해 광고를 하고 있는 광고주의 수도 빠르게 늘어나고 있는 모습이다. 2018년 4분기에 200만이었던 스토리 광고주 수는 2019년 4분기 기준 400만으로 늘어났다. 아직 스토리 광고는 뉴스피드 광고 대비 수익화가 덜 이뤄졌지만 광고주와 사용자의 빠른 증가와 더불어 향후 수익화를 높여 페이스북 성장세에 기여할 수 있을 것으로 기대된다.

페이스북의 또 다른 핵심 성장동력은 커머스 부문이다. 커머스 관련 서비스와 협업을 강화하고 있는 모습이다. 57억 달러 투자를 통해 9.99% 지분을 취득한 인도 지오플랫폼Jio Platforms의 전자상거래 플랫폼 '지오 마트Jio Mart'와 왓츠앱의 협업이 기대되고 있다. 인도에서 왓츠앱 사용자가 4억 명 수준이고 지오플랫폼의 사용자가 3.8억 명 수준이다. 또한 미국, 유럽, 한국 등에서 페이스북과 인스타그램에 무료 온라인 상점을 개설하게 해주는 서비스 '페이스북 샵스Facebook Shops'를 출시하기 시작했다. 페이스북 주요 서비스들의 총 월간 활성 이용자 수와 일간 활성 이용자 수는 각각 30억 명, 24억 명에 이르기에 이러한 방대한 사용자 기반은 커머스 부문의 성공 가능성을 높여줄 것으로 기대된다.

4. 비용 효율성 개선으로 견고한 수익성 유지

페이스북은 2018~2019년에 개인정보 보안을 위해 적극적인 보안 인력 및 기술 투자 등으로 매년 50%에 가까운 영업비용 증가를 기록했었다. 그러나 페이스북의 2020년 영업비용 증가율 전망치는 16~26%로 2020년부터 비용 증가율이 현격히 둔화될 것으로 기대된다. 코로나19 영향으로 2020년은 매출 성장 둔화가 예상되지만 적극적인 비용 통제와 비용 효율성 개선으로 수익성은 견고한 수준을 유지할 수 있을 것으로 전망된다.

페이스북 매출액 & 성장 전망

자료: 페이스북, 블룸버그 시장 예상치, 하나금융투자

페이스북 조정 주당순이익 전망

자료: 페이스북, 블룸버그 시장 예상치, 하나금융투자

5. 투자 전망

······················

페이스북은 중장기 고성장 대표 기업이다. 모바일을 기반으로 한 소셜 네트워크 서비스 플랫폼 시장은 장기적으로 큰 폭으로 확대될 것으로 예상되며, 페이스북이 가진 소셜 네트워크 서비스 대표 플랫폼들이 압도적인 위치를 차지하고 있기 때문이다.

모바일 플랫폼에서 사진과 동영상 섹션에 대한 수요는 계속 높아질 것으로 보이며, 인스타그램이 대표 플랫폼으로서 지배력을 확고히 할 것으로 기대된다. 페이스북은 인스타그램에서 동영상 섹션을 가장 중요한 성장동력으로 키우고 있다. 또한 인스타그램 플랫폼 안에서 쇼핑 등 여

인스타그램 '스토리' 섹션

자료: 페이스북, 하나금융투자

인스타그램 동영상 섹션

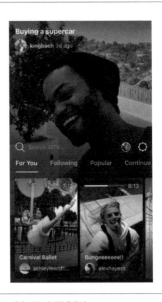

자료: 페이스북, 하나금융투자

러 새로운 서비스를 론칭해 수익화 방안을 더욱 다각화시키고 있다.

페이스북의 본격적인 커머스 사업 진출은 성장 잠재력을 더욱 높이는 요인이다. 북미를 중심으로 커머스 섹션인 '페이스북 샵스'를 본격 론칭하고 여러 기능을 추가해 사용자들의 이용률을 올리고 있으며, 인도의 대표 이커머스 플랫폼인 '지오 마트'와의 협업은 4억 명이 넘는 인도 이용자를 고객 기반으로 활용할 수 있다는 점에서 기대감이 크다.

전 세계 30억 명에 달하는 월간 활성 이용자 수를 기반으로 모바일 광고 플랫폼 시장에서 지배력은 더욱 강화될 것으로 전망되며, 본격적인 커머스 사업 확대는 페이스북의 비즈니스 모델 확장이라는 점에서 고무적이다. 페이스북의 중장기 투자 매력을 더욱 높이는 요인이다.

6. 창업자 소개: 마크 저커버그

마크 저커버그Mark Elliot Zuckerberg는 어려서부터 프로그래밍 개발에 뛰어난 실력을 보였다. 아버지 사무실 직원들의 커뮤니케이션을 돕는 애플리케이션을 개발했으며 고등학교 재학 시절에는 '시냅스 미디어 플레이어Synapse Media Player'라는 소프트웨어를 만들기도 했다. 인공지능을 활용해 사용자의 음악 감상 습관을 학습하는 음악 플레이어였다. 이를 보고 마이크로소프트에서 저커버그를 영입하고자 했으나 그는 이 제안을 거절하고 하버드에 입학했다.

저커버그는 컴퓨터뿐만 아니라 인문학과 심리학에 대한 관심도 상당히 높았다. 고등학교 시절 서양 고전학 과목에서 두각을 나타냈고, 대

학 시절에는 「일리아드」와 같은 서사시를 즐겨 읽었다고 한다. 또한 대학에서 컴퓨터공학과 함께 심리학을 복수전공했다. 그가 심리학을 공부한 이유에 대해 "사람들이 가장 흥미를 갖는 것은 다른 사람들"이라고 인터뷰에서 밝히기도 했다. 페이스북이 '커뮤니케이션'의 가장 혁명적인 플랫폼으로 자리 잡을 수 있었던 저력은 바로 저커버그의 사람에 대한 관심에서 시작된 것이라고 할 수 있다.

페이스북의 전신은 학생들의 이미지를 통해 매력도를 측정하는 페이스매쉬Facemash로 친구들과의 일종의 장난에서 시작했다. 이후 2004년 하버드 학생들만 이용 가능한 일종의 인맥 관리 서비스로 페이스북이 만들어졌고 나중에 전국 대학교, 고등학교 등으로 그 범위가 넓어졌다. 2006년에는 13세 이상이면 누구나 페이스북을 이용할 수 있게 되었다.

페이스북의 성공 비결은 저커버그의 철학과 연관이 깊다. 저커버그는 "무언가를 개선하기 위해서면 그것을 깨뜨리는 것도 괜찮다"고 견해를 밝혀왔다. 그의 페이스북 프로필에 써놓은 관심 항목들도 이를 잘 드러낸다. "개방, 깨뜨리기, 혁명, 정보 흐름, 미니멀리즘, 별로 중요하지 않은 것은 모두 없애려는 욕망."

다른 사람에 대한 관심이 많고 서로 소통하는 방법에서 기존의 방식을 모두 깨뜨리고 새로운 플랫폼을 제시해 커뮤니케이션의 혁명을 이끌어온 그의 성공 스토리는 바로 그의 철학에 뿌리를 내리고 있다. 저커버그의 이러한 철학은 페이스북이 항상 새로운 방식으로 서비스를 제공하고 혁신을 추구하는 것에서도 잘 드러난다.

넷플릭스
NFLX.US

NETFLIX

넷플릭스	
설립 연도	1997
상장일	2000. 04. 18
주요 주주	CGCI(Capital Group Companies Inc) 14.63%
대표자	리드 헤이스팅스
홈페이지	www.netflix.com
Key Data	
상장주식	미국
시가총액(십억 USD)	209.7
한화(조 원)	250.9
PER(2020E)	69.7
52주 최고/최저	492.28/252.28
현재 주가(USD)	476.89

* 기준일: 2020.07.03

주 영업 구성	
동영상 스트리밍	98.5%

* 주: 2019년 말 기준

1. 글로벌 최대 온라인 스트리밍 기업

넷플릭스는 세계 최대 온라인 동영상 스트리밍 서비스 사업자로 중국을 제외한 세계 대부분의 국가에 진출해 있다. 스마트 기기 발달로 동영상 소비 방식이 변해 원하는 시간대에 원하는 장소에서 영화와 TV 프로그램을 즐길 수 있게 되면서 동영상 스트리밍 서비스 시장은 빠르게 커지고 있다. 이에 따라 그 선두주자인 넷플릭스의 위상은 더욱 확고해지고 있다.

넷플릭스 서비스의 핵심 경쟁력은 오리지널 콘텐츠 파워이다. 콘텐츠 제작에 적극적으로 투자하고 대형 히트작들을 계속 만들어내면서 넷플릭스의 브랜드 파워가 더욱 강화되고 있다. 〈하우스 오브 카드House of Cards〉, 〈오렌지 이즈 더 뉴 블랙Orange is the New Black〉, 〈기묘한 이야기 Stranger Things〉 등 넷플릭스에서만 방영되는 인기 시리즈를 배출함으로써 가입자 증가를 이끄는 콘텐츠 파워가 넷플릭스의 핵심 경쟁력이다.

2. 동영상 스트리밍 산업, 성장 가속화 기대

OTT^{Over The Top} 서비스란 인터넷을 통해 드라마나 영화 등의 다양한 미디어 콘텐츠를 가입자에게 직접 제공하는 서비스이다. 다양한 스마트 기기 발달에 따라 TV 시청 대신에 스마트 기기를 통한 콘텐츠 소비가 가능해지면서 OTT 산업이 빠르게 확대되고 있다. OTT 서비스는 다양한 디바이스와 운영체제를 통해 제공되므로 편리함과 범용성이 강조되며 기존 콘텐츠 유통 구조를 바꾸며 시장을 확장하고 있다. 전 세계적으로 스마트 기기의 보급과 이에 따른 생활 패턴 변화로 동영상 스트리밍 시장은 지속적으로 확대될 것으로 예상된다.

콘텐츠 유통 구조의 변화로 글로벌 '코드 커팅^{Cord Cutting}' 현상이 지속되고 있다. 이것은 케이블 TV와 같은 기존 전통적인 유료 방송 시스템

빠르게 성장하는 글로벌 OTT 시장

자료: 「방송영상산업백서 2019」, 하나금융투자

미국 코드 커팅 가구 수 전망치

자료 넷플릭스, 하나금융투자

미국 유료TV 사용 vs. 미사용 가구 추이

자료 넷플릭스, 하나금융투자

에 가입해 있는 사용자가 가입을 해지하고 인터넷 TV, OTT 등 새로운 온라인·모바일 플랫폼으로 이동하는 것을 의미한다. 미국에서 넷플릭스의 가입자가 미국 유료 케이블 TV 가입자 수를 넘어서면서 코드 커팅 현상은 구체적 수치로 나타나고 있다. 미국에서 유료 TV 사용 가구^{Pay TV} ^{Households}의 수는 2013년 약 1억 가구였으나 2019년 현재 8,650만 가구로 약 14% 감소했다. 반면 같은 기간 유료 TV를 사용하고 있지 않는 가구의 수는 2013년 2,060만 가구에서 2019년 4,020만 가구로 약 95% 증가하며 유료 TV 사용의 감수 추이보다 훨씬 더 빠른 속도로 증가하고 있다.

OTT 시장은 점점 더 경쟁이 치열해지고 있는 시장이다. '디즈니+', 'HBO맥스^{HBO Max}'와 같은 강력한 IP를 보유하고 있는 회사들이 시장에 참여하고 있기 때문이다. 하지만 넷플릭스에 대한 선호도는 여전히 높은 것으로 판단된다. 넷플릭스는 유료 방송 대비 저렴한 가격, 차별화된 콘텐츠와 맞춤형 서비스 제공으로 1위 사업자로서의 브랜드 파워를 이어가고 있다. 2019년 기준 시장조사기관 컴스코어^{ComScore}가 조사한 내용(복수 응답)에 따르면 OTT 서비스에 대한 선호도에서 넷플릭스가 약 74%, 유튜브 55%, 아마존의 '프라임 비디오Prime Video'가 44%를 차지했다.

3. 사업 구성 및 매출 전망

넷플릭스 사업은 온라인 스트리밍 서비스와 DVD 대여 사업으로 나뉘어 있다. 매출의 99%가 스트리밍에서 발생한다. 따라서 넷플릭스 성장에서 가장 중요한 요소는 가입자 수 증가이다. 넷플릭스의 유료 가입자 수는 2020년 1분기 기준 전년 동기 대비 23% 증가하며 1.8억 명을 돌파했다. 전 분기 기준으로는 9% 늘어났다.

넷플릭스의 미국 및 캐나다 시장에서는 사업의 성숙도가 높아졌기에 글로벌에서의 성장이 중요한 시점이다. 현재 중국을 제외한 200여 국가에 진출했다. 2020년 1분기 기준 미국과 캐나다 지역의 유료 가입자 수

유료 가입자 추이

자료 넷플릭스, 하나금융투자

지역별 유료 가입자 비중 추이

자료 넷플릭스, 하나금융투자

지역별 스트리밍 매출 비중 추이

자료 넷플릭스, 하나금융투자

지역별 월평균 유료가입자당 매출 추이

자료 넷플릭스, 하나금융투자

는 전년 동기 대비 5% 수준으로 증가했지만 EMEA, 라틴아메리카, 아태 지역의 유료 가입자는 전년 동기 대비 각각 38%, 25%, 63% 증가하며 높은 성장세를 보여주고 있다. 이에 따라 전체 유료 가입자에서 미국과 캐나다를 제외한 글로벌 유료 가입자 비중은 2018년 3분기 이후 50%를 넘어섰으며, 2020년 1분기 현재 62% 수준이다.

시장이 성숙해진 미국과 캐나다에 비교해서 글로벌 지역의 수익화는 덜 이뤄진 모습이다. 미국과 캐나다의 월평균 유료 가입자당 매출은 13달러 수준인 반면 EMEA, 라틴아메리카, 아시아-태평양 지역은 각각 10달러, 8달러, 9달러 수준이다.

앞으로 넷플릭스의 가입자 증가는 해외시장 확대를 통해 탄탄하게 지속될 것으로 보인다. 경쟁력을 갖춘 오리지널 콘텐츠의 장르가 넓어지고 있고, 로컬 콘텐츠의 경쟁력도 높아지고 있기 때문이다. 오리지널 콘텐츠는 〈하우스 오브 카드〉 등 드라마 시리즈에만 경쟁력이 높았지만, 점차 〈버드 박스Bird Box〉 등을 통해 영화에서도 두각을 나타내고 있으며,

인도에서 제작한 오리지널 콘텐츠

한국 오리지널 콘텐츠 〈킹덤〉(2019년 1월 방송)

자료 넷플릭스, 하나금융투자

자료 넷플릭스, 하나금융투자

최근에는 다큐멘터리, 무대본 예능과 같은 장르에서도 높은 성과를 보이고 있다. 또한 한국의 〈킹덤〉 등 로컬 콘텐츠도 경쟁력이 높아지고 있는 중이다. 이렇게 지역적·장르적으로 다양한 높은 퀄리티의 작품을 제공하면서 구독자들의 다양한 시청 취향을 만족시켜줄 수 있을 것으로 판단된다.

4. 수익성, 본격적으로 상승 시작

공격적인 투자와 해외시장 확대로 인해 넷플릭스는 오랫동안 수익을 제대로 내지 못했다. 그러나 이제 본격적인 수익성 강화가 시작될 것으로 예상된다. 지난 몇 년간 적극적인 해외시장 네트워크 구축을 어느 정도 완료했으며 이제 가입자가 본격적으로 늘어나고 있기 때문이다. 넷플

넷플릭스 매출액 & 성장 전망

자료 넷플릭스, 블룸버그 시장 예상치, 하나금융투자

넷플릭스 주당순이익 전망

자료 넷플릭스, 블룸버그 시장 예상치, 하나금융투자

릭스의 영업이익은 2017년 8.4억 달러를 기록했는데, 2020년에는 전년 대비 56% 성장한 41억 달러 수준일 것으로 예상되며 영업이익률 또한 2017년 7% 수준에서 꾸준히 개선되고 있어 2020년에는 16% 수준일 것으로 기대되고 있다. 또한 현금흐름 측면에서도 오리지널 콘텐츠에 본격적으로 투자한 이후 2020년 1분기에 처음으로 잉여현금흐름이 플러스로 전환되었다.

분기별로 수익성의 변동은 있을 수 있다. 넷플릭스는 콘텐츠를 출시할 때 비용 구조를 고려해 출시하기보다는 콘텐츠에 대한 시장의 요구와 가장 좋은 반응을 얻을 수 있는 적절한 시기에 맞추어 출시한다. 따라서 콘텐츠 출시에 따라 마케팅 비용이 달라지며 분기 수익성 추이에 영향을 준다. 그러나 연간 기준으로 보았을 때는 지속적인 수익성 개선이 이뤄질 것으로 전망된다.

5. 투자 전망

글로벌 OTT 시장 성장 가속화가 계속될 것으로 보이고 1위 사업자인 넷플릭스가 가장 큰 수혜를 입을 것으로 보인다. 디즈니, AT&T 등 대형 기업들이 OTT 시장에 진출했으나 넷플릭스만이 글로벌 네트워크가 제대로 구축된 상황이기에 성장 속도가 빠른 해외시장에서 경쟁력 차이가 크다. 또한 넷플릭스의 가장 중요한 경쟁력은 오리지널 콘텐츠 파워이다. 인기 있는 시리즈를 계속 배출하면서 넷플릭스의 브랜드 파워를 높이고 있다. 한국에서 제작한 드라마가 한국을 넘어 아시아와 유럽 등

**넷플릭스를 널리 알린 작품,
〈하우스 오브 카드〉**

**글로벌 최고 히트작,
〈기묘한 이야기〉**

자료 넷플릭스, 하나금융투자

자료 넷플릭스, 하나금융투자

에서 높은 시청률을 기록하면서 로컬 오리지널 콘텐츠 효과가 입증되고 있다. 미국에서 매 시즌 인기 있는 시리즈를 이어가고 있으며, 한국과 인도 등 해외시장에서의 인기 있는 콘텐츠 제작 능력은 넷플릭스에 대한 높은 기대감을 뒷받침하는 핵심 요인이다.

코로나19의 글로벌 확산으로 집에서 머무는 시간이 길어지면서 홈 엔터테인먼트에 대한 관심이 급증하고 있다. 미국 및 유럽의 프로 스포츠 리그와 도쿄 올림픽 연기 등 스포츠 이벤트 부재 또한 OTT 서비스에 대한 관심을 더욱 높이는 요인이다. 전 세계 200여 개국에 진출해 글로벌 네트워크가 이미 구축되어 있고 오리지널 콘텐츠 경쟁력에서 앞서 있는 넷플릭스가 홈 엔터테인먼트 시장 급증의 최대 수혜주가 될 것으로 전망된다.

6. 창업자 소개: 리드 헤이스팅스

리드 헤이스팅스Wilmot Reed Hastings Jr는 1960년생으로 보든대학교에서 수학을 전공했으며 스탠퍼드대학교에서 컴퓨터공학 석사과정을 밟았다. 첫 커리어는 IT 기업 어댑티브테크놀러지Adaptive Technology에서 소프트웨어 디버깅 프로그램 개발 업무였다. 1991년에 소프트웨어 개발 툴을 만드는 퓨어소프트웨어Pure Software를 설립했다. 6년 동안 퓨어소프트웨어를 빠르게 성장시킨 헤이스팅스는 퓨어소프트웨어가 래셔널소프트웨어Rational Software에 인수된 후 1997년 넷플릭스를 창업했다.

넷플릭스를 창업하게 된 동기는 비디오를 빌려 보고 제때 반납하지 않

으면 비싼 연체료를 내야 하는 점에 의문을 품고 인터넷을 통해 영화 대여와 감상을 할 수 있는 서비스를 만들기 위해서였다. 회사 이름 넷플릭스는 인터넷을 의미하는 'Net'과 영화를 의미하는 'flick'을 더한 것이다.

처음에는 고객이 인터넷을 통해 비디오나 DVD를 주문하면 회사에서 택배나 우편으로 회원에게 배달하는 서비스로 시작했다. 그 후 2007년 인터넷 스트리밍 사업으로 확장했다.

인터넷 스트리밍 서비스라는 아이디어를 생각해내고 실행으로 옮긴 헤이스팅스의 능력도 뛰어나지만, 넷플릭스의 성공을 이끈 가장 핵심적인 요소는 헤이스팅스가 '스토리'가 가지는 힘을 중요하게 여기고 콘텐츠 개발에 집중 투자했다는 점이다. 기술 개발이 빨라질수록 콘텐츠 파워는 더욱 막강해진다. 즉 콘텐츠를 가진 기업이 기술을 얻었을 때 경쟁력이 더욱 높아지는 것이다. 넷플릭스는 이미 만들어진 영화나 TV 프로그램을 OTT 서비스를 통해 단순히 전달하는 전달자로서 머무는 것이 아니라 자체적으로 콘텐츠를 개발하는 데 집중해왔고 콘텐츠 강자로서 우뚝 섰다는 점을 가장 주목해야 한다. 재미있는 시리즈가 시작될 때마다 넷플릭스의 회원 가입자 수가 빠르게 급증한다는 점이 콘텐츠 파워를 생생하게 입증하고 있다.

2장

★

제2의 FANG을 노리는
미국의 1등 기업들

애플
AAPL.US

애플	
설립 연도	1976
상장일	1980. 12. 12
주요 주주	뱅가드그룹 7.77%
대표자	팀 쿡
홈페이지	Apple.com
Key Data	
상장주식	미국
시가총액(십억 USD)	1,578.2
한화(조 원)	1,888.5
PER(2020E)	29.3
52주 최고/최저	372.38/192.58
현재 주가(USD)	364.11

* 기준일: 2020. 07. 03

주 영업 구성	
아이폰	55%

* 주: 2019년 말 기준

1. 하드웨어에 소프트웨어를 입히는 세계 최대 IT 기업

애플은 소비자 전자 제품, 컴퓨터 소프트웨어와 온라인 서비스를 설계·
개발·판매하는 미국의 다국적 기술 회사이다. 주요 제품으로는 아이폰
iPhone(스마트폰), 아이패드iPad(태블릿PC), 맥Mac(PC), 애플 워치Apple Watch(스
마트 워치), 애플 TVApple TV(스마트 TV), 에어팟AirPods(무선 이어폰), 홈포드
HomePod(스마트 스피커)가 포함된다. 애플의 소프트웨어에는 맥Mac OS 및
iOS 운영체제, 아이튠즈iTunes 미디어 플레이어, 사파리Safari 웹 브라우저
등이 있다. 애플이 제공하는 온라인 서비스는 iOS 앱스토어iOS App Store,
맥 앱스토어Mac App Store, 애플 뮤직Apple Music, 아이클라우드iCloud, 애플
TV(콘텐츠 제공), 아케이드Arcade(구독 기반 게임 서비스) 등이다.

2. 글로벌 스마트폰 산업, 2020년은 코로나19로 타격

글로벌 스마트폰은 2016년에 15억 대를 초과하며 성장률이 한 자릿수 초반인 4%로 둔화되었고, 2017년에도 3% 시현에 불과했다. 2018년은 처음으로 전년 대비 4% 감소하는 역성장을 시현했고, 2019년에도 전년 대비 2% 감소해 스마트폰 시장이 성숙기에 진입했음을 확인했다. 2020년은 당초 5G 통신 서비스 및 단말기 출시 본격화로 전년 대비 성장할 것으로 기대했는데, 코로나19 영향으로 역성장이 불가피할 것으로 전망된다. 2020년 상반기는 전년 동기 대비 16% 감소할 것으로 추정되고, 하반기에 회복은 하겠지만 전년 동기 대비 4% 역성장할 것으로 예상된다. 2021년은 기저 효과로 인해 전년 대비 11% 증가할 것으로 전망하는데, 두 자릿수 성장률 시현은 2015년이 마지막이었다.

글로벌 스마트폰이 역성장하는 가운데 선진 시장의 역성장폭이 두드

2020년은 코로나19로 전년대비 −10% 감소, 2021년은 기저 효과로 11% 증가 전망

자료: 카운터포인트(Counterpoint), 하나금융투자

러진다. 유럽은 2017년, 북미는 2018년부터 전년 대비 감소하기 시작했다. 단기간에 스마트폰 침투율이 확대된 중국의 경우에도 2018년부터 출하량이 역성장했다. 전체 휴대폰 대비 스마트폰 비중이 90%에 근접하거나 초과한 지역으로 스마트폰의 신규 수요보다는 교체 수요에 의존하는 지역이기 때문이다. 스마트폰의 하드웨어 차별화와 혁신이 제한되고 있어 소비자들의 교체 주기가 길어지고 있어 해당 시장의 스마트폰 출하량이 감소 중인 것으로 판단된다.

다만 선진 시장의 역성장이 계속되는 가운데 중국을 제외한 아시아 지역과 중동·아프리카에서는 여전히 스마트폰 출하량이 증가하고 있다. 이는 2019년 기준 휴대폰 대비 스마트폰 비중이 각각 71%와 58%에 불과하기 때문이다. 신규 수요가 창출될 수 있는 여력이 남아 있으므로 스마트폰 성장률이 양호하게 유지될 것으로 전망된다. 아시아 지역의 경우 해당 비중이 70%를 초과하기 시작해 성장률이 둔화되겠지만, 중동·

**아시아 스마트폰 출하량 및
전년 대비 성장률**

주: 2020년 2분기 이후는 카운터포인트 전망치 기준
자료: 카운터포인트, 하나금융투자

**중동·아프리카 스마트폰 출하량 및
전년 대비 성장률**

주: 2020년 1분기 이후는 카운터포인트 전망치 기준
자료: 카운터포인트, 하나금융투자

글로벌 및 지역별 스마트폰 평균 판매 가격 추이

자료: Counterpoint, 하나금융투자

아프리카는 향후에도 5~10% 사이의 견조한 성장률을 시현할 것으로 판단된다. 스마트폰 업체 입장에서 해당 지역을 간과하기는 쉽지 않을 것으로 판단된다. 후술하겠지만 애플도 중저가 스마트폰을 출시했고, 가격 인하 정책을 펼치고 있는 이유를 여기에서 찾을 수 있다.

스마트폰의 글로벌 ASP(평균 판매 단가)가 근 3년간 미미하게 상승 중이다. 일반적으로 IT 제품의 가격은 우하향하는데 스마트폰은 반대 양상을 보였다. 선진 시장인 북미와 유럽, 중국의 ASP 상승이 두드러진다. 북미와 유럽은 점유율이 높은 애플의 아이폰 X 이후 가격 인상, 중국은 로컬 4대 업체의 전반적인 단말기 가격 인상이 주요인이다. 해당 지역의 출하량 역성장 폭이 크게 나타나고 있는 원인은 ASP 상승과 밀접한 관계가 있다. 교체 주기의 장기화에 단말기 가격의 상승이 직접적으로 영향을 주고 있을 것으로 판단된다. 2020년 하반기 및 2021년에는 5G, 폴더블이라는 스마트폰 가격 상승 요인이 있다. 반면 애플은 SE라는 중저가 모델을 출시하고, 신모델 가격 인하 가능성이 언급되는 등 가격 하락 요인도 상존한다. 다만 5G라는 환경 안에서 탑재되는 부품 수의 증가를 감안하면 스마트폰의 ASP는 쉽게 하락하지 않을 것으로 판단된다.

3. 사업 구성 및 매출 전망

애플의 사업 부문은 크게 아이폰, 맥(포터블Portable 및 데스크톱Desktop), 아이패드, 웨어러블, 서비스로 나뉜다. 아이폰 매출이 회사 통틀어 가장 큰 비중인 57%를 차지하고 맥 8%, 아이패드 7%, 웨어러블 11%, 서비스 17% 비중이다. 웨어러블에는 애플 워치와 최근 판매 호조가 지속되고 있는 에어팟이 포함된다. 웨어러블은 지난 3년간 37%에 달하는 높은 성장률을 시현해 2018년 7%에서 2020년 상반기 11%로 비중이 확대되었다. 서비스 부문 역시 매출 비중이 확대되고 있는데, 2018년 15%에서 2020년 상반기 17%로 확대되었다. 서비스 부문은 매출총이익률이 65% 내외로 제품 부문의 32% 내외보다 높다. 애플은 서비스 매출 증가를 위해 iOS 사용자 확대를 도모하는 전략으로 가격 인하 정책을 진행하고 있다.

전체 매출액을 지역별로 살펴보면 북미 45%, 유럽 25%, 중국 15%, 일본 8%, 기타 아시아 8% 비중이다. 북미, 유럽, 중국 세 지역의 매출 비중 합산이 85%를 차지하고 있다. 계절적으로 10~12월 분기에 연매출의 30~35%가 집중되는 경향을 보이며, 이는 애플의 신제품 출시 패턴에 따라 초기에 많은 매출이 발생하는 현상이 반영된 것이다. 최근 중국 매출

애플 사업 부문별 매출 비중

주: FY 2020년 상반기 기준
자료: 애플, 하나금융투자

애플 지역별 매출 비중

주: FY 2020년 상반기 기준
자료: 애플, 하나금융투자

비중이 축소되고 있는데, 미·중 무역 분쟁의 영향을 배제할 수 없다.

애플의 아이폰이 전사에서 차지하는 비중이 높으므로 중요할 수밖에 없다. 2016년 혁신성 실종 논란 등으로 매출액이 전년 대비 8% 감소해 처음으로 역성장을 시현한 바 있다. 2017년 최초로 OLED 패널을 탑재한 아이폰 X를 출시하며 평균 판매 가격이 상승해 재차 성장에 성공했는데, 이러한 기조는 2018년까지 유지되었다. 2019년 9월에 출시한 아이폰 11 시리즈 가운데 기본 모델인 11은 전작 대비 가격을 인하하며 양호한 판매량을 시현 중이다. 가격 인하 정책은 앞서 언급한 하드웨어 확대를 통한 서비스 매출 증가 전략의 일환으로 해석된다. 마찬가지로 2020년 4월에는 아이폰 SE라는 중저가 모델도 출시했다.

애플의 실적 추이(FY 기준)

(백만 대, USD, 백만 USD, %)

	1Q19	2Q19	3Q19	4Q19	1Q20	2Q20
아이폰 판매량	65.9	42.0	36.5	44.8	72.3	40.0
아이폰 ASP	781	724	712	734	768	721
아이폰 매출액	51,982	31,051	25,986	33,362	55,957	28,962
전사 매출액	84,310	58,015	53,809	64,040	91,819	58,313
전사 매출총이익	32,031	21,821	20,227	24,313	35,217	22,370
전사 매출총이익률	38.0%	37.6%	37.6%	38.0%	38.4%	38.4%
서비스 매출액	10,875	11,450	11,455	12,511	12,715	13,348
서비스 매출총이익	6,834	7,303	7,346	8,022	8,188	8,726
서비스 매출총이익률	62.8%	63.8%	64.1%	64.1%	64.4%	65.4%

주: 애플은 9월 결산 법인
자료: 애플, 카운터포인트, 하나금융투자

4. 서비스 매출 확대를 위한 기반 마련: ASP 인하 전략

애플의 최근 실적 추이에서 인상적인 부분은 스마트폰 평균 판매 단가가 전년 동기 대비 하락했음에도 양호한 실적을 기록하고 있다는 것이다. 애플 특유의 고가 전략에서 벗어나 물량을 증가시키려는 전략이 펼쳐지고 있는 것으로 파악된다. 실제로 아이폰 11의 가격 인하로 2020년 1분기(회계연도 기준) 아이폰 출하량은 전년 동기 대비 10% 증가하며 매출액도 성장했다. 2020년 2분기가 코로나19 영향으로 전년 동기 대비 부진했지만, 이는 애플만의 이슈는 아니었다. 애플이 가격 인하를 단행한 이유는 iOS 사용자 기반을 확대하려는 전략으로 판단된다. 서비스 부문 매출총이익률은 65% 내외로 전사 매출총이익률 38%를 대폭 상회한다.

애플은 애플 TV와 아케이드 등의 신규 서비스도 출시해 향후 관련 매출 확대에 집중할 것으로 전망된다.

5. 투자 전망

애플은 2018년 4분기(회계연도 기준) 실적 발표 때부터 제품 출하 물량을 공개하지 않기로 결정했다. 이에 대해 애플은 단순한 제품의 판매량이 자기 회사의 비즈니스를 제대로 설명하지 못하기 때문이라고 언급했다.

2019년 4분기 신규 모델인 아이폰 11 시리즈를 공개하며 기본 모델인 11의 가격을 전작 대비 50달러 인하했다. OLED 모델의 출시 이후 가격 상승을 주도했던 애플의 횡보에 반전이 생긴 시점이다. 이는 앞서 수차례 언급했던 것처럼 서비스 부문의 매출 증가를 위한 기반을 마련하기 위한 전략으로 풀이된다. 글로벌 스마트폰 수요는 연간 15억 대 내외에

애플의 매출액, 영업이익률 추이

자료: 카운터포인트, 하나금융투자

서 지난 3~4년간 정체되어 있다. 이러한 환경 안에서 제품의 매출만으로 한계가 있다는 판단 하에 서비스 매출을 확대하는 전략으로 선회했을 것으로 분석된다.

애플의 폐쇄적인 자체 iOS가 갖고 있는 장점이나 단점이 사용자의 이탈과 진입을 막고 있는 것이다. 안드로이드 OS 기반의 사용자들은 iOS에서 불편함을 느낄 수 있으며, 반대의 경우도 마찬가지다. 결국 애플은 제한되어 있는 소비자를 탈피하기 위해 신규 iOS 사용자를 확보하기 위한 전략으로 보다 저렴한 가격대의 제품을 선보인 것으로 추정된다. 단기적으로 제품 믹스가 악화될 수 있지만, 중장기적으로 더 멀리 갈 수 있는 체력을 마련하기 위한 전략으로 해석된다. 애플이 소프트웨어 업체로 변화하기는 어렵겠지만, 하드웨어만 갖고 있는 회사에서 한 단계 업그레이드돼가는 과정을 거치고 있다. 이는 밸류에이션 측면에서도 상향 여력이 상존함을 의미하며, 중장기적으로 안정적인 투자처가 될 수 있다는 판단이다.

6. 창업자 소개: 스티브 잡스

스티브 잡스Steve Jobs는 초등학교 시절 학교를 자주 빼먹는 비행 청소년이었다. 하지만 '히스키트'라는 아마추어 전자공학 키트를 얻는 순간 인생이 바뀐다. 그는 이때부터 전자 제품의 작동 원리를 익힌다. 1972년 포틀랜드의 리드대학교에서 철학을 공부했으나 1학기만 수강한 후 중퇴했으며, 1976년 친구 스티브 워즈니악Steve Wozniak과 함께 애플컴퓨터를

설립했다.

최초의 개인용 컴퓨터인 애플 1을 공개하고 1984년에는 IBM에 대항해 그래픽 사용자 인터페이스를 탑재한 애플 리사Apple Lisa를 내놓았다. 그러나 비싼 하드웨어와 소프트웨어 비용으로 실패했다. 결국 잡스는 1985년 경영에서 물러났다. 애플에서 물러난 잡스는 넥스트NeXT 사를 세워 세계 최초의 객체지향 운영체제인 넥스트스텝NextStep을 개발했고, 1986년에는 컴퓨터 그래픽 회사를 인수하고 이름을 픽사Pixar로 바꾸었는데, 이 회사는 후에 할리우드 최고의 애니메이션 기업이 된다. 1997년 넥스트가 애플에 인수되면서 잡스는 애플로 돌아왔고, 그해 7월 CEO에 복귀했다. 당시 애플은 10억 달러의 적자를 내는 심각한 상황이었으나 잡스의 복귀와 함께 4억 달러의 흑자로 전환하게 된다.

스티브 잡스를 최고의 CEO로 만든 일등공신은 iOS로 무장한 모바일 기기라고 할 수 있다. 2007년 잡스는 아이팟 터치를 내놓으면서 불과 1년 만에 MP3 플레이어 시장을 석권했다. 그리고 아이폰과 아이패드를 연속으로 성공시키면서 애플을 소프트웨어와 하드웨어를 결합한 세계에서 가장 막강한 영향력을 가진 회사로 만들었다. 하지만 사업적인 성공과 더불어 병마가 찾아왔다. 잡스는 점차 건강이 나빠지자 2011년 결국 최고경영자 자리에서 물러났고, 같은 해 10월 5일 56세의 나이로 세상을 떠났다.

마이크로소프트
MSFT.US

마이크로소프트	
설립 연도	1975
상장일	1986. 03. 13
주요 주주	뱅가드그룹 8.44%
대표자	사티아 나델라
홈페이지	www.microsoft.com
Key Data	
상장주식	미국
시가총액(십억 USD)	1,564.2
한화(조 원)	1,872.1
PER(2020E)	36.3
52주 최고/최저	208.02/130.78
현재 주가(USD)	206.26

* 기준일: 2020. 07. 03

주 영업 구성	
퍼스널 컴퓨팅	36.3%

* 주: 2019년 말 기준

1. 글로벌 대표 하이브리드 클라우드 강자

세계 최대 소프트웨어 업체였으나 PC 출하량 둔화와 윈도우즈 OS의 점
유율 감소로 성장 정체기를 겪었던 마이크로소프트는 클라우드와 모바
일을 새로운 주력 사업으로 전환하는 데 성공하면서 글로벌 대표 클라
우드 사업체로 재도약했다. 기존 소프트웨어 사업을 통해 굳건하게 다져
온 기업용 고객 기반을 바탕으로 퍼블릭 클라우드 서비스와 동시에 기
존의 전통적인 IT 시스템을 활용할 수 있는 프라이빗 서비스를 동시에
제공할 수 있는 하이브리드 클라우드 서비스가 가능하다는 점이 마이
크로소프트 클라우드 사업의 경쟁력이다.

기업 고객들이 퍼블릭 클라우드 서비스로 바로 전환하기보다는 기존
시스템과의 호환성을 높이고 보안 우려가 적은 하이브리드 클라우드 전

략을 채택하는 수요가 예상보다 더 크고 오래 지속되고 있는 점은 마이크로소프트에 우호적인 사업 환경이다. 하이브리드 클라우드 전략과 탄탄한 기업 고객 기반을 통해 최근 마이크로소프트는 클라우드 시장 점유율을 높이면서 클라우드 1위 사업자 아마존과의 격차를 줄이고 있다.

2. 클라우드, IT에서 가장 빠르게 성장하는 산업

글로벌 클라우드 서비스 시장은 빠르게 성장하고 있다. 기업들이 IT 시스템을 기존의 레거시 방식에서 디지털 시스템으로 전환하는 것을 최대 과제로 삼고 있기 때문이다. 클라우드 서비스가 도입된 초기에는 자금 여력이 넉넉하지 않은 중소기업 혹은 스타트업들이 주요 고객이었으나 이제는 대기업들에서도 빠르게 발전하는 IT 기술에 적응하기 위해 클라우드 서비스를 채택하는 경우가 계속 늘어나고 있다. IT 업계는 현재 글

글로벌 퍼블릭 클라우드 시장 전망

자료: 가트너, 하나금융투자

퍼블릭 클라우드 시장 점유율(IaaS 기준)

자료: 가트너, 골드만삭스, 하나금융투자

로벌 클라우드 시장 규모는 여전히 초기 단계이며, 기업의 클라우드 전환 속도는 앞으로 더욱 빨라져 클라우드 산업의 고성장이 지속될 것으로 예상하고 있다.

글로벌 IT 리서치 기관 가트너에 따르면 퍼블릭 클라우드 시장에서 IaaS와 PaaS 서비스는 2020~2022년에 연평균 각각 23%, 22%의 성장이 기대된다. 마이크로소프트는 퍼블릭 클라우드 시장에서 아마존에 이어 2위 사업자로서 시장조사기관의 서베이 등을 참고하면 22% 초반 정도의 점유율을 차지하고 있는 것으로 추정된다.

기업들의 '멀티 클라우드' 전략, 즉 한 브랜드의 클라우드 서비스만 사용하기보다는 여러 사업자의 서비스를 함께 사용하는 전략은 마이크로소프트에 가장 큰 혜택을 주는 것으로 나타나고 있다. 아마존 대비 후발 주자이지만 최근 빠르게 성장해 빅2로 약진한 마이크로소프트를 제2서비스로 선호하는 경우가 많기 때문이다. 또한 마이크로소프트의 넓은

기업들의 클라우드 사용 전략

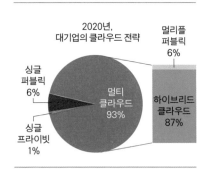

자료: 라이트스케일(Rightscale), 하나금융투자

퍼블릭 클라우드 사용률 추이

자료: 라이트스케일 서베이 2016~2020, 하나금융투자

기존 고객 기반과 고객과의 관계에서 탄탄하게 형성된 신뢰도를 바탕으로 기업용 서비스 시장을 빠르게 확장하고 있다. 마이크로소프트의 퍼블릭 클라우드 서비스인 '애저'가 클라우드 시장에서 가장 빠른 성장률을 기록하고 있다. 또한 클라우드 서비스를 사용하는 기업 고객들을 대상으로 하는 서베이는 마이크로소프트에 대한 기업 고객들의 선호도가 높아지고 있다는 점을 확인시켜준다.

3. 사업 구성 및 매출 전망

마이크로소프트의 사업은 크게 세 분야로 나뉜다. 윈도우즈 사업이 주력인 '퍼스널 컴퓨팅', 클라우드 인프라 서비스와 기존 전통적인 방식의 서버와 시스템 등을 제공하는 '인텔리전트 클라우드', 기존 오피스 소프트웨어와 클라우드를 통해 소프트웨어를 제공하는 SaaS 사업이 포함된

사업부별 매출 구성

주: P&BP는 Productivity & Business Process
자료: 마이크로소프트, 하나금융투자

커머셜 클라우드 매출 추이

자료: 마이크로소프트, 하나금융투자

'P&BP' 사업이다. 퍼스널 컴퓨팅, 인텔리전트 클라우드, P&BP 각 사업부의 매출 비중은 각각 2020년 1분기 기준 34%, 35%, 31% 수준이다.

마이크로소프트는 클라우드 서비스를 통해 견고한 성장을 이어갈 것으로 전망된다. 마이크로소프트 클라우드 사업의 강점은 우선 아마존과 달리 퍼블릭과 프라이빗 서비스를 모두 제공하는 하이브리드 전략이 가능하다는 점이다. 최근 하이브리드 서비스에 대한 기업들의 선호도가 높은 점은 마이크로소프트 클라우드 사업의 수혜로 이어지고 있다.

두 번째는 인프라 서비스IaaS, 플랫폼 서비스PaaS, 소프트웨어 서비스SaaS 모두 제공하기에 종합적인 클라우드 사업자로서 시너지 효과를 내고 있다는 점이다. 아마존은 인프라 서비스와 플랫폼 서비스만을 제공하고 있는 반면 마이크로소프트는 소프트웨어 서비스도 클라우드를 통해 제공하고 있기에 인프라 서비스인 '애저'와 소프트웨어 서비스를 서로 연동시켜 운영하는 장점을 발휘할 수 있다.

세 번째는 기업용 고객 기반이 탄탄하게 형성되어 있어서 기존 고객들이 마이크로소프트를 통해 클라우드 서비스로의 전환을 채택하기 쉽다는 점이다. 또한 마이크로소프트는 클라우드 서비스에 다양한 인공지능 기반 기능을 지속해서 추가하면서 차별성을 더욱더 높이고 있다.

이러한 강점을 바탕으로 애저는 최근 여러 분기 동안 60% 수준의 성장을 기록했다. 특히 애저의 프리미엄 서비스 매출액은 15개 분기 연속 세 자릿수 증가를 기록해왔다. 애저와 오피스 365, 다이내믹스 365 등을 모두 합한 '커머셜 클라우드' 매출액은 2020년 1분기에 전년 동기 대비 39% 증가한 133억 달러를 기록했다. 또한 매출 고성장을 지속하는 동시에 수익성 역시 개선되고 있다. 커머셜 클라우드 매출총이익률은 67%를 기록했다.

4. 개선되는 수익성

마이크로소프트의 최근 실적 추이에서 고무적인 점은 지난 몇 년 동안 지속되었던 수익성 하락이 끝을 내고 턴어라운드turnaround가 기대되고 있다는 것이다. 성장이 정체되고 손실을 내는 기존 레거시 사업들을 적극적으로 축소하고 동시에 신규 성장동력 분야에서 비용 효율성을 높이면서 수익성 개선을 달성하고 있기 때문이다.

　사업 부문 체질 개선과 수익성 개선 노력으로 총매출이익률, 영업이익률 등이 향후 수년 동안 꾸준히 상승세를 지속할 것으로 예상되고 있다. 특히 고무적인 점은 퍼블릭 클라우드 '애저'의 수익성이 변곡점을 형

마이크로소프트 매출액 & 성장 전망

주: 회계연도(6월 결산) 기준. FY 2020년은 CY 2020년 6월 결산
자료: 마이크로소프트, 블룸버그 시장 예상치, 하나금융투자

마이크로소프트 주당순이익 전망

주: 회계연도(6월 결산) 기준. FY 2020년은 CY 2020년 6월 결산
자료: 마이크로소프트, 블룸버그 시장 예상치, 하나금융투자

성하고 있는 것으로 추정되는 것이다. 커머셜 클라우드 사업의 매출총이익률은 최근 실적 분기에서 67%를 달성하며 최고치를 기록했다.

5. 투자 전망

기존 레거시 IT 시스템을 기반으로 성장했던 대형 IT 기업 중 가장 먼저 체질 변화에 성공하면서 디지털 IT 시대에도 선두주자로 나서고 있는 기업이 마이크로소프트이다. IT 기술 경쟁력과 탄탄한 기업 고객 기반, 고객과 쌓아온 높은 신뢰감이 마이크로소프트의 사업 체질 변화에 크게 기여한 것으로 보인다.

아마존과 함께 클라우드 서비스 시장의 빅2를 형성하며 브랜드 파워를 키워가고 있는 마이크로소프트는 클라우드 시장 고성장의 대표 수혜 기업이 될 것이다. 특히 기업들의 하이브리드 클라우드와 멀티 클라우드 전략의 혜택을 가장 크게 받고 있기에 마이크로소프트만이 가진 경쟁력을 바탕으로 시장 점유율을 더욱 키울 수 있을 것으로 전망된다.

코로나19 글로벌 확산 이후 기업들은 이전 대비 클라우드 서비스 사용량을 더욱 늘릴 것으로 전망되고 있다. IT 자원을 기존 레거시 방식으로 기업 내부에 구축하기보다는 클라우드 서비스 모델로 이전하는 디지털 전환이 본격화될 것으로 기대된다. 클라우드 서비스 중에서 인프라 서비스IaaS와 플랫폼 서비스PaaS뿐만 아니라 소프트웨어 서비스SaaS 시장 또한 빠르게 확대될 것으로 전망되고 있다. 따라서 IaaS, PaaS, SaaS 세 가지 모든 서비스를 제공하는 마이크로소프트의 수혜가 클 것으로 기대된다.

꾸준한 외형 성장과 함께 수익성 개선세도 고무적이다. 클라우드 매출 비중이 본격적으로 확대되기 시작했으며, 애저의 수익성이 변곡점을 지나 수익 기여도를 높일 것으로 전망되기 때문이다. 다방면의 소프트웨어 서비스에서 기술 경쟁력을 가지고 있는 점 또한 주목할 요인이다. 복합적인 서비스를 제공하는 대표 IT 기업으로서 성장성과 안정성을 모두 갖추고 있다는 점이 마이크로소프트를 더욱 돋보이게 한다.

6. 창업자 소개: 빌 게이츠

마이크로소프트 창업자인 빌 게이츠Bill Gates는 학창 시절부터 컴퓨터 관련 프로그램을 다루는 데 두각을 나타냈고 남다른 승부사적 기질을 보였다. 어린 시절부터 직접 간단한 컴퓨터 게임을 만들기도 하고 학교 반편성 프로그램을 만들며 재능을 발휘했다. 게이츠는 19세에 하버드대학교를 자퇴하고 1975년 폴 앨런Paul Allen과 함께 마이크로소프트를 창립했다.

게이츠는 PC 혁명을 이끈 기업가 중 가장 잘 알려진 인물 중 하나이다. 또한 승부사적 기질로 경쟁사를 이기고자 하는 그의 철저한 사업 전략은 때로는 외부로부터 과도하게 경쟁을 막는 전략으로 간주되며 비난을 받기도 했다.

빌 게이츠를 소개하는 타이틀로는 여러 가지가 있으나 '세계 최대 갑부'는 가장 흔하게 사용돼온 표현 중 하나이다. 그는 1987년부터《포브

스》가 선정한 세계 최대 갑부 리스트에 포함되었고, 1995~2017년 기간에는 4~5년을 제외하고 대부분 그해의 최대 갑부 1위로 선정되었다.

그러나 게이츠의 명성을 가장 드높이는 타이틀은 그가 세계 최고 기부왕 중 하나라는 점이다. 보유한 재산을 자신이 세운 재단을 통해 기부하고 세계를 위한 여러 좋은 캠페인을 지원하고 있다. 자신의 재산 90% 이상을 자식들에게 물려주지 않고 기부하겠다고 공개적으로 밝히면서 '노블레스 오블리주noblesse oblige'를 직접 실천하고 있다.

엔비디아
NVDA.US

엔비디아	
설립 연도	1993
상장일	1998. 03. 06
주요 주주	뱅가드그룹 7.89%
대표자	젠슨 황
홈페이지	www.nvidia.com
Key Data	
상장주식	미국
시가총액(십억 USD)	236.5
한화(조 원)	283.1
PER(2020E)	47.0
52주 최고/최저	389.5/147.394
현재 주가(USD)	384.49

* 기준일: 2020. 07. 03

주 영업 구성	
GPU 설계 & 판매	87.0%

* 주: 2019년 말 기준

1. 글로벌 반도체 최고 성장 기업

엔비디아는 GPU^{Graphics Processing Unit}라고 불리는 그래픽 처리 장치를 전문적으로 설계하는 기업이다. 외장용 디스크리트^{Discrete} GPU 시장을 70% 넘게 점유하고 있는 그래픽카드 전문 업체이다. 멀티미디어 데이터를 빠르게 처리할 수 있는 프로세서 개발 업체로 시작한 후 3D 게임 시장이 성장하면서 고사양 그래픽카드 수요가 늘어나 본격적으로 성장 궤도에 올랐다.

엔비디아가 단순히 게임용 고사양 그래픽카드 전문 업체로 머물지 않고 인공지능 앱을 실행하는 슈퍼컴퓨터 기술 개발을 이끄는 대표 4차 산업 종목으로 부상했다. GPU를 단순히 멀티미디어용으로 쓰지 않고 컴퓨팅 기술을 한 차원 더 발전시킬 수 있을 것으로 예상했던 엔비디아 회장의 남다른 비전과 적극적인 기술 개발 덕분이다. GPU를 기반으로 한 컴퓨팅 기술이 발전하면서 인공지능 기술 역시 본격적으로 펼칠 수 있게 되었다. 아직 초기 단계에 있는 인공지능 칩 시장은 향후 엄청난 속도로 확장할 것으로 기대되며, 엔비디아가 이 시장의 선두주자로 대표 수혜자가 될 것으로 기대된다.

2. 게임과 데이터센터 시장, 중장기 고성장 지속 기대

엔비디아의 주요 시장 중 하나는 게임용 그래픽카드 시장이다. 게임용 GPU 시장은 앞으로도 높은 성장을 지속할 것으로 기대된다. 새로운 게임 콘텐츠가 계속 개발되고 있고, e스포츠^{eSports}의 높은 인기가 지속되고 있으며, VR 게임 시장이 본격적으로 성장한다면 고성능 GPU 수요는 계속 늘어날 것으로 전망되기 때문이다. 고성능 GPU 시장에서 높은 경쟁력을 자랑하고 있는 엔비디아는 시장 확대의 가장 큰 수혜자가 될 것

외장 GPU 시장 점유율

자료: 엔비디아

전체 GPU 시장 점유율

자료: 엔비디아

으로 기대된다. 아울러 구글, 아마존, 애플이 클라우드형 게임 서비스 혹은 구독자 기반 게임 서비스를 준비 중이거나 이미 출시한 상황이라 향후 전방 산업의 게임 수요는 더욱 확대될 것으로 전망된다.

엔비디아는 외장 GPU 시장에서는 73%의 점유율을 차지하고 있다.

장기 성장의 핵심 동력은 인공지능 칩 시장이다. 인공지능 칩 개발이 가능할 수 있었던 것은 엔비디아가 2006년에 개발에 성공한 GPU 아키텍처 CUDA^{Compute Unified Device Architecture} 덕분이다. CUDA는 일반 목적용 GPU인 GPGPU^{General-Purpose GPU}의 연산을 위해 개발한 GPU 아키텍처이다. 그래픽 처리의 핵심 프로세서인 GPU를 병렬 연산 장점을 이용해 일반 데이터 처리에 사용되는 GPGPU로 개발했으며, CUDA는 GPGPU 수천 개를 병렬로 연결해 데이터 처리 능력을 슈퍼컴퓨터 수준으로 끌어올린 기술이다.

본격적으로 GPU 컴퓨팅 개발에 투자하면서 엔비디아는 2015년에 인공 신경망 네트워크용으로 만들어진 프로세서를 출시, 딥러닝 분야에 진출하고 드라이브 PX2^{DRIVE PX2} 론칭을 통해 자율주행차 기술 개발에서 한발 앞서게 되며 시장의 주목을 받게 되었다. 엔비디아는 2017년 딥러닝용 GPU 아키텍처인 볼타^{Volta}를 출시하면서 인공지능 기술 개발 속도를 더욱 가속화시켰다. 현재 인공지능 칩 시장에서 엔비디아의 점유율은 90%가 넘을 것으로 추정되고 있다.

데이터센터 등 고성능 컴퓨팅을 필요로 하는 시스템은 향후 더 많은 데이터를 처리하게 될 것이며, 컴퓨팅 속도는 더욱 가속화되는 시대가 되었다. 고성능 컴퓨팅 플랫폼에서 CPU의 한계가 명확해지며 GPU

를 기반으로 하는 컴퓨팅 플랫폼이 더욱 발전하고 고성장 산업이 될 것으로 기대되고 있다. 특히 자연어 처리의 경우에는 영상 분석보다 더 많은 인공지능 리소스를 필요로 하는데, 엔비디아의 GPU는 영상 분석뿐만 아니라 자연어 처리에도 최적화되어 있다. 아울러 인공지능 가속기 분야에서 엔비디아는 인텔을 앞서고 있다. 인텔은 인공지능 가속기 연구 개발에 박차를 가하면서 2019년부터 가속기 프로세서에 대한 정보를 점차적으로 공개하고 있다.

3. 사업 구성 및 매출 전망

엔비디아의 제품군은 크게 두 가지로 GPU와 모바일 프로세서인 테그라^{Tegra}이다. GPU 매출이 87%로 압도적인 비중을 차지하고 있다. 엔비디아의 부문별 매출은 적용되는 플랫폼에 따라 크게 다섯 가지(게임, 산업 전문가용, 데이터센터, 자동차, 기타)로 나뉜다. 게임향 매출액이 57%로

제품군에 따른 매출액 비중

테그라
(모바일 디바이스용
프로세서)
13%

GPU
87%

자료: 엔비디아

플랫폼에 따른 매출 비중

기타 5%
자동차 6%
디자인 전문가
11%
게임
51%
데이터센터
27%

자료: 엔비디아

가장 큰 비중을 차지한다. 2016년부터 인공지능 시장이 성장하기 시작하면서 데이터센터향 매출액 비중이 큰 폭으로 늘어났다. 데이터센터향 비중은 2016년 12%에서 2019년에는 27%까지 확대되었다.

GPU 제품은 용도별로 주요 브랜드로 나뉘어 있다. '지포스GeForce'가 엔비디아의 가장 잘 알려진 대표 브랜드로 PC 게임용 GPU 제품을 포괄한다. 산업용 전문 분야의 3D CG 제작을 위해 더욱 특화되어 만들어진 GPU는 '쿼드로Quadro'이다. 컴퓨터 디자인, 비디오 에디팅Video Editing, 특수 효과 및 여러 다양한 크리에이티브 분야의 디자인 전문가 용도로 제작되었다. 인공지능을 위한 딥러닝 프로세스에 필요한 GPU는 '테슬라Tesla'이다. 테슬라는 천문학적으로 높은 단위의 단순 연산을 빠르게 병렬 처리할 수 있는 GPU 브랜드이다. 가장 최근 출시된 아키텍처는 튜링Turing과 암페어Ampere이다.

엔비디아의 성장동력인 게임과 데이터센터 사업부 실적은 고성장 추이를 지속해오고 있다. 게임은 엔비디아 매출액에서 51%를 차지하는 가

엔비디아 게임향 매출액 추이

자료: 엔비디아

엔비디아 데이터센터향 매출액 추이

자료: 엔비디아

2부 지금 당장 투자해야 할 4차 산업 미국 주식 완벽 분석

장 큰 시장이다. 3D 온라인 게임, e스포츠의 인기가 상승하고 가상현실 게임이 등장하면서 고사양 GPU 수요가 폭발적으로 늘어나 엔비디아의 게임향 매출액은 FY 2015~FY 2019년에 연평균 24% 성장했다.

엔비디아의 데이터센터향 사업은 글로벌 클라우드 사업자의 데이터센터와 슈퍼컴퓨터 위주로 공급되고 있다. 아마존, 마이크로소프트, 구글, IBM, 알리바바 등 글로벌 대표 클라우드 서비스 사업자들이 엔비디아의 주요 고객이다. 특히 클라우드 서비스 사업자들이 데이터센터에 인공지능 기능을 추가하기 위해 적극적으로 투자를 계획하고 있다는 점에서 중장기 성장 전망이 밝다. 엔비디아의 데이터센터향 매출액은 FY 2014년 약 2억 달러였으나 FY 2019년에는 29억 달러를 넘었다.

4. 꾸준한 수익성 상승 지속 기대

엔비디아의 실적 추이에서 고무적인 점은 높은 매출 성장과 함께 수익성 역시 큰 폭으로 증가하고 있다는 점이다. 엔비디아는 FY 2016년에 영업이익 7.5억 달러를 기록한 후 FY 2020년에는 28.5억 달러를 달성하며 2년 만에 영업이익이 4배 가까이 늘어났다. 영업이익률 역시 큰 폭으로 올랐다. FY 2016년에 15%였던 영업이익률은 FY 2020년에 28%를 달성했다.

2018년 엔비디아는 새로운 GPU 아키텍처 튜링을 공개했다. 엔비디아는 튜링이 엔비디아가 최근 10년 안에 개발한 최고의 기술적 성취라고 평가하고 있다. 튜링의 최고 핵심 기술은 '레이 트레이싱Ray Tracing'으로 광

엔비디아 매출 & 성장 전망

자료: 엔비디아, 블룸버그 시장 예상치, 하나금융투자

엔비디아 영업이익 전망

자료: 엔비디아, 블룸버그 시장 예상치, 하나금융투자

선 추적법이라 불리는 기술이다. 이 광선이 물체에서 반사하는 모습을 시뮬레이션해 색의 농담을 표현하는 기법이다. 레이 트레이싱 기술을 통해 그래픽카드가 입체감을 더욱 실감나게 표현할 수 있게 되었다. 예를 들어 빗물이 고인 길 위에 마차가 지나가는 장면에는 마차가 빗물에 아른거리며 비치는 모습이 마치 실사 영화처럼 그대로 표현된다.

5. 투자 전망

엔비디아는 글로벌 반도체 산업의 대표 중장기 성장 기업이다. 게임과 데이터센터 등 주요 시장에서 엔비디아는 높은 기술 경쟁력을 가지고 시장을 넓혀갈 수 있을 것으로 기대된다. 특히 최근 공개한 튜링을 기반으로 새롭게 론칭한 제품들의 실적 기여가 본격적으로 시작되면 엔비디아는 장기적으로 높은 성장 추이를 이어갈 수 있을 것으로 전망된다.

가장 기대되는 사업은 인공지능 칩 시장이다. 엔비디아는 인공지능 칩 시장에서 90%가 넘는 점유율을 기록하고 있다. 앞으로 경쟁사의 시장 진출이 있다 하더라도 높은 기술 경쟁력과 선두 기업으로서 갖는 경쟁 우위를 바탕으로 경쟁사와의 격차를 유지할 수 있을 것으로 기대된다.

최근 엔비디아와 볼보는 볼보의 차세대 자율주행차 모델에 엔비디아의 드라이브 AGX^{Drive AGX} 시스템을 사용하는 계약을 체결했다. 볼보는 2021년까지 4단계 자율주행차 모델을 출시할 계획이다. 엔비디아는 볼보뿐만 아니라 폭스바겐, 다임러 등과 자율주행 기술 관련 프로젝트를 진행하고 있다. 자동차 업계는 2017년에서 2022년 사이에 자율주행 기술에 300억 달러 가까이 투자할 것으로 추정하고 있다. 자율주행 시스템 관련 앞선 경쟁력을 바탕으로 엔비디아가 자율주행차 시장 확대의 대표 수혜 기업이 될 것으로 전망된다.

6. 창업자 소개: 젠슨 황

엔비디아의 창업자이자 최고경영자인 젠슨 황^{黃仁勳, Jen Hsun Huang}은 반도체 설계 산업의 발전과 혁신, 성장에 큰 역할을 한 대표 기업인이다. 젠슨 황은 1963년 대만에서 출생했으며 가족들과 미국으로 이민해 오리건주립대학교와 스탠퍼드대학교에서 전기공학을 공부했다. 대학 졸업 후 LSI로직^{LSI Logic}과 AMD에서 마이크로프로세서 설계자로 일했으며, 1993년 엔비디아를 설립했다.

젠슨 황은 엔비디아 설립 이후 여러 번의 실패를 경험하기도 했다. 기업의 존폐 자체를 위협할 정도의 큰 위기도 겪었다. 엔비디아가 내놓은

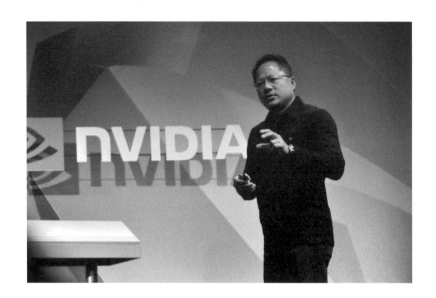

첫 GPU 제품이 크게 실패했으나, 실패를 겸허하게 받아들이고 이를 발판 삼아 새로운 시도를 통해 더 큰 성공을 일궈냈다.

젠슨 황은 정직·소통·희생이 실패를 극복하는 힘이며, 실패는 값진 교훈을 준다는 믿음을 가지고 계속 도전함으로써 더 크게 도약할 수 있다는 것을 엔비디아의 성공을 통해 입증해왔다.

멀티미디어용 그래픽카드 설계 회사에서 시작해 차세대 최고의 혁신 기술인 인공지능 칩 개발 선두주자로 엔비디아가 성장할 수 있었던 데에는 젠슨 황의 기술 개발을 향한 열정과 미래 혁신 기술을 알아보는 탁월한 안목이 크게 작용했다.

게임용 고사양 그래픽카드가 크게 성장할 때 이에 머물지 않고 인공지능 앱을 실행하는 슈퍼컴퓨터 기술 개발에 적극적으로 투자하는 과감한 결단이 없었다면 엔비디아의 지금의 위상과 성공은 없었을 것이다. 장기적인 비전을 가지고 혁신 기술을 개발, 투자하는 젠슨 황의 열정과 리더십은 엔비디아에 대한 기대감을 더욱 높이는 가장 큰 요인이다.

세일즈포스닷컴
CRM.US

세일즈포스닷컴	
설립 연도	1999
상장일	2000. 12. 18
주요 주주	FMR LLC 10.17%
대표자	마크 베니오프
홈페이지	www.salesforce.com
Key Data	
상장주식	미국
시가총액(십억 USD)	173.5
한화(조 원)	207.7
PER(2020E)	65.0
52주 최고/최저	195.72/115.29
현재 주가(USD)	192.53

* 기준일: 2020. 07. 03

주 영업 구성	
기업용 소프트웨어	100%

* 주: 2019년 말 기준

1. 글로벌 소프트웨어 대표 장기 성장 기업

세일즈포스닷컴은 고객관계관리CRM 소프트웨어 글로벌 1위 기업으로 모든 제품을 클라우드를 통해 제공하는 클라우드 SaaS 대표 사업자이다. CRM 분야 기존 강자들인 SAP이나 오라클보다 시장에 늦게 진출했지만, 모든 서비스를 클라우드를 통해 제공하면서 기존 서비스와 다르게 혁신적인 플랫폼을 통해 빠르게 성장할 수 있었다.

세일즈포스는 기존 CRM 서비스 강자들의 지배력이 확고한 상황에서 1999년 뒤늦게 진출했으나, 2012년에 기존 1위였던 SAP을 누르고 글로벌 최대 CRM 사업자로 등극했다. 뒤이어 오라클, SAP 등도 클라우드를 통해 CRM 서비스를 제공하기 시작했지만, 세일즈포스의 성장세를 뒤따라가기에는 역부족이었다. 세일즈포스는 시장 점유율을 계속 넓혀 현재 20%를 넘고 있으며, 2위와 3위 사업자들과 격차를 계속 넓히고 있다.

2. 클라우드 소프트웨어 서비스 시장 고성장 지속 기대

IT에서 클라우드는 현재 가장 빠르게 성장하는 산업 중 하나다. IT 자원을 자체적으로 구축하지 않고 클라우드 서비스를 통해 임대해 사용하는 기업의 수가 점점 늘어나면서 클라우드 서비스로의 전환은 앞으로 더욱 빨라질 것으로 전망된다.

클라우드 서비스 시장은 제공되는 IT 자원 타입에 따라 IaaS(인프라 서비스), PaaS(플랫폼 서비스), SaaS(소프트웨어 서비스)로 나뉜다. 아마존의 AWS, 마이크로소프트의 애저, 구글의 GCP 등은 모두 IaaS 서비스이다. 다양한 소프트웨어 서비스 사업자가 진출해 있는 SaaS 시장은 2020년에서 2022년까지 연평균 15%로 탄탄한 성장을 지속해 2022년에 1,500억 달러를 상회할 것으로 전망되고 있다.

SaaS 시장은 CRM, ERP, 오피스 소프트웨어 등 다양한 소프트웨어

클라우드 SaaS 시장 전망

자료: 가트너

SaaS 분야 중 CRM 서비스 시장 전망

자료: 가트너

클라우드 SaaS 시장 기업별 비중

마이크로소프트
16%

세일즈포스
14%

기타
50%

SAP 7%

오라클 6%

구글 4%

어도비
3%

자료: 가트너

전체 CRM 시장 기업별 점유율

세일즈포스
20%

SAP 10%

기타
53%

오라클 7%

어도비 6%

마이크로소프트
4%

자료: 가트너

분야로 구성되어 있는데, 이들 분야 중 CRM은 가장 큰 규모(42% 비중)를 차지한다. CRM 클라우드 서비스 시장 규모는 2020년에서 2022년까지 연평균 16% 성장해 2022년에는 720억 달러를 넘어설 것으로 전망되고 있다.

세일즈포스는 클라우드를 포함한 전체 CRM 소프트웨어 시장에서 20% 이상의 점유율을 차지하고 있는 CRM 1위 기업이다.

3. 사업 구성 및 매출 전망

세일즈포스는 기업 고객에게 영업, 서비스, 마케팅 등 고객 관리에 필수적인 소프트웨어를 제공한다. 세일즈포스의 제품은 크게 네 가지 타입으로 구성되어 있다. 영업 클라우드, 서비스 클라우드, 마케팅 & 커머스 클라우드, 플랫폼 클라우드이다.

영업 클라우드는 기업의 영업팀이 활용해 고객과의 관계를 관리하고

세일즈포스 서비스 분야별 매출 비중

주: FY 2020년(CY 2020년 1월 결산) 실적 기준
자료: 세일즈포스닷컴, 하나금융투자

**세일즈포스 서비스 분야별 매출 구성 및
성장 추이**

주: FY 2020년(CY 2020년 1월 결산) 실적 기준
자료: 세일즈포스닷컴, 하나금융투자

생산성을 높이며 더 많은 계약을 체결하기 위한 솔루션을 제공한다. 서비스 클라우드는 고객 지원 서비스를 향상하기 위한 제품을 제공하며, 콜센터 소프트웨어에서 셀프 서비스 포털에 이르기까지 고객 지원을 총망라한다. 플랫폼 클라우드는 비즈니스 프로세스의 효율성을 높이고 자동화 등을 도와주는 플랫폼을 제공하는 서비스이다. 마케팅 클라우드는 디지털 마케팅 플랫폼을 제공한다

기업과 산업의 IT 환경이 바뀌면서 기업의 내부 IT 시스템을 기존 레거시 방식에서 디지털로 전환하는 작업이 기업의 최우선 과제 중 하나이다. 특히 기업들은 영업과 마케팅 분야에서 디지털화를 빠르게 이루고자 한다. 이는 세일즈포스에 매우 긍정적인 사업 환경이 되고 있다.

클라우드 서비스로 전환하는 기업의 비중이 점점 높아지면서 세일즈포스는 외형 고성장을 계속 이어갈 것으로 기대된다. FY 2018년(CY 2018년 1월 결산)에 매출액이 처음으로 100억 달러를 상회해 소프트

세일즈포스: 매출액 고성장 지속 기대

주: 회계연도 기준(1월 결산)
자료: 세일즈포스닷컴, 블룸버그 시장 예상치, 하나금융투자

세일즈포스: 이익 성장세 지속 기대

주: 회계연도 기준(1월 결산)
자료: 세일즈포스닷컴, 블룸버그 시장 예상치, 하나금융투자

웨어 기업 중 최단기간 100억 달러 매출을 달성했던 세일즈포스는 FY 2021년에는 200억 달러를 상회할 것으로 예상된다. 향후 견고한 성장 추이를 지속하면서 FY 2020~FY 2022년에 매출은 연평균 21% 증가, FY 2022년에는 240억 달러를 달성할 수 있을 것으로 전망된다.

4. 수익성 본격 상승기 시작

공격적인 사업 확장과 적극적인 기술 개발 투자로 비용이 늘어나면서 세일즈포스는 높은 매출 성장세와 비교해 이익 규모는 빠르게 증가시키지 못했다. 하지만 FY 2019년부터 외형 규모가 일정 수준을 상회하면서 영업 레버리지 확대 효과가 본격적으로 나타나 수익성 또한 견고한 상승기에 진입했다. FY 2018년에 조정영업이익 17억 달러를 기록했던 세일즈포스는 FY 2020년까지 영업이익은 연평균 29% 성장하며 29억 달러를

세일즈포스 영업이익 & 영업이익률 추이

주: 회계연도 기준(FY 2020년은 CY 2020년 1월 결산), 조정(Non-GAAP) 실적 기준
자료: 블룸버그 시장 전망치

달성했다. FY 2021~FY 2022년에도 가파른 외형 성장을 바탕으로 영업
이익은 연평균 25% 증가, FY 2022년에는 45억 달러 수준으로 확대될 것
으로 전망되고 있다.

코로나19 발생으로 기업들이 신규 계약 체결 시점을 뒤로 미루거나
계약 규모를 축소하면서 단기적으로는 실적에 영향을 줄 수 있을 것으
로 보인다. 그러나《포춘》글로벌 500 기업 CEO들을 대상으로 한 최근
서베이에서 응답자의 4분의 3은 코로나19로 디지털 전환 속도가 더욱
빨라질 것으로 답변하고 있다. 세일즈포스의 고객과의 대화도 코로나
19 이후 기업의 대응 부분에 집중되고 있다. FY 2021년 상반기에는 계
약 체결이 단기적으로 영향을 받을 수 있으나 하반기에 반등을 시작하
고 FY 2022년에는 전년도에 지연된 계약이 본격적으로 체결되면서 강
한 상승 모멘텀을 받을 것으로 전망된다.

5. 투자 전망

코로나19 발생 전에도 기업들의 디지털 전환은 중장기 주요 과제 중 하나였다. 그러나 코로나19 이후 기업들이 변화하는 환경에 더욱 민첩하게 대응하고 위기 시에 빠르게 회복하기 위해서는 디지털 전환의 필요성이 더욱 부각되고 있다. 또한 기술 발전이 빠르게 일어나고 있는 현시대에 기술 업그레이드 혜택을 놓치지 않기 위해서는 디지털 전환이 중요하며, 특히 기업들은 고객과 관련된 분야에서 디지털 전환이 가장 필요하다고 여기고 있다. IT 자원을 클라우드로 바꾸는 디지털 전환은 세일즈포스에 가장 우호적인 성장 요인이다. 기업들이 영업, 고객 지원, 마케팅 등 핵심 업무에 클라우드 서비스를 활용하는 추세가 더욱 커질수록 세일즈포스가 가장 큰 수혜자가 될 것으로 보인다.

고무적인 점은 대기업들도 자체적으로 IT 자원을 구축하는 대신 퍼블릭 클라우드 서비스로의 이전에 적극적으로 투자하고 있다는 점이다. 이는 세일즈포스의 최근 계약 규모 추이에서도 잘 드러난다. 세일즈포스의 계약 규모는 더 커지고 기간은 더 길게 늘어나고 있다.

또한 고객 관리 소프트웨어가 과거에는 단순히 고객 데이터를 모아서 유지·관리하는 수준이었다면 이제는 훨씬 더 많은 작업을 수행하며, 특히 인공지능 기능이 추가되면서 업무의 효율성 개선에서 과거와는 비교하기 어려운 효과를 보인다. 금융과 헬스케어 등 더욱 다양한 산업에서 디지털화된 고객 관리 소프트웨어에 대한 수요가 늘어나고 있다.

현재 기업과 산업에서 일어나고 있는 변화는 장기적으로 세일즈포스에 매우 긍정적인 성장 요인이 될 것이다. 세일즈포스의 중장기 투자 매력도가 높은 이유이다.

6. 창업자 소개: 마크 베니오프

세일즈포스 창업자이자 최고경영자는 마크 베니오프Marc Benioff이다. 어릴 때부터 컴퓨터에 관심이 많고 개발 욕구가 컸던 베니오프는 15세 때 '저글링을 하는 법'이란 프로그램을 만들어 판매하기까지 했다. USC 대학 시절 애플에서 인턴으로 일하면서 스티브 잡스로부터 크게 감명을 받은 베니오프는 IT 프로그램 개발에 더욱 큰 관심을 갖게 된다. 졸업후 오라클에 입사해 첫해에 '올해의 신입사원'이 되고 3년 후에 부사장으로 초고속 승진을 이루어낸다.

오라클에서 13년간 일하면서 영업, 마케팅, 상품개발 등 다양한 사업부에서 능력을 발휘하며 승승장구하던 베니오프는 1999년 세일즈포스를 세우고 소프트웨어를 인터넷을 통해 디지털 서비스 타입으로 제공하는 사업을 시작한다. 이런 혁신적인 사업 방식으로 베니오프는 클라우드의 선구자라는 타이틀을 얻게 된다.

베니오프는 클라우드를 통해 소프트웨어만 제공하는 데 그치지 않고, 고객이 직접 자신이 사용할 소프트웨어·웹을 클라우드 플랫폼에서 개발할 수 있게 했다. 이것이 플랫폼 서비스이다. 소프트웨어를 개발할 수 있는 도구와 플랫폼을 서비스 타입으로 제공한다는 의미의 'Platform as a Service(서비스로 제공되는 플랫폼)'라는 용어를 처음으로 만들어낸 장본인 역시 베니오프이다.

★★★ 3부 ————————————————

반드시
주목해야 할
해외 주식들

1장

★

뜨겁게 떠오르는
중국의 BAT

알리바바
BABA.US

알리바바(Alibaba Group)	
설립 연도	1999
상장일	2014. 09. 19
주요 주주	소프트뱅크 25.20%
대표자	장용(張勇)
홈페이지	www.alibabagroup.com
Key Data	
상장주식	미국
시가총액(억 USD)	5,999
한화(조 원)	719
PER(FY 2020.3E)	26.4
52주 최고/최저	231.1/151.9
현재 주가(USD)	223.6

* 기준일: 2020. 07. 03

주 영업 구성	
전자상거래	81%

* 주: 2020년 회계연도 기준

1. 중국 최대 규모의 전자상거래 기업

알리바바는 1999년 중국 항저우에 설립된 중국 최대 규모의 전자상거래 기업이다. 2016년 동남아시아 최대 전자상거래 플랫폼인 '라자다Lazada' 인수를 시작으로 글로벌 전자상거래 시장으로 지배력을 확장 중이며 클라우드 서비스, 인공지능 기술 등 4차 산업 영역과 모바일 결제, 온·오프라인을 통합한 신유통new retail 사업 등 온라인 기반의 새로운 소비 영역들을 개척하고 있다.

항저우 지역 영어 교사였던 창업자 마윈은 인터넷 기술이 앞으로 중국의 작은 기업들을 글로벌 시장에서 경쟁할 수 있는 기술혁신과 경쟁력 강화로 이끌 것이라는 믿음을 가지고 있었으며, 18인의 창립 멤버와 함께 소형 수출 기업가들을 위한 B2B 전자상거래 플랫폼을 설립했다. 마윈은 "가난보다 무서운 것은 꿈이 없는 삶"이라고 말하며 어떤 좌절에도 굴하지 않는 강한 신념과 목표를 가지고 있었으며, 설립 15년 만에 이베이를 넘어 전 세계 2위 전자상거래 업체로 성장시켰다.

알리바바 매출액 구조

자료: 알리바바, 하나금융투자

알리바바 주요 주주 현황

자료: 알리바바, 하나금융투자

2. 사업 구성

(1) 유통

최근 10년간 중국 전자상거래 시장은 10배 규모로 빠르게 성장했다. 중국의 전자상거래 시장 규모는 2018년 말 기준 33조 위안(한화 약 5,522조 원)으로 전 세계에서 가장 거대한 시장을 형성하고 있다. 최근에는 3선 이하 중소형 도시 소비층이 중국 온라인 쇼핑 시장의 새로운 소비 세력으로 부상하며 성장을 견인하고 있다. 알리바바는 이러한 중소형 도시의 신규 수요층을 확보하며 견조한 성장세를 지속하고 있으며, 실제로 2018년 4월~2019년 3월 알리바바 전자상거래 신규 고객의 약 77%는 중국의 중소형 도시에서 유입되었다.

알리바바 매출의 81%를 차지하고 있는 유통 사업^{Core Commerce} 부문은 중국과 글로벌 전자상거래, 신유통, 글로벌 물류 사업 등을 포함하고 있다. 알리바바는 C2C 플랫폼인 '타오바오Taobao'와 B2C 플랫폼인 '티몰Tmall'을 통해 광고 수입과 수수료 수입을 창출하고 있으며, 글로벌 진출과 오프라인 유통으로의 확장을 통해 성장동력을 확보 중이다.

알리바바는 2019년 기준 중국 B2C 전자상거래 시장 점유율 50%로 독보적인 지배력을 보유하고 있다. 2위인 징동JD의 점유율은 27%로 과거 대비 하락했으며, 핀둬둬PDD의 점유율은 13%로 빠르게 상승하며 3위를 차지했다. 쑤닝Suning.com의 점유율은 3%에 불과해 4위를 기록했다. 최근 5년간 알리바바와 징동 상위 두 기업의 점유율은 꾸준히 상승하며 양강 구도를 굳히고 있다.

알리바바는 2016년 동남아시아 최대 전자상거래 기업인 '라자다'를 인수하며 해외 진출을 본격화했으며, 글로벌 물류 플랫폼인 '차이냐오Cainiao'와 글로벌 직구 플랫폼인 '알리익스프레스AliExpress' 설립을 통해 글로벌 사업을 확장해왔다. 글로벌 유통 매출은 최근 3년간 3배 규모로 성장했고 전체 유통 사업 내 매출 비중은 8%를 기록했다.

알리바바 vs. 징동 연간 활성 이용자 수 추이

자료: 알리바바, 징동, 하나금융투자

2019년 중국 B2C 전자상거래 시장 점유율

자료: 알리바바, 하나금융투자

알리바바 중국 유통업 지분 투자 현황

투자 시기	투자 기업	보유 지분
2016.01	Sanjiang Shopping	32%
2016.05	Suning.com	20%
2017.01	Intime Retail	74%
2017.05	Lianhua Supermarket	18%
2017.09	New Huadu	10%
2017.11	Sun Art Retail	36%
2018.02	Easyhome	15%
2018.02	Eleme	50%

주: 2018년 9월 말 기준
자료: 하나금융투자

중국 내에서는 적극적인 오프라인 유통 업체 인수와 온·오프라인이 결합된 신유통 상점 확장을 통해 중국 유통 시장 트렌드를 이끌어가고 있다. 2016년 중국 최대 가전 유통 체인인 쑤닝 지분 인수에 이어 2017년 중국 최대 슈퍼마켓 체인인 선아트Sunart 지분을 인수하며 중국의 전통 유통업 강자들을 흡수하기 시작했고, 전통 유통 기업에 알리바바의 빅데이터와 사물인터넷 기술을 접목해 혁신적인 유통 기업으로 변모시키고 있다. 2016년 론칭한 신유통 대형 마트 허마센셩Hema은 무인 계산 시스템, 신선식품 배송 등을 통해 온·오프라인의 장점을 유기적으로 결합했으며, 2020년 3월까지 총 207개 점포를 오픈해 중국 소비자의 니즈를 충족시키고 있다.

(2) 클라우드 서비스

알리바바는 중국 퍼블릭 클라우드 시장 점유율 1위로 중국 클라우드 산업을 주도하는 선도 기업이다. 2009년 클라우드 사업에 정식 진출해 최근 5년간 연평균 101% 이상의 가파른 외형 성장을 이어왔다. 알리바바의 IaaS 시장 점유율은 47.6%의 압도적인 시장 지배력을 보유하고 있으며 2018년 클라우드 매출 규모 기준으로 글로벌 시장에서는 아마존, 마이크로소프트에 이어 3위를 차지하고 있다.

클라우드 사업의 핵심역량인 데이터센터의 경우 2020년 6월 기준 중

중국 퍼블릭 클라우드(IaaS) 시장 점유율

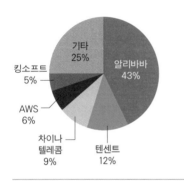

자료: 알리바바, 하나금융투자

글로벌 퍼블릭 클라우드(IaaS) 시장 점유율

자료: 가트너, 하나금융투자

알리바바 클라우드 사업 매출액 규모

자료: 알리바바, 하나금융투자

알리바바 클라우드 사업 이익률 추이

자료: 알리바바, 하나금융투자

국 10개, 해외 12개 리전region(복수 데이터센터)에 총 65개(중국 41개, 해외 24개) 데이터센터를 보유하고 있으며, 적극적인 해외 진출로 동남아시아, 동아시아, 북미, 유럽, UAE에 클라우드 리전을 구축했다. 클라우드 서비스는 빅데이터 분석, 보안, 사물인터넷 서비스 등 다양한 클라우드 서비스를 포함한다. 현재 중국 식약국CFDA, 중국 공안국PSB, CCTV 등 공공기관을 비롯해 웨이보Sina Weibo, 중국석화Sinopec, 필립스Philips, 시세이도Shiseido, 네슬레Nestle 등 다양한 기업 고객에 클라우드 서비스를 제공하고 있다. 중국 500대 기업의 40%, 중국 상장기업의 50%가 알리클라우드를 이용 중이다. 중국 내 클라우드 수요 증가와 유료 고객 증가로 최근 5년 간 알리바바 클라우드는 연평균 101%대의 높은 매출 성장률을 기록했으며, 점진적인 이익 개선세를 시현하며 흑자 전환을 앞두고 있다.

(3) 온라인 금융

알리바바는 글로벌 1위 핀테크 기업인 자회사 앤트파이낸셜Ant Financial을 통해 다양한 온라인 금융 사업을 영위 중이다. 앤트파이낸셜은 모바일 결제 시스템 '알리페이Alipay'에서 시작해 자산 관리, 보험, 온라인 은행, 대출 등 종합적인 금융 서비스를 제공하는 중국의 대표 핀테크 기업으로 성장했다.

중국 온라인 결제 시장 규모

(조위안) ■중국 연간 온라인 결제 거래액

자료: 윈드, 하나금융투자

4Q19 중국 모바일 결제 시장 점유율

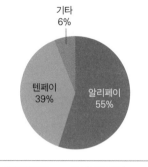

자료: 아이리서치(iResearch), 하나금융투자

앤트파이낸셜 글로벌 금융 기업 협력 및 투자 현황

연도	투자 · 협력 기업	국가	투자 · 합작 유형	브랜드명	사업 영역
2014	Paybang	오스트레일리아	합자회사 설립		글로벌 결제
2015	Paytm	인도	시리즈 A, 시리즈 C, 전략적 투자	Paytm	결제
2015	K-Bank	한국	공동 설립		인터넷 은행
2016	Ascend Money	태국	시리즈 A, 전략적 투자	Ascend Money	결제 · 온라인 대출
2016	M-Daq	싱가포르	전략적 투자		글로벌 증권 거래
2016	First Data	태국	전략적 협력		글로벌 결제
2016	BNP Paribas SA	프랑스	전략적 협력		글로벌 결제
2017	Kakao Pay	한국	전략적 투자	Kakao Pay	결제
2017	Globe Telecom	필리핀	시리즈 A	Gcash	결제
2017	Emtek	인도네시아	합자회사 설립	DANA	결제
2017	HelloPay	싱가포르	인수	Alipay	결제
2017	Alipay HK	홍콩	설립	Alipay HK	결제
2017	CIMB	말레이시아	합자회사 설립	Touch&Go	결제
2018	TMB	파키스탄	45% 지분 투자	Easypaisa	중소기업 은행

자료: 하나금융투자

알리페이는 알리바바의 C2C 전자상거래 플랫폼인 타오바오 거래의 3자 담보 역할을 위해 2004년 설립되었으며, 3년 만에 중국 신용카드 이용자 수를 넘어서는 5,000만 명의 이용자를 확보하며 중국의 대표 온라인 결제 플랫폼으로 자리 잡았다. 현재 전자상거래 플랫폼 외에 교통, 의료, 여행, 상점 등 각종 온·오프라인 영역에서 보편적인 결제 수단으로 이용되고 있으며, 중국의 요우커^{중국인 여행객} 수요를 중심으로 중국을 포함한 54개 국가와 지역에서 서비스를 제공하고 있다. 알리페이는 2019년 기준 중국 모바일 결제 시장 점유율 55% 1위를 기록 중이다.

알리페이의 성공 이후 알리바바는 다양한 온라인 금융 사업에 진출했으며, 글로벌 업체와의 협력과 투자를 통해 해외로 사업 영역을 확대하고 있다. 전자상거래와 결제 서비스를 통해 축적한 이용자의 거래 및 신용 빅데이터를 기반으로 자산 관리(위어바오^{余额宝}), 소액 대출(화베이^{花呗,} 지에베이借呗), 보험(중안보험^{众安保险}), 은행(왕상은행^{网商银行}) 등으로 사업을 확장하며 중국의 온라인 금융 산업을 주도 중이다. 또한 2014년 오스트레일리아 결제 서비스 업체 페이뱅^{Paybang}과의 합자회사 설립을 기점으로 2015~2018년 총 14개 글로벌 결제·은행 등 금융 기업을 대상으로 협업 또는 투자를 진행하며 글로벌 진출을 가속화하고 있다.

(4) 기타 혁신 사업

알리바바의 혁신 사업 부문은 알리바바의 빅데이터, 인공지능 기술을 기반으로 음성인식 하드웨어 제품인 '티몰 지니Tmall Genie'와 위치 정보 서비스를 제공하는 'AMAP'을 중심으로 매출을 창출하고 있다. 스마트 스피커 '티몰 지니'는 2017년 7월 출시 이후 1년 만에 판매량 500만 대를 기록하며 소비자로부터 좋은 반응을 얻었으며, 향후 알리바바의 사물인터넷과 스마트 홈 생태계 확장을 위한 핵심 하드웨어 제품이 될 것으로 보인다. 그 외 알리바바는 중국 커넥티드카 시장 공략을 위해 자회사인 오토나비AutoNavi와 인공지능 기반 최적화 길 안내 소프트웨어인 'AMAP'을 출시했다. AMAP는 중국 최대 위치 기반 서비스 플랫폼으로 AMAP를 통해 알리바바는 위치 기반, 교통 상황, 사용자, 애플리케이션 등의 4차 산업 생태계 조성에 핵심적인 빅데이터를 축적할 수 있는 중요한 수단이 되고 있다.

3. 사업 실적 및 추이

FY 2020년 4분기(2020년 1~3월) 매출액(1,143억 위안, YoY +22%)과 순이익(GAAP 기준 32억 위안)은 컨센서스를 각각 7%, 35% 상회하며 호실적을 시현했다. 중국 유통(비중 62%), 클라우드(비중 11%) 매출이 YoY 21%, 58%씩 고성장을 지속하며 분기 실적을 견인했다. 코로나19 영향으로 역성장이 예상되었던 광고(비중 27%) 매출은 YoY 3% 성장하며 예상보다 견조했다.

알리바바 매출 및 영업이익 추이

자료: 알리바바, 하나금융투자

    코로나19 확산에 따른 경제 위축에도 플랫폼 가치를 반영하는 총거래액GMV이 글로벌 전자상거래 업계 최초로 1조 달러(FY 2020년 기준, 같은 기간 이베이 GMV 889억 달러)를 기록했다. 이 중 중국 GMV가 93%를 차지하고 있으나 최근 해외 유저가 빠르게 증가하고 있어 향후 중국을 포함한 글로벌 전자상거래 시장에서 성장성이 기대된다. FY 2020년 기준 연간 활성 이용자 수 9.6억 명 중 해외(1.8억 명) 비중이 19%까지 확대되었다. 이는 알리바바 티몰T-mall/타오바오Tabao의 가품 리스크 감소, 직구 시스템 활성화(구매 대행업체 급증, 온라인 언어 지원 등) 등에 기인한 것으로 추정한다. 중국 유통 부문(티몰/타오바오)의 연간 활성 이용자 수와 모바일 MAU는 QoQ 1,500만 명/2,200만 명 순증한 7.3억/8.5억 명으로 전년 동기 수준의 높은 순증 규모를 기록했다.

알리바바 전자상거래 매출 추이

자료: 알리바바, 하나금융투자

알리바바 전자상거래 모바일 MAU 추이

자료: 알리바바, 하나금융투자

전자상거래 모바일 MAU 순증 규모

자료: 알리바바, 하나금융투자

전자상거래 연간 활성 이용자 수 순증 규모

자료: 알리바바, 하나금융투자

3부 반드시 주목해야 할 해외 주식들

4. 재무제표

알리바바 연간 주요 재무제표

(단위: 백만 KRW, %, 배)	FY 2017	FY 2018	FY 2019	FY 2020
매출	27,029,773	41,985,413	62,516,953	86,508,388
증가율(%,YoY)	56	58	51	35
영업이익	8,206,806	11,628,335	9,470,013	15,517,542
증가율(%,YoY)	65	44	-18	60
순이익	7,458,792	10,752,444	14,579,945	25,361,838
증가율(%,YoY)	-39	47	37	70
기본 EPS	2,992	4,204	5,632	9,644
증가율(%,YoY)	-40	43	35	67
ROE	17.6	19.9	20.4	23.9
PER	47.1	45.1	60.9	30.8
PBR	6.7	8.1	6.4	4.9

자료: 블룸버그, 하나금융투자

한국 기업 비교

	알리바바	신세계
시가총액	719조 3,904억 원	2조 1,758억 원
매출액	86조 5,084억 원	6조 3,942억 원
순이익	25조 3,618억 원	5,264억 원
PER(배)	26.4	15.5
PBR(배)	4.6	0.5
ROE(%)	15.2	3.3

주: 알리바바 매출 및 순이익은 FY 2020년(2019년 4월~2020년 3월) 기준, PER·PBR·ROE는 FY 2021E 전망치 / 신세계 매출 및 순이익은 2019년 연간 기준, PER·PBR·ROE는 2021년 전망치
자료: 블룸버그, 하나금융투자

5. 투자 전망

알리바바는 FY 2021년(2020년 4월~2021년 3월) 매출액 가이던스로 6,500억 위안(YoY +28%)을 제시했으며, 이는 컨센서스를 소폭(약 1%) 하회하는 수준이다. 다만 코로나19 확산에도 핵심 부서인 유통 부문의 플랫폼 경쟁력이 견조하고, 글로벌 유저가 꾸준히 유입되고 있는 점은 긍정적이다. 더불어 향후 신성장동력으로 기대되는 클라우드 사업 부문(최근 5년 CAGR 101% 성장)의 흑자 전환도 기대된다. 단기적으로 FY 4Q20(2020년 1월~2020년 3월) 실적을 저점으로 점진적인 반등(FY 1Q20 YoY +26%, FY 2Q21 YoY +30%)이 예상되며, 중장기적인 관점에서 기업 펀더멘탈은 여전히 견조하다는 판단이다.

알리바바 주가 추이(2020년 7월 3일 기준)

자료: 블룸버그, 하나금융투자

6. 창업자 소개: 마윈

마윈馬雲, Jack Ma은 중국 기업인의 롤 모델로 신화적인 인물로 꼽히고 있다. 1964년 중국 저장성 항저우에서 태어났다. 그는 매우 집념이 강한 인물이었다. 영어 공부를 위해 매일 아침 호텔에 가서 외국인들과 직접 대화를 한 이야기는 유명하다.

항저우사범대학을 졸업한 후에는 영어 교사 생활을 했다. 사업가로서 처음에 설립한 회사는 하이보海博라는 통역 회사였다. 1999년 3월 항저우에 알리바바를 설립했다. 중국의 작은 기업들이 글로벌 시장에 진출할 발판을 마련한다는 비전으로 B2B 플랫폼을 만든 것이다. 알리바바는 마윈의 강력한 비전과 집념, 끈기와 도전에 크게 힘입었다.

마윈은 꿈을 강조한다. "이상과 끈기는 결코 사람을 배신하지 않는다. 가난보다 더 무서운 것은 꿈이 없는 것이다. 꿈이 없으면 미래도 희망도 없기 때문이다. 스스로 무엇을 하고 싶은지 모르는 사람이 가장 불행한 사람이다. 꿈이 있다면, 또 스스로 무엇을 하고 싶은지 정확히 알고 있다면 그 어떤 고통도 감내할 수 있다. 그리고 가장 마지막에 웃는 자가 될 수 있다."

마윈은 2014년 아시아 최고 부자로 등극했고, 2015년에는 모교에 1억 위안을 기부했으며, 2018년 은퇴를 선언하고 경영자 자리를 내려놓았다.

텐센트홀딩스
0700.HK

TENCENT 腾讯

텐센트홀딩스(Tencent Holdings)	
설립 연도	1998
상장일	2004. 06. 16
주요 주주	MIH TC 홀딩스 31.00%
대표자	마화텅
홈페이지	www.tencent.com
Key Data	
상장주식	홍콩
시가총액(억 HKD)	50,156
한화(조 원)	776
PER(2020E)	38.2
52주 최고/최저	529.0/312.2
현재 주가(USD)	524.5

* 기준일: 2020. 07. 03

주 영업 구성	
부가가치 서비스	53%
광고	18%

* 주: 2019년 말 기준

1. 중국 소셜 네트워크 서비스와 온라인 게임 1위 기업

텐센트홀딩스는 1998년 11월 중국 선전에서 현 마화텅 회장과 장즈동 부회장이 설립한 IT 회사로 중국 소셜 네트워크 서비스와 온라인 게임 1등 기업이다. 1999년 텐센트는 중국 인터넷 시장 초기 중국 국민 메신저 'QQ'를 통해 시장 선점에 성공했으며, 스마트폰 보편화에 따른 인터넷 모바일화 트렌드 속에 모바일 메신저 위챗微信을 출시해 중국 SNS 시장을 독점했다.

　이후 텐센트는 메신저를 통해 구축한 유저와 데이터베이스를 기반으로 다양한 부가 서비스를 제공하며 비즈니스 수익화에 성공했다.

2003년 시작한 온라인 게임 서비스 사업에서는 QQ 메신저가 보유한 유저 풀과 한국을 포함한 글로벌 우수 게임 작품의 중국내 퍼블리싱을 통

텐센트홀딩스 주요 서비스 분야

자료: 텐센트홀딩스, 하나금융투자

텐센트 대주주 구분

자료: 윈드, 하나금융투자

텐센트 매출 비중 추이

자료: 텐센트홀딩스, 하나금융투자

해 흥행에 성공하며 기존 PC 게임 강자인 넷이즈^{网易, NetEase}를 넘어서며 시장 지배력을 확대했다.

2011년 이후 텐센트는 모바일 메신저 위챗과 위챗의 간편 결제 서비스 위챗 페이를 바탕으로 초기 모바일 결제 및 송금, 오프라인 결제, 음식 배달, 전자상거래에서부터 재테크, 보험, 은행 등 금융 서비스에 이르기까지 다양한 서비스 생태계를 구축했으며 최근에는 클라우드, 인공지능 기술 등 중국 4차 산업혁명을 선도하는 글로벌 ICT 기업으로 성장했다.

2019년 말 기준 대주주 지분은 낭아공 미디어 업체 내스퍼스^{Naspers} 자회사인 MIH TC^{Myriad International Holdings}가 31%로 가장 높다. 2대 주주는 창업자인 마화텅이 보유 중인 어드밴스 데이터 서비스^{Advance Data Services}로 7.57% 지분을 확보 중이며, 텐센트 산하 자선기금회가 1%를 보유 중이다. 지난 2016년 마화텅은 보유한 텐센트 주식 1억 주를 자선 활동을 위해 텐센트 자선기금회에 이전한 바 있으며, 현재는 차등의결권을 통해 텐센트 경영권에 여전히 높은 영향력을 행사하고 있다.

2. 사업 구성

(1) 게임

텐센트 게임 사업부는 전체 매출의 28%를 담당하는 핵심 사업부로 QQ 메신저와 위챗의 독보적인 소셜 네트워크 영향력과 공격적인 인수합병을 통해 2003년 게임 시장에 진출한 이후 빠르게 성장했다. 텐센트는 사업 초기 다양한 온라인 게임 서비스를 자체 플랫폼 QQ.com에서 제공하며, 단일 QQ 메신저와 다수 게임 계정 간 연계를 통한 편리한 접근성을 기반으로 빠르게 게임 유저를 확보했다. 또한 국내 게임 개발 업체 넥슨의 RPG 게임 '던전앤파이터Dungeon & Fighter'와 스마일게이트의 FPS 게임 '크로스파이어CrossFire' 등 우수 게임 제품을 중국 내에서 퍼블리싱해 흥행에 성공하며 기존 중국 PC 게임 강자인 넷이즈와 양강 구도를 형성했다.

핵심 사업부인 모바일 게임의 경우 글로벌 매출 1위 AOS 게임 '왕자영요Honor of Kings', MOBA 게임 '화평정영Game for Peace'을 중심으로 견조한 외형 성장을 시현 중이다. 특히 중국 내 코로나19가 춘절을 앞두고 본격적으로 확산되었고, 자가 격리가 장기화됨에 따라 2020년 1~3월 모바일 게임 매출이 전년 동기 대비 64% 고성장했다. PC 게임의 경우 경쟁력 있는 글로벌 게임사에 적극적으로 투자, 판권 확보를 통해 중장기 성

중국 게임 시장 분류별 규모

자료: 텐센트홀딩스, 하나금융투자

중국 모바일 게임 시장 점유율(2019년)

자료: Wind, 하나금융투자

장성을 확보해나가고 있다. 2009년 리그오브레전드 개발사 라이엇게임 즈Riot Games에 최초 지분 투자를 시작했으며, 2011년 말 라이엇 지분의 총 93%를 확보하며 자회사로 편입했다. 리그오브레전드 글로벌 매출은 2018/2019년 각 14억/15억 달러로 PC 게임 기준 글로벌 2위(1위 포트나이트)를 기록했다. 또한 텐센트는 2018년 '배틀그라운드Battlegrounds' 개발사 펍지PUBG의 모회사인 블루홀BLUEHOLE(현 크래프톤Krafton)에 약 5,700억 원을 투자해 2대 주주로 등극했으며, 현재 배틀그라운드의 글로벌 퍼블리싱을 담당 중이다.

(2) 소셜 네트워크 플랫폼

텐센트는 1999년 중국 인터넷 시장 초기 PC 기반의 QQ 메신저 출시를 통해 시장 선점에 성공했다. 2011년 모바일 메신저 위챗 출시 후 텐센트는 QQ 메신저와 위챗을 각각 PC와 모바일 버전에 특화된 메신저가 아닌 상호 경쟁하는 전략을 통해 경쟁력을 강화했다. 텐센트의 대표적인 SNS 플랫폼 위챗의 월간 이용자 수는 2012년 1.6억 명에서 2020년 3월 기준 12억 명으로 빠르게 증가해 중국 SNS 플랫폼 중 가장 많은 유저를 확보했다. 또한 위챗 이용자 수의 증가 속도는 초기 SNS 플랫폼인 QQ 수준을 크게 상회한다. QQ 월간 이용자 수는 2004년 1.4억 명에서 2020년 3월 현재 7.7억 명으로 증가한 바 있다. 위챗이 중국 최대 소셜 네트워크 서비스 플랫폼으로 성장함에 따라 이 플랫폼을 통해 확보한 대규모 유저 풀은 게임뿐만 아니라 전자상거래, 광고, 결제 시스템 등 기타 텐센트 사업의 중요한 원천이 되고 있다.

텐센트 SNS 플랫폼 월간 이용자 수 추이

자료: 텐센트홀딩스, 하나금융투자

위챗 및 QQ 메신저 연령별 이용자 비중

자료: 아이리서치, 하나금융투자

(3) 광고

텐센트의 광고 매출은 '텐센트 뉴스Tencent News', '텐센트 비디오Tencent Video' 등 미디어 플랫폼을 통한 미디어 광고와 12억 명 이상의 평균 이용자 수를 보유 중인 위챗을 통한 소셜 광고 매출로 이루어지고 있다. 1Q20 기준 텐센트 광고 사업의 매출 비중은 16%이다. 코로나19 확산으로 연초 이후 광고 수요가 급감했음에도 상대적으로 견조한 수준을 기록했으며, 2020년 4월 이후 광고 수요가 점차 회복함에 따라 향후 광고 매출의 실적 기여도가 상승할 전망이다. 소셜 광고의 경우 카카오톡의 카카오스토리와 유사한 위챗 모멘트 이외에도 공식 계정, 미니 프로그램 등 소셜 네트워크 플랫폼에서 차별화된 가격 정책과 광고 노출 횟수 증가를 통한 광고 매출의 성장 잠재력이 높으며 향후 매출 기여를 지속적으로 확대해나갈 것으로 예측된다.

중국 동영상 플랫폼 톱3 활성 이용자 수

(억 명)
- 텐센트 비디오
- 유쿠
- 아이치이

14.12 15.12 16.12 17.12 18.12 19.12 20.05

6.3
5.1
4.0

자료: 윈드, 하나금융투자

중국 뉴스 앱 활성 이용자 수 추이

(억명)
- 토우티아오
- 넷이즈
- 텐센트
- 시나
- 소후

14.12 15.12 16.12 17.12 18.12 19.12 20.05

3.6
3.1
0.7

자료: 윈드, 하나금융투자

(4) 결제 시스템

중국의 모바일 결제 시장은 알리바바 알리페이의 독점적 시장 구도였다. 그러나 2016년 이후 위챗 페이의 홍빠오红包(디지털 머니 선물 서비스)가 인기를 끌며 점유율을 빠르게 확보하면서 양자 경쟁 구도로 변한 상황이다. 2019년 기준 모바일 결제 거래액 기준으로 알리페이가 55%, 텐페이(위챗 페이)가 39% 점유율을 차지하고 있으나, 모바일 결제 및 송금, 오프라인 결제 분야에서는 소셜 네트워크 서비스 플랫폼을 기반으로 한 위챗 페이가 비교 우위에 있다.

2015년까지 텐센트 매출 중 결제 서비스 비중은 5% 이하로 크지 않았으나 텐센트 산하의 플랫폼 사업과 연계를 통한 시너지 확대로 빠르게 증가했다. 2019년 기준 텐페이, 금융상품(펀드 등), 기타 금융 서비스를 포함한 금융과학·서비스 매출 비중은 27%를 기록했다. 텐센트의 광대한 유저 데이터(위챗 MAU 12억 명)를 기반으로 텐센트의 금융 서비스는

중국 모바일 결제 시스템 시장 점유율

자료: 윈드, 하나금융투자

텐센트 금융 사업

	자회사	지분투자
은행		위뱅크
보험	위슈어	중안보험·HTLIC·아비바
증권	텐센트증권	CICC·FUTUS
펀드	Tengan Fund	하우바이
재테크	텐페이·웨이황금	가우텅
신용평가	텐센트 크레딧	
기타 금융	블록체인·파이낸스 클라우드	

자료: 하나금융투자

전자상거래, 차량 호출 서비스, 배달 플랫폼 등으로 확대되었으며 은행(대출), 보험, 증권, 펀드, 재테크, 신용평가, 기타 금융 7개 이상 분야에 진출해 온라인 금융 생태계를 구축해나가고 있다.

(5) 클라우드

클라우드 분야에서는 점유율 2위를 차지하고 있다. 텐센트는 1위를 차지하고 있는 알리바바보다 비교우위에 있는 게임, 영상 등의 분야를 기반으로 고성장해왔다. 텐센트 클라우드의 가장 큰 강점은 방대한 이용자(위챗 MAU 12억 명, QQ MAU 8억 명)를 기반으로 대형 플랫폼을 다수 보유 중이라는 점이다. 플랫폼 경쟁력을 바탕으로 게임, 영상, 배달, 인스토어, 금융, 전자상거래 등을 포함해 중국 인터넷 기업 중 가장 많은 산업에 진출함에 따라 클라우드 사업 영역도 가장 다양하다. 게임 부문에서는 '배틀그라운드 모바일', '클래시 로얄', '리니지2 레볼루션' 등을 포함한 글로벌 대형 게임에 클라우드 서비스를 제공 중이다. 전자상거래 부문은 동남아시아 최대 쇼핑 플랫폼 '쇼피Shopee'에 결제 시스템 및 물류 서비스 관련 클라우드 서비스를 제공해 싱가포르, 말레이시아, 필리핀, 인도네시아, 타이, 베트남 마켓에 진출했다. 그 외에도 교육, 유통, 증권 등을 포함해 경쟁사보다 넓은 사업 영역에 진출했다.

텐센트 클라우드가 다양한 산업에 진출함에 따라 글로벌 협력사 수도 빠르게 늘어나는 추세이다. 2017년 3월 그래픽 컴퓨팅 기술의 글로벌 리더이자 GPU를 발명한 '엔비디아'와 전략적 파트너십을 구축해 테슬라 P40, M40 GPU 및 고성능 클라우드 물리 머신을 기반으로 하는 GPU 공유 가상 머신을 출시했다. 글로벌 컨설팅 업체 '딜로이트Deloitte', 인터넷 솔루션 영역 선두자 '시스코CISCO'와 제휴를 맺어 빅데이터 및 IT 솔루션을 지원한다. 텐센트는 알리바바보다 늦은 2012년에 클라우드 사업에 진입했음에도 차별화된 경쟁력을 구축 중이다. 텐센트 클라우드의 중

글로벌 클라우드 시장 구성 및 규모   **중국 IaaS 퍼블릭 클라우드 시장 점유율**

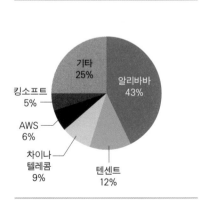

자료: 윈드, 하나금융투자   자료: 각 사 보고서, 하나금융투자

국 Iaas 퍼블릭 클라우드 시장 점유율은 2016년 7%에서 2019년 12%로 빠르게 상승했으며, 2020년 7월 기준 5개 대륙의 25개 리전을 구축해 글로벌 전체 100만 대 이상의 서버 인프라를 확보했다.

(6) 기타 혁신 사업

텐센트는 핵심 사업 이외에도 인공지능, 음성인식을 포함한 인공지능 기술과 금융, 의료 등의 분야에 지속적인 투자 및 연구개발을 통해 중장기적 신성장동력을 확보해나가고 있다. 2019년 기타 혁신 사업 매출은 76억 위안으로 전체 매출의 2%를 차지했다. 구체적으로 교통수단,

텐센트 지분 투자 주요 기업

업종	최초 투자 일시	투자 건수	총투자규모 (bn USD)	투자 대상 기업
교통수단	2013년	36	26.9	우버, 디디추싱, 테슬라, 올라, 모바이크
O2O	2010년	33	13.3	메이투안, 퉁청 트래블, 홈링크
게임	2005년	83	13.0	슈퍼셀, 액티비전 블리자드, 라이엇, 시산쥐
신소매	2015년	5	10.0	완다, 용휘마트, 하이란그룹
금융	2011년	27	9.2	CICC, 푸투증권, 이신그룹
전자상거래	2010년	32	5.8	징동, 웨이핀후이, 메이르유센
콘텐츠·미디어	2011년	95	3.1	또우위, 후야, 웨이잉스다이
의료	2014년	36	2.6	그레일, 위닥터, 하오닥터
스마트 부품	2013년	29	1.2	웨이징 과학, 에센셜 프로덕츠
교육	2014년	19	0.5	VIPKID, 위엔푸다오, 신동방
기업 서비스	2012년	28	0.4	-
SNS	2010년	31	0.3	스냅챗, 하이크, 카카오, 콰이쇼우
인공지능	2017년	1	0.0	obEN

자료: 하나금융투자

O2O, 신소매 등 산업의 600개 이상 기업에 투자하고 있으며, 그중 다수 기업이 홍콩, 미국 등의 지역에 상장하며 투자에 성공했다. 또한 현재 중국 및 미국 지역의 4개 인공지능 연구소를 통해 인공지능과 게임, 콘텐츠, 소셜 네트워크 서비스, 리테일, 헬스케어 등 산업과의 시너지 효과를 위한 연구개발에 주력하고 있다. 이것은 텐센트가 중국 4차 산업혁명의 핵심 인터넷 기업으로 성장하는 데 중요한 자산이 될 것으로 판단한다.

3. 사업 실적 및 추이

2020년 1분기 매출액은 1,081억 위안(YoY +26%, QoQ +2%), GAAP과 Non-GAAP 기준 순이익은 각각 289억 위안(YoY +6%, QoQ +34%), 271억 위안(YoY +29%, QoQ +6%)으로 시장 컨센서스 대비 매출액은 7%

텐센트홀딩스 매출 및 영업이익 추이

자료: 텐센트홀딩스, 하나금융투자

상회, Non-GAAP 순이익은 9% 상회했다. 1분기 코로나19 영향으로 인한 중국 내 사회적 거리 두기는 모바일 게임(YoY +64%) 및 SNS 광고(YoY +47%) 사업의 고성장으로 이어졌다. 전체 게임 매출은 YoY 31% 성장하며 판호 발급 중단으로 인해 게임 매출이 둔화되기 시작한 2018년 1분기 이전 수준까지 회복되었다. 핀테크·클라우드 매출도 교육, 리테일 등 산업의 클라우드 수요 증가로 265억 위안(YoY +22%)을 기록했다. 한편 모바일 게임의 Mix 개선으로 전체 GPM은 YoY 2%p 상승했으나, 춘절 기간 공격적인 프로모션에 따른 마케팅 비용의 증가(YoY +2%p)가 이를 상쇄하며 OPM은 전년도와 비슷한 수준을 유지했다.

4. 재무제표

텐센트 연간 주요 재무제표

(단위: 백만 KRW, %, 배)	2016	2017	2018	2019
매출	26,559,841	39,816,471	52,019,227	63,650,981
증가율(%,YoY)	48	56	32	21
영업이익	9,253,414	14,175,742	15,370,338	18,788,131
증가율(%,YoY)	39	60	9	21
순이익	7,183,698	11,975,420	13,095,555	15,741,972
증가율(%,YoY)	43	74	10	19
기본 EPS	766	1,272	1,387	1,663
증가율(%,YoY)	42	73	10	18
ROE	27.9	33.2	27.2	24.7
PER	38.7	44.5	33.1	34.1
PBR	9.2	12.5	8.1	7.4

자료: 텐센트홀딩스, 하나금융투자

한국 기업 비교

	텐센트홀딩스	카카오
시가총액	776조 1,467억 원	26조 3,400억 원
매출액	63조 6,510억 원	3조 701억 원
순이익	15조 7,420억 원	-3,010억 원
PER(배)	38.2	77.1
PBR(배)	8.2	4.6
ROE(%)	22.3	6.0

주: 매출 및 순이익은 2019년 연간 기준, PER·PBR·ROE는 2020년 전망치

5. 투자 전망

텐센트는 2Q20에도 양호한 게임 실적을 기록할 전망이다. 중국 내 핵심 수익원인 '왕자영요'와 '화평정영'의 경우 2020년 4월과 5월 신규 아이템 및 프리미엄 스킨을 출시함에 따라 1Q20 수준의 견조한 실적 성장이 기대된다. 해외에서도 코로나19에 따른 자가 격리 장기화 추세로 '배틀그라운드 모바일'과 '콜오브듀티 모바일' 매출 증가가 예상된다.

신작 출시 기대감도 유효하다. 2020년 하반기 2개의 블록버스터급 모바일 게임 '던전앤파이터 모바일DnF Mobile'과 '리그오브레전드 모바일LoL Mobile' 출시가 예정되어 있어 향후 신성장동력으로 작용할 전망이다. 던전앤파이터 PC 버전의 경우 2019년 텐센트 전체 매출의 12%를 기여한 것으로 추정되는 대형 게임 중 하나이다. 2020년 6월 중순 기준 4,854만 명이 던전앤파이터 모바일 사전 예약을 완료했으며, 이는 던전앤파이터 PC 버전 MAU(1,500만~2,000만 명 추정)의 2~3배 수준으로 정식 출

텐센트 주가 추이(2020년 7월 3일 기준)

자료: 블룸버그, 하나금융투자

시 이후 실적 기대감이 매우 큰 상황이다. 또한 연내 리그오브레전드 모바일의 글로벌 출시 기대감도 유효하다. 리그오브레전드 PC 버전은 2018/2019년 매출 14억/15억 달러(글로벌 2위)를 기록한 게임인 만큼 모바일 버전 출시에 따른 외형 성장이 기대된다. 한편 PC 게임의 경우 지난 6월 초 출시한 '발로란트Valorant' 관련 실적 기대감이 유효하다. 그 외 핀테크·클라우드 사업의 중장기 성장성도 기대된다. 코로나19 영향으로 인해 교육, 리테일 등 분야의 위챗 미니 프로그램, 클라우드 등의 수요는 지속될 것으로 판단한다.

6. 창업자 소개: 마화텅

텐센트의 창업자이자 CEO인 마화텅馬化騰, Ma Huateng은 1971년 광둥성 산터우시에서 태어났으며, 선전대학교에서 컴퓨터공학을 전공했다. 대학

교 졸업 후 통신 회사 룬쉰潤迅에
서 무선호출기 개발 엔지니어로
일했으나 무선호출기의 시장 퇴
출로 1998년 대학 동창 장즈동张
志东과 함께 텐센트를 창업했다.

당시 PC 기반의 인터넷 메신
저가 각광받고 있었는데 이스라
엘 스타트업 'ICQI Seek You'와 미국 업체 AOL의 인스턴트 메신저를 모방
한 QQ 메신저를 출시하며 지금의 텐센트를 만들었다. 이런 모방 전략
에 대해 마화텅은 "모방은 부끄럽지 않다, 새로운 창조로 이어지기 때문
이다"라는 신념을 표현했다.

QQ 이용자가 늘면서 회사 도약의 필요성을 느꼈지만, 자금을 쉽게
확보할 수 없었다. 그러던 중 글로벌 IT 뉴스 회사인 IDG와 홍콩 부동
산 재벌 리자청李嘉誠으로부터 각각 110만 달러의 투자를 받아 몸집을 키
웠다. 닷컴 버블이 꺼지던 시기 투자자 이탈 등으로 어려움을 겪었지만,
유료화 모델 도입으로 위기를 돌파하며 부흥의 전기를 마련했다. 이후
모바일 메신저, 소셜 네트워크 서비스, 인터넷 검색, 온라인 게임 등으
로 사업 영역을 확장하며 현재의 텐센트를 일구었다.

마화텅은 자신의 성공 비결로 철저한 현지화 전략을 꼽는다. "보편적
IT 서비스를 중국 현실에 맞게 잘 구현해내는 것이 최고의 성공 비결"이
라고 이야기한 적이 있다. 그는 텐센트의 모든 서비스를 직접 이용해보
는 현장형 경영자이다. 프로그래머 출신이라는 강점을 충분히 살려 자

사 서비스를 점검하고 보완하는 데 열정을 쏟는다.

마화텅은 인수합병을 진행하면서 '소유하되 간섭하지 않는다'는 원칙을 견지했다. 라이엇게임즈나 슈퍼셀Supercell을 인수한 후에 이 두 회사의 경영에 전혀 개입하지 않았다. 자본을 지원하면서 운영은 자체적으로 하도록 배려했다. 외국 기업이 중국 기업 텐센트의 문화에 눌려 창의적인 사고와 개발이 막히는 것을 방지하기 위해서였다. 이런 철학을 가지고 인수합병에 공격적으로 나서고 있다. 우리나라 대표 IT 기업 카카오의 지분을 대거 사들이기도 했다.

마화텅은 2019년 3월 《포브스》가 발표한 세계 부자 명단에서 388억 달러로 중국 최고의 부자로 이름을 올렸다.

바이두
BIDU.US

바이두(Baidu)	
설립 연도	2000
상장일	2005. 08. 05
주요 주주	리옌훙 16.40%
대표자	리옌훙
홈페이지	www.baidu.com
Key Data	
상장주식	미국
시가총액(억 USD)	425
한화(조 원)	51
PER(2020E)	20.0
52주 최고/최저	147.4/82.0
현재 주가(USD)	123.3

* 기준일: 2020. 07. 03

주 영업 구성	
온라인 광고	73%

* 주: 2019년 말 기준

1. 중국의 구글

바이두는 2000년 1월에 설립된 중국 내 최대 검색엔진 회사이다. 2018년까지 바이두의 중국 검색엔진 시장 점유율은 평균 70%로 중국에서 가장 영향력 있는 검색엔진으로 자리 잡았다.

바이두의 매출 대부분은 온라인 광고를 통해 창출된다. 최근에는 4차 산업혁명에 맞춰 'All in AI' 전략을 내세우며 대대적으로 인공지능에 투자를 확대하고 있다. 이를 통해 스마트 스피커, 자율주행 미니 버스 '아폴로Apollo' 출시 등 인공지능 사업 영역에서 눈에 띄는 성과를 이루어내고 있다.

2020년 1월 기준 최대주주는 창업자 리엔홍으로 2020년 1월 기준 총 16.4% 지분을 확보했다. 기관 투자자 중에는 블랙록Black Rock 지분

바이두 주요 서비스 분야

자료: 바이두, 하나금융투자

바이두 대주주 현황

자료: 바이두, 하나금융투자

바이두 매출 비중 추이

자료: 바이두, 하나금융투자

이 3.8%로 가장 높고, 뱅가드Vanguard가 3.0%, 하딩로브너Harding Loevner가 2.5%를 보유 중이다.

2. 사업 구성

(1) 온라인 광고

2019년 중국 온라인 광고 시장 규모는 6,182억 위안(약 105조 원)으로 최근 3년 연평균 29% 성장률을 기록하며 여전히 고성장세를 지속 중이다. 바이두는 중국 검색엔진 시장 점유율 70% 이상을 유지하며 절대적인 지배력을 보유하고 있으며, 온라인 광고 매출은 2010년 대비 10배 규모로 성장했다.

　바이두 광고 매출의 견조한 성장세는 바이두의 검색과 뉴스피드의 연계 효과 강화에 기인한다. 빅데이터 기반의 '다이내믹Dynamic 광고'와 최적 클릭당 비용 지불Optimized Cost Per Click 방식의 광고 출시 등이 검색과 피드 플랫폼의 수익화 확대에 크게 기여했다. 바이두의 뉴스피드 플랫폼의 콘텐츠 증가, 동영상 콘텐츠 비중 확대는 뉴스피드뿐만 아니라 전반적인 바이두 앱 이용 시간 확대로 이어지고 있다. 그 외 바이두의 소셜

중국 온라인 광고 규모 추이

자료: 아이리서치, 하나금융투자

바이두 앱 DAU 추이

자료: 바이두, 하나금융투자

2018년 검색엔진 시장 점유율

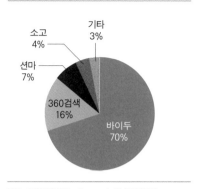

자료: 스탯카운터(StatCounter), 하나금융투자

2018년 모바일 검색엔진 시장 점유율

자료: 스탯카운터, 하나금융투자

커머스 플랫폼 '바이두뉘미百度糯米', 소셜 네트워크 서비스 플랫폼 'BJH百家号' 등 플랫폼과 바이두 뉴스피드를 연계시키는 알고리즘 도입으로 바이두 앱 트래픽은 견고한 증가세를 유지하고 있다.

2020년 1분기 바이두 모바일 앱 DAU는 전 분기 대비 2,700만 명 순증한 2.2억 명(YoY +28%)을 기록했으며, 전체 유저의 모바일 검색량 및 피드 활성화 시간Feed time spent이 YoY 45% 및 51%씩 크게 증가했다.

(2) 아이치이

아이치이iQIYI는 중국판 넷플릭스로 불리는 동영상 스트리밍 플랫폼으로 2018년 3월 미국 증시에 상장했다. 중국 온라인 스트리밍 시장은 바이두의 '아이치이', 텐센트의 '텐센트 비디오', 알리바바의 '유쿠Youku'가 독점하고 있는데 그중 아이치이는 글로벌 인기작 판권 확보와 자체 제작 경쟁력을 기반으로 중국 시장 내 가장 많은 유료 이용자 수를 확보하고

중국 스트리밍 기업 월간 사용자 수
(2020년 5월 기준)

자료: 윈드, 하나금융투자

중국 3대 동영상 플랫폼 활성 이용자 수 비교

자료: 윈드, 하나금융투자

아이치이 유료 회원 수

자료: 아이치이, 하나금융투자

사업별 매출 비중 추이

자료: 윈드, 하나금융투자

있다. 2020년 5월 기준 아이치이의 월간 이용자 수는 6.3억 명으로 2위인 텐센트 비디오와 3위인 유쿠의 5.1억 명, 4.0억 명 대비 격차를 확대해나가고 있다. 2019년 아이치이 매출은 YoY 16% 증가한 290억 위안을 기록하며 견조한 성장세를 유지하고 있으며, 유료 회원 매출을 지속적으로 확대해나가고 있다.

(3) 인공지능

바이두는 지난 2017년 'All in AI' 전략을 발표했다. 인공지능에 승부를 걸겠다는 포부이다. 이에 따라 음성인식 기술 '듀얼OS^{DuerOS}'와 자율주행 플랫폼 '아폴로^{Apollo}' 프로젝트 중심의 인공지능 사업에 주력하고 있다. 2017년 11월 연례 컨퍼런스 '바이두 월드^{Baidu World}'에서 듀얼OS 2.0을 공개했으며, 2017년 말까지 130개 협력 업체와 스마트 TV, 스마트폰, 스토리텔링 장난감, 스마트 가전 등 50개 이상의 듀얼OS 기술 적용 제품을 출시했다. 2017년 11월 바이두 듀얼OS 기술을 탑재한 첫 음성인식 스피커 '레이븐 H^{Raven H}'를 내놓았고, 2018 CES^{Consumer Electronics Show}에서 스크린을 탑재한 '리틀 피시 VS1^{Little Fish VS1}', '셍글드^{Sengled}' 스마트 램프 스피커, 조명 및 프로젝터의 기능이 탑재된 '포핀 알라딘^{PopIn Aladdin}' 등 음성인식 스피커 3종을 추가로 공개하며 하드웨어 제품 출시를 이어가고 있다.

바이두는 자율주행 기술에서도 적극적인 연구개발과 투자를 진행 중

중국 최초 자율주행차량 '아폴로' 양산	**바이두, 인공지능 하드웨어 수익화 지속 중**
자료: 바이두, 하나금융투자	자료: 바이두, 하나금융투자

바이두 매출 및 영업이익 추이

자료: 바이두, 하나금융투자

이다. 2017년 4월 바이두는 자율주행 프로젝트인 '아폴로 프로젝트'를 출시했다. 아폴로 프로젝트는 바이두가 완성차 업체에 소프트웨어와 하드웨어 시스템을 결합해 자체적인 AV 시스템을 신속하게 구축할 수 있도록 지원하는 '완전 개방형 자율주행' 프로젝트로 완성차(킹롱, 다임러, 포드), 부품 업체(보쉬), 라이다(벨로다인), 반도체(엔비디아, 인텔, NXP), 지도(톰톰TomTom), 자율주행 시스템(모멘타) 등 각 분야를 대표하는 100개 이상의 기업들이 파트너사로 참여하고 있다. 한국 기업으로는 현대자동차가 여기에 참여했다. 바이두의 아폴로 프로젝트는 우버, 닛산 등이 선택한 폐쇄적인 플랫폼이 아니다. 파트너사와의 적극적인 협력을 통한 공생을 추진하고 있으며, 이는 구글의 안드로이드 전략과 유사하다고 볼 수 있다.

2017년 프로젝트 출시 이후 버전 1.0을 시작으로 지속적인 연구개발과 업그레이드를 통해 2018년 7월 자율주행 주차, 무인 자율주행 배달,

무인 자율주행 셔틀 서비스가 탑재된 버전 3.0을 발표했다. 바이두는 킹롱버스와 협력해 아폴로 3.0이 탑재된 14인승 자율주행 미니버스 '아폴로' 양산에 성공했다. 킹롱KingLong을 시작으로 BYD와 2020년 3단계, 소콘Sokon과 2020년 3단계, 2021년 4단계 자율주행 차량을 출시할 예정이다.

3. 사업 실적 및 추이

2020년 1분기 매출은 225억 위안(YoY −7%)으로 컨센서스(219억 위안)를 3% 상회했고, 가이던스 상단에 부합했다. 다각화된 사업 포트폴리오로 코로나19에 기인한 실적 둔화가 예상보다 크지 않았다. 특히 온라인 광고 매출(비중 YoY −10%p) 의존도가 하락해 광고 시장 위축에 따른 부정적 영향이 제한적이었고, AI 및 아이치이를 포함한 기타 사업이 YoY 28% 고성장하며 전체 실적을 견인했다. 사업 부문별로 '바이두 코어Baidu Core' 매출은 71억 위안(YoY −13%)으로 가이던스에 부합했고, 아이치이 매출은 77억 위안(YoY +9%)을 기록했다.

코로나19 확산 기간 적극적인 비용 통제로 Non-GAAP 순이익은 컨센서스의 2배 수준인 31억 위안(YoY +221%)을 기록했다. 전반적인 트래픽 비용TAC 감소로 총 매출 원가는 YoY 1% 감소했다. 또한 온라인 채널의 투자·마케팅 비용 축소로 판관비가 YoY −36%를 기록함에 따라 순이익률(14%, Non-GAAP 기준)은 전년 동기 대비 10%p 개선되었다.

4. 재무제표

바이두 연간 주요 재무제표

(단위: 백만 KRW, %, 배)	2016	2017	2018	2019
매출	12,332,530	14,202,536	17,014,623	18,121,235
증가율(%,YoY)	6	20	21	5
영업이익	1,756,651	2,627,693	2,583,544	1,064,030
증가율(%,YoY)	15	56	-1	-59
순이익	2,033,403	3,064,776	4,586,996	347,029
증가율(%,YoY)	-62	57	51	-93
기본EPS	5,866	8,826	13,144	996
증가율(%,YoY)	-62	57	50	-93
ROE	13.5	17.6	19.8	1.3
PER	34.0	37.3	20.3	23.9
PBR	4.3	4.6	2.3	1.9

자료: 블룸버그, 하나금융투자

한국 기업 비교

	바이두	네이버
시가총액	50조 9,658억 원	17조 5,526억 원
매출액	18조 1,212억 원	6조 3,926억 원
순이익	3,470억 원	7,918억 원
PER(배)	20.0	58.8
PBR(배)	1.7	6.5
ROE(%)	7.4	12.4

주: 매출 및 순이익은 2019년 연간 기준, PER · PBR · ROE는 2020년 전망치
자료: 블룸버그, 하나금융투자

5. 투자 전망

바이두는 코로나19에 따른 경제 타격과 회복 속도를 감안해 2Q20 가이 던스는 다소 보수적으로 제시했다. 전체 매출은 250억~273억 위안(YoY −5~+4%)을 기록할 전망이며 핵심 사업 부문인 바이두 코어 매출 성장 률은 YoY −8~+2% 수준이 예상된다. 연간 매출과 순이익은 YoY 3%, YoY 19%의 견조한 성장이 예상된다. 코로나19에도 어닝 서프라이즈를 시현하며 실적 발표 이후 주가는 강세를 시현 중이다. 온라인 광고 매출 은 경제 회복과 함께 점진적인 회복이 예상되며 역사적 하단 수준인 현 밸류에이션 감안 시 중장기 관점에서 저점 매수 전략이 유효하다는 판 단이다.

바이두 최근 주가 추이(2020년 7월 3일 기준)

자료: 블룸버그, 하나금융투자

1968년 산시성에서 공장 노동자의 넷째 아들로 태어난 리옌훙^{李彦宏, Robin}
^{Li}은 엘리트 유학생 출신이었다. 베이징대학교 정보관리학원을 졸업하고
미국 뉴욕주립대학교 버펄로 컴퓨터학과 석사과정을 밟았다. 1997년
29세 나이에 당시 새로운 개념의 검색 알고리즘을 설계해 첫 번째 특허
를 미국에서 출원했고, 이듬해 작성한 「질적 검색엔진을 향하여」라는
논문은 구글 창업자 래리 페이지가 페이지 랭크 특허 문서에서 인용할
만큼 높은 평가를 받았다. 하지만 학업을 중단하고 다우존스에서 경제
뉴스를 취재하는 기자로 활동했다. 실리콘밸리로 자리를 옮겨 인포시크
의 수석 엔지니어로 일했다. 이 회사가 디즈니에 인수되자 귀국을 결심
했다.

리옌훙은 1999년 12월 중국으로 돌아왔다. 그는 인터넷 검색 업체에
승부를 걸기로 했다. 그 당시 중국 인터넷 사용자 수는 900만 명에 불과
했다. 하지만 검색 사이트는 300개가 넘었다. 이런 상황에서 또 검색 업

체를 만드는 것은 무모한 도전으로 보였다. 그러나 리옌훙은 대학 동창인 동업자인 쉬융^{徐勇}과 함께 120만 달러의 자금을 투자받아 바이두를 설립했다. 그의 나이 31세 때였다.

바이두는 중국적인 검색엔진이다. '바이두^{百度}'라는 이름 역시 중국의 시구 중 "眾里尋他千百度(수많은 사람 중에서 수없이 찾았다)"에서 착안해 붙였다고 한다. 사랑하는 이를 간절히 찾는 마음을 검색 과정에 비유한 것이다. 로고인 파란색 곰 발바닥은 누구나 흔적을 남긴다는 의미를 담고 있다.

바이두는 소규모로 출발했다. 주력 사업은 기존 검색 사이트에 검색엔진을 제공하는 일이었다. 10명의 직원이 작은 사무실에서 시스템 개발에 열중했다. 2001년 바이두 검색 기술을 사용하는 포털이 80%에 육박하자 독자적인 플랫폼을 구축하기로 결심했고, 투자자들을 설득해서 바이두닷컴의 문을 열었다. 이후 지속적인 성장을 이루었으며 2010년 구글이 중국에서 철수한 것이 바이두에 큰 수혜가 되기도 했다.

리옌훙은 기술을 중시하고 리더십과 혁신 추구 성향이 강한 경영자이다. 일찍이 미국을 경험해 글로벌 시장에 대한 통찰이 강한 것 역시 강점이다. 최고의 인재를 얻기 위해 노력을 아끼지 않으며 지식 탐구에 대해 강한 열정을 보인다.

리옌훙은 젊고 스마트하다. 그래서 바이두는 격식을 중요하게 여기는 여느 중국 기업과는 달리 출퇴근 시간과 복장 등이 자유로운 문화를 지니고 있다. 그는 성공을 꿈꾸는 젊은이들에게 이렇게 조언한다. "한 가지 일에 미쳐라. 그래야 남들이 해내지 못한 것을 할 수 있다."

2장

★

주목받는
일본 소프트뱅크

소프트뱅크
9984.JP

SoftBank

소프트뱅크	
설립 연도	1981
상장일	1994. 07. 22
주요 주주	손정의 22.13%
대표자	손정의
홈페이지	softbank.com
Key Data	
상장주식	일본
시가총액(십억 엔)	12,321.5
한화(조 원)	136.9
PER(2020E)	10.7
52주 최고/최저	5,899/2,609.5
현재 주가(USD)	5,896

• 기준일: 2020. 07. 06

주 영업 구성	
일본 통신	79%

• 주: 2019년 말 기준

1. 글로벌 대표 테크 지주 그룹으로 재도약

소프트뱅크 그룹은 여러 자회사를 통해 통신과 인터넷 분야의 다양한 사업을 진행하고 있는 일본의 대표 지주회사이다. 소프트웨어와 IT 관련 서적 유통 업체로 시작했던 소프트뱅크는 1996년 야후와 함께 야후 재팬을 세우면서 기반을 다지고, 2000년 이후 다수의 M&A를 통해 일본과 미국에서 통신 서비스 사업을 키우는 데 주력해왔다.

소프트뱅크는 2017년 세계 최대 IT 투자 펀드인 '비전펀드'를 론칭하며 차세대 혁신 기술 분야의 유망 기업을 발굴해 적극적으로 투자하고 있다. 통신과 인터넷 기업으로서의 이미지를 탈피하고 다양한 분야의 차세대 유망 테크 기업들에 투자하면서 글로벌 대표 테크 지주회사로 성공적으로 발돋움했다. 향후 제2, 제3의 비전펀드 론칭을 계획하고 있다.

2. 세계 최대 테크 투자 펀드인 비전펀드

소프트뱅크가 4차 산업 대표 기업인 이유는 성장성이 높은 다양한 혁신 기술 분야에서 앞서나가는 기업들을 발굴해 적극적으로 투자하고 있기 때문이다. 2017년 5월, 소프트뱅크는 인공지능, 로봇, 클라우드 등 미래 혁신 기술과 신규 유망 기술에 적극적인 투자를 위해 사우디아라비아의 국부펀드와 함께 930억 달러 규모의 '비전펀드'를 출범했다. 미래 혁신 기술 시대를 이끌 뚜렷한 비전을 가진 스타트업이나 신규 유망 기업에 주로 투자할 예정이지만, 대형 기업이더라도 미래 전략적인 큰 규모의 투자가 필요하다면 투자 대상이 된다.

사우디아라비아의 국부펀드(450억 달러)와 함께 비전펀드 조성에 참여한 또 다른 주요 투자자에는 아랍에미리트 투자 기업 무바달라(150억 달러), 애플(10억 달러), 퀄컴Qualcomm, 팍스콘Foxconn, 샤프Sharp 등이 포함되어 있다. 소프트뱅크 비전펀드가 확보한 투자 규모는 총 977억 달러이

비전펀드 투자 자금 내용

자료: 소프트뱅크, 무바달라, 《월스트리트저널》

비전펀드가 투자한 기업들

SoftBank Vision Fund 1
88 companies

자료: 소프트뱅크

며, 이 중 소프트뱅크는 처음 펀드 출범 당시 암Arm상정한 280억 달러와 이후 추가로 약속한 45억 달러를 포함한 총 325억 달러를 담당한다.

비전펀드는 출범 이후 다수의 미래 혁신 기술 기업에 투자해오고 있다. 비전펀드에서 투자한 주요 기업으로는 암Arm, 슬랙, 우버, 그랩 등이다. 암은 소프트뱅크의 비전펀드 출자 자금 중 82억 달러 상당을 현물 출자 방식으로 조성했다. 슬랙은 기업의 커뮤니케이션 플랫폼 사업자로 최근 코로나19 발생 이후 비대면 대표 수혜 기업으로 떠오르고 있으며 우버와 그랩은 글로벌 대표 차량 공유 사업자이다.

3. 사업 구성 및 매출 전망

소프트뱅크 그룹의 주요 자회사는 일본 국내 통신 사업자인 소프트뱅크 Corp과 암이다. 기존 주요 자회사였던 미국 통신사 스프린트Sprint는 2020년 4월 1일 미국 통신사 T모바일T-Mobile과 합병되면서 소프트뱅크는 스프린트의 일부 지분을 매각, 합병된 기업 'T모바일US(이하 T모바일)'에 대해 지분 24%만 보유하게 되었다. 그 후 2020년 6월에 소프트뱅크는 다시 T모바일에 대해 약 8%만 남기고 지분을 매각했다.

일본 통신 자회사 소프트뱅크 Corp는 소프트뱅크 그룹 전체 매출에서 79% 비중이며, 나머지는 암, 브라이트스타Brightstar 등 기타 사업이다. 일본 통신 자회사 소프트뱅크는 이동통신 서비스를 제공하고 휴대폰 판매, 브로드밴드 서비스 등을 제공하는 일본 3위 통신 업체이다.

소프트뱅크 비전펀드는 매출액에는 영향을 주지 않으나 소프트뱅크 영업이익에 가장 큰 영향을 주는 요인이다. 비전펀드에 투자한 기업의 평가 가치를 기준으로 미실현 이익이 영업이익으로 반영되기 때문이다. FY 2018년(2019년 3월 결산)의 경우 비전펀드가 투자한 기업의 주가 상승과 평가이익이 크게 증가해 비전펀드는 영업이익 1.3조 엔을 기록, 소프트뱅크 전체 영업이익 비중 60%를 차지했다. 그러나 FY 2019년에는 주식시장이 큰 변동성을 겪었던 시기로 우버 등 비전펀드가 투자한 주요 기업들의 주가 급락과 일부 비상장기업의 평가가 큰 폭으로 떨어지며 비전펀드 영업적자 1.9조 엔이 발생해 소프트뱅크 그룹 전체적으로 1.4조 엔의 영업적자를 기록했다. 하지만 FY 2020년에는 우버 등 주요 투자 기업의 주가 상승으로 평가 가치가 반등하며 수익성이 크게 반등할 수 있을 것으로 전망된다.

소프트뱅크가 스프린트 등 이전 자회사를 매각하고 일본 통신 자회사 소프트뱅크 Corp 지분율 축소 등 그룹의 사업 구조를 조정하면서 그

사업 분야별 매출액 비중

주: FY 2019년 실적 기준
자료: 소프트뱅크, 하나금융투자

사업 분야별 영업이익 비중

주: 회계연도 3월 결산. FY 2019년은 2020년 3월 결산
자료: 소프트뱅크, 하나금융투자

소프트뱅크 그룹 연간 매출액 추이 & 전망

주: 회계연도(3월 결산) 기준
자료: 캐피털IQ(Capital IQ) 시장 전망치, 하나금융투자

룹 전체 매출액은 FY 2019년에 전년 대비 36% 감소했다. 그러나 이는 그룹 구조조정 때문이며, 이를 제외하면 소프트뱅크의 매출 추이는 안정적인 흐름세를 지속하고 있다.

4. 비전펀드 투자 가치, 중장기적으로 상승 기대

소프트뱅크는 FY 2019년(2020년 3월 결산)에 영업적자 1.4조 엔을 기록했다. 이는 비전펀드가 투자한 주요 기업들의 주가 하락과 위워크 등 일부 비상장기업의 평가 가치가 급락하면서 비전펀드가 영업적자 1.9조 엔을 기록했기 때문이다. 4월 이후 우버 등 주요 기업들의 주가가 반등을 하고 있으며 시장 전체적으로 투자 심리가 안정화되고 있기에 FY 2020년부터 비전펀드의 투자 가치는 반등할 것으로 기대된다.

　비전펀드는 론칭 이후 현재까지 88개 기업에 투자했다. 2020년 3월

소프트뱅크 비전펀드 영업이익 추이

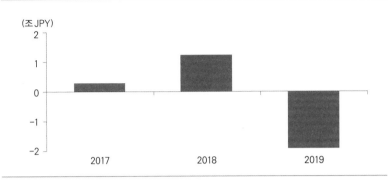

주: 회계연도 3월 결산(FY 2019는 2020년 3월 결산)
자료: 소프트뱅크, 하나금융투자

말 기준 26개 기업은 투자이익을 냈으며, 47개 기업은 평가손실을 기록
했다. 손정의 회장은 코로나19 발생 후 투자 환경이 변화된 상황에서 향
후에는 투자 기업을 선정할 때 이전 대비 보수적인 관점을 취할 예정이라
고 밝혔다. 손정의 회장은 현재 88개 투자 기업에서 약 15개 기업은 성공
잠재력이 막대한 유니콘 기업으로 이 15개 기업의 가치가 향후 크게 상
승하면서 전체 비전펀드 가치의 90%를 차지할 것이라고 전망하고 있다.

5. 투자 전망

소프트뱅크는 2020년 5월 총 4.5조 엔(420억 달러) 규모의 자산 매각 계
획을 발표했다. 자산 매각을 통해 마련된 자금으로 자사주 매입(총 2.5조
엔)과 부채 규모 축소 등에 활용할 계획이다. 소프트뱅크는 알리바바와
T모바일 지분 매각을 통해 자산 매각을 진행할 예정이다. 소프트뱅크의

자산 매각 진행은 소프트뱅크 투자 심리 개선에 매우 긍정적인 영향을 줄 것으로 기대된다.

소프트뱅크는 제2의 비전펀드 론칭은 우선은 외부 투자자를 유치하지 않고 자체적으로 준비 중이다. 자산 매각을 통해 마련된 자금을 일부 활용할 것으로 예상된다. 첫 번째 비전펀드가 투자한 기업들 중 일부가 단기적으로는 코로나19 상황에서 어려움을 겪고 있으나 성장 잠재력이 높은 혁신 기술 분야에서 앞서나가는 선두 기업들을 중심으로 비전펀드의 가치가 중장기적으로 상승할 것으로 기대된다. 그리고 향후 제2비전펀드를 조성하는 데 있어서 외부 투자자 유치 또한 가능할 것으로 전망된다.

알리바바 등 소프트뱅크가 보유하고 있는 기업들의 지분 가치 총합에서 순부채 규모를 제외한 소프트뱅크 순자산 가치는 2,020억 달러이다. 그러나 소프트뱅크의 현재 시가총액은 1,100억 달러 수준으로 소프

소프트뱅크 순자산 가치 vs. 현재 시가총액

자료: 소프트뱅크, 하나금융투자

트뱅크 순자산 가치 대비 절반 수준이다. 소프트뱅크의 순자산 가치를 고려하면 소프트뱅크 주가는 현재 매우 저평가되었기에 향후 상승 잠재력은 충분히 높은 것으로 판단된다.

6. 창업자 소개: 손정의

재일 한국인 3세인 손정의(일본명 손 마사요시) 회장은 16세에 미국으로 건너가 UC버클리에서 경제학과 컴퓨터공학을 전공했다. 졸업 후 일본으로 돌아와 개인용 컴퓨터가 대중화될 것이라는 확신으로 소프트웨어 유통 회사 '소프트뱅크'를 1981년에 설립했다. 공격적인 사업 방식을 통해 소프트뱅크 창업 4년 만에 일본 소프트웨어 시장의 60%를 점유했다.

손정의 회장은 장기적 산업 트렌드를 분석하는 탁월한 능력과 과감한 결단으로 적극적인 사업 전략을 펼치면서 사업 영역을 빠르게 넓히고 기업 규모를 키울 수 있었다. 특히 손정의 회장은 유망 기업을 발굴하는 데 뛰어난 감각을 가지고 있으며, 남들보다 빠르게 투자하는 결단력을 보이면서 중요한 기업들을 인수했다. 그는 야후 재팬, 스프린트, 암홀딩스 등을 인수하며 IT와 통신 산업에서 소프트뱅크의 규모를 확장하고 경쟁력을 확고히 해왔다.

손 회장은 개인 인생과 기업의 경영 철학에서 다섯 가지 요소를 중요시한다. 목표를 높게 가지고, 과거가 아니라 미래를 바라보며, 비전과 열정을 중요시하고, 인맥이 경쟁력이며, 사업 전략에서 10년 이상 미리 보

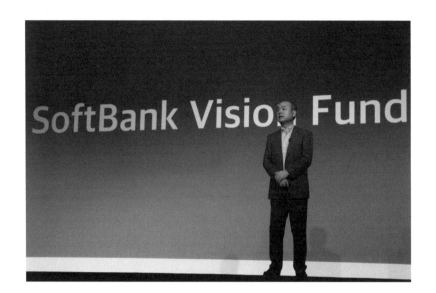

고 준비하는 것이다.

손 회장은 소프트뱅크를 글로벌 최대 기술 지주회사로 키우겠다는 목표를 세우고, 혁신 기술 분야의 다양한 유망 기업을 발굴하고 투자하는 데 가장 주력하고 있다. 그가 투자에서 가장 중요시하는 기술 테마는 인공지능이다. 앞으로 인공지능이 미래 기술을 이끌 핵심 기술이며, 인공지능 기술 기업에 투자하는 것이 바로 미래에 투자하는 방법이라 보고 있다.

강력 추천
차세대 글로벌
4차 산업 1등주 30선

	기업명	국가	산업	기업 가치 (원)	기업 소개
1	우버	미국	차량 공유 서비스	비상장	-글로벌 대표 차량 공유 서비스 네트워크 기업 -차량 공유, 음식 배달, 자전거, 오토바이 공유 등을 전 세계 785개의 대도시에서 운영 중
2	페이팔	미국 (나스닥)	디지털 결제	131조	-글로벌 대표 디지털 결제 처리 사업자 -온라인 결제와 모바일 결제가 빠르게 성장하고 있는 글로벌 결제 트랜드의 대표 수혜 기업 -활성 사용자 계정 수가 2.5억 개
3	어도비 시스템즈	미국 (나스닥)	콘텐츠 제작 & 마케팅 소프트웨어	150조	-사진, 영상 콘텐츠 제작에 필요한 툴을 클라우드를 통해 제공하는 소프트웨어 기업 -디지털 마케팅 서비스 사업 확대 대표 수혜 기업
4	비자	미국 (뉴욕)	전자결제 서비스	380조	-글로벌 전자결제 서비스 1위 사업자. 장기적으로 현금 사용이 감소하고 전자 결제가 꾸준히 늘어나는 추세의 대표 수혜 기업 -모바일 결제 증가, P2P 송금 확대, 매장에서 비접촉 카드 사용 가속화 등 장기적으로 긍정적인 성장 요인 다수
5	지멘스	독일 (프랑크푸르트)	스마트 팩토리	112조	-글로벌 최대 스마트 팩토리 장비·소프트웨어 사업자이며 최대 의료 이미징 장비 업체 -'마인드스피어' 애플리케이션을 통해 IIoT(산업용 사물인터넷) 상용화 최전방에 위치
6	바이오젠	미국 (나스닥)	바이오	53조	-알츠하이머, 다발성경화증과 같은 중추신경계 (CNS) 질환 치료제 분야 점유율 세계 1위 기업 -중추신경계 분야는 질병 이해도가 낮아 신약 개발 속도가 늦은 분야로 해당 분야 특화는 미래에 큰 경쟁력
7	삼성전자	한국 (코스피)	IT 하드웨어	312조	-세계 최대 종합 반도체 업체 -4차 산업혁명에 필수적인 컴퓨팅의 발전에 따라 반도체의 역할은 확대될 전망 -5G 사업(모뎀칩, 통신장비)에 대한 로드맵 역시 긍정적

8	카카오	한국 (코스피)	인터넷	10조	−국내 최대 메신저 플랫폼 '카카오톡' 기반 게임, 광 고, 모빌리티 등 다양한 서비스 제공 −빅데이터 및 인공지능을 통해 차별화된 공유경제 모델 및 카카오 페이와 같은 금융 서비스 제공 전망
9	네이버	한국 (코스피)	인터넷	20조	−국내 최대 인터넷 및 모바일 플랫폼 'NAVER', 'LINE'을 필두로 다양한 서비스 제공 −간편결제, 커머스, 검색 등을 통해 축적된 빅데이 터 보유 및 4차 산업 관련 로보틱스 등 다양한 투자 지속 중
10	LG 디스플레이	한국 (코스피)	IT	8조	−글로벌 최대 디스플레이 패널 업체 −5G 시장 성장에 따른 전장디스플레이 및 홈·상업 용 디스플레이 시장 성장 수혜 전망 −자율주행 자동차 시장 성장에 따른 전장 OLED 패 널 매출 증가 전망
11	슈나이더 일렉트릭	프랑스 (파리)	전력 장비	55조	−글로벌 스마트 빌딩 및 에너지 관리 선두 업체 −데이터센터용 UPS 통합 솔루션·엔지니어링 선두 업체 −5G 상용화 후 사물인터넷 등이 활성화되면서 전력 사용 증가 시 에너지 효율 관리 수요 증가로 수혜 기대
12	웨이스트 매니지먼트	미국 (나스닥)	바이오 에너지	50조	−북미 최대 주거용·상업용·산업용 폐기물 관리 서 비스 제공 −미국에서 5개의 대형 매립지, 102개의 재활용 폐 기물 선별 시설, 314개의 바이오 에너지 발전 시설 을 보유 및 운영 중
13	일루미나 (Illumina)	미국 (나스닥)	의료기기· 서비스	57조	−글로벌 유전자 분석 시장 1위 기업으로 유전자 해 석에 필요한 장비, 소모품, 소프트웨어 판매 −새로 개발하는 노바섹(NovaSeq)은 인간 게놈 전 체를 해석하는 데 드는 비용을 100달러 미만으로 낮춰 앞으로 더 큰 수요를 창출할 것으로 전망
14	인튜이티브 서지컬 (Intuitive Surgical)	미국 (나스닥)	의료기기· 서비스	76조	−최초로 상용화된 수술 로봇인 다빈치 서지컬 시스 템(da Vinci Surgical Sytem)을 필두로 수술용 로봇 시장 점유율 80%의 선두주자 −수술 분야인 비뇨기과, 산부인과에서 일반 외과로 넓어지면서 점유율 확대가 앞으로 더 이어질 것으 로 보임
15	딥마인드	미국 (알파벳 자회사)	인공지능	비상장	−2010년에 세워진 영국의 인공지능 기술 기업으로 현재는 알파벳의 자회사 −뉴럴 네트워크 개발 기업으로 인공지능, 머신러닝 등의 기술 개발 선두 기업
16	로퍼 테크놀 로지스	미국 (뉴욕)	복합 기업	41조	−미국 소재 산업·의료용 이미징 장비, 소프트웨어 선두 업체 −무선인식(RFID) 기술 글로벌 선두 업체
17	야스카와 전기	일본 (도쿄)	산업용 로봇	11조	−글로벌 산업용 로봇 2위 업체 −모션 컨트롤, 로봇공학, 시스템 엔지니어링 및 관 련 부품 적용에 있어서 글로벌 최고 기술력 보유

4차 산업 미국 주식에 투자하라

18	딜리버리 히어로	독일 (프랑크푸르트)	운송	10조	−글로벌 온라인 음식 주문 및 배달 서비스 제공 −유럽, 중동, 아프리카, 아시아, 아메리카 등 40개 국에서 운영
19	부킹 홀딩스	미국 (나스닥)	온라인 예약 서비스	95조	−온라인 여행 예약 서비스 글로벌 1위 기업 −부킹닷컴, 프라이스라인, 카약, 아고다, 호텔스 컴바인 등 온라인 예약 서비스 대표 플랫폼 다수 보유
20	익스피디아	미국 (나스닥)	온라인 여행 서비스 결제	21조	−글로벌 온라인 여행 서비스 결제 사이트 −Expedia.com, 홈어웨이(HomeAway) 등 숙박, 항공 할인 예매 −글로벌 여행 수요 증가 수혜
21	JD	중국 (나스닥)	전자상거래, 스마트 물류	50조	−중국 2대 전자상거래, 물류 서비스 기업. 스마트 물류 선도 −AGV(Automated Guided Vehicle), 로봇 팔, 무인 지게차 등 10여 개 종류의 로봇이 책임지는 세계 최초 100% 무인 창고 운영
22	아이플라이텍 (iFLYTEK)	중국 (선전)	인공지능	12조	−중국 AI 음성인식 기술의 선도 기업 −중국 음성인식 기술 시장의 70%를 점유 중이며 동시통역, 의료, 교육, 가전, 자동차 등 다양한 산업 영역에 적용 중
23	냅인포 (Navinfo)	중국 (선전)	자율주행	6조	−중국 1위 내비게이션용 전자지도 제작 업체 −스마트기기, 자율주행 차량에 전자지도 및 실시간 교통 정보 서비스를 제공 −자율주행 관련 정밀지도 사업에 대규모 투자 진행중
24	핑안 헬스 (Pingan Health)	중국 (홍콩)	헬스 케어	7조	−중국 최대 온라인 헬스케어 플랫폼으로 인공지능에 기반한 의료 컨설팅, 약품 배달, 진료 예약 서비스를 제공 −2021년까지 중국 전역에 빅테이터와 인공지능 기술을 활용한 무인 진료소 수십만 개를 설치할 계획
25	DJI	중국	드론	14조	−세계 1위 드론 제조 업체, 민간용 드론 매출 비중이 80% 차지 −DJI를 선두로 중국 드론 업체가 글로벌 드론 시장을 선도 중이며, 중국 총생산량의 70%를 해외로 수출 중 −DJI의 글로벌 고가 드론 시장(1,000~1,999달러) 점유율은 87%로 상위 기술력 보유
26	유비테크 (UBtech)	중국	첨단 제조	5조	−2012년 중국 선전에 설립된 로봇 연구개발 및 제조 업체 −B2B 로봇 크루저(Cruzr), 교육용 로봇, 장난감 로봇 등 제조 −자체 개발한 OS(운영 시스템) ROSA와 클라우드 시스템을 탑재, 핵심 기술을 기반으로 꾸준한 로봇 성능 개선 및 확장 기대
27	Face++	중국	인공지능	3조	−얼굴인식(Face Detection) 기술 제공 플랫폼 업체 −알리페이의 얼굴인식 결제, 디디(Didi)의 운전자 신원확인 시스템 등 기술 제공 업체 −정부가 주요 고객 층인 스마트 보안 매출 비중이 44%로 가장 크며, 2019년 50% 상회할 전망

28	센스타임 (Sense time)	중국	인공지능	2조	–안면인식, 컴퓨터 비전, 딥러닝 등 기술 연구개발 유니콘 기업 –2014년 설립되어 소프트뱅크, 알리바바로부터 전 세계 AI 스타트업 중 최대 규모로 투자 유치를 받은 기업 –얼굴인식 소프트웨어 외에 자율주행, 증강현실 관 련 소프트웨어를 개발 중
29	캠브리콘 (Cam- bricon)	중국	인공지능	1조	–중국 인공지능 반도체 유니콘 기업으로 딥러닝 신 경망 처리장치(NPU) 등 개발 중 –스마트 단말기, 클라우드용 AI 칩 등 딥러닝 전용 칩 상용화에 성공 –2020년까지 중국 고성능 스마트 칩 시장 30% 점 유 목표
30	DT드림 (DTdream)	중국	클라우드	1조	–클라우드 및 빅데이터 기술 연구개발 및 제공 –중국 인터넷+ 정책과 함께 저장, 장쑤, 허난 등 지 방정부와 협력하며 스마트 도시 건설 프로젝트 진 행 중 –그 외 국가전력망공사, 상하이 폭스바겐, 지리자 동차 등 기업에 클라우드, 빅데이터 기술 협력 중

자료: 하나금융투자

4차 산업 미국 주식에 투자하라

1판 1쇄 발행 | 2020년 09월 07일
1판 2쇄 발행 | 2020년 09월 18일

지은이 조용준
펴낸이 김기옥

경제경영팀장 모민원
기획 편집 변호이, 김광현
커뮤니케이션 플래너 박진모
지원 고광현, 김형식, 임민진

인쇄 · 제본 민언프린텍

펴낸곳 한스미디어(한즈미디어(주))
주소 121-839 서울특별시 마포구 양화로 11길 13(서교동, 강원빌딩 5층)
전화 02-707-0337 | **팩스** 02-707-0198 | **홈페이지** www.hansmedia.com
출판신고번호 제 313-2003-227호 | **신고일자** 2003년 6월 25일

ISBN 979-11-6007-519-9 13320